EIN WEG ZU

INDUSTRIE

4.0

工业4.0【执行版】

未来工业制造和销售的商业模式变革

【德】马丽安·严恩（Myriam Jahn）◎著

张世佶　王喜文◎译

机械工业出版社
CHINA MACHINE PRESS

“工业4.0”是指利用现代化的信息技术，追求新的组织形式和协同机制。与此同时，工业4.0还要求将机械制造和电子技术这两门工程学科与信息学结合起来，从而拉近了“机器”与企业经济学之间的距离。本书介绍的企业经济模式（战略型生产网络中的协同）已经在实践中得到了应用，它为企业创造的经济收益也得到了证实。本书借助具体实例，形象地描述了以企业经济理论为起点，结合物联网技术和信息技术应用，最终通往工业4.0商业模式的道路。

图书在版编目（CIP）数据

工业4.0：执行版：未来工业制造和销售的商业模式变革/（德）马丽安·严恩（Myriam Jahn）著；张世佶，王喜文译.—北京：机械工业出版社，2017.10

ISBN 978-7-111-58319-6

Ⅰ.①工…　Ⅱ.①马…　②张…　③王…　Ⅲ.①制造工业—研究　Ⅳ.①F416.4

中国版本图书馆CIP数据核字（2017）第253798号

机械工业出版社（北京市百万庄大街22号　邮政编码100037）
策划编辑：坚喜斌　　责任编辑：坚喜斌　王莉娜
责任校对：潘　蕊　　责任印制：李　飞
北京汇林印务有限公司印刷

2018年1月第1版·第1次印刷
170mm×240mm·18.25印张·234千字
标准书号：ISBN 978-7-111-58319-6
定价：98.00元

电话服务
服务咨询热线：（010）88361066
读者购书热线：（010）68326294
（010）88379203

网络服务
机 工 官 网：www.cmpbook.com
机 工 官 博：weibo.com/cmp1952
金 书 网：www.golden-book.com
教育服务网：www.cmpedu.com

封面无防伪标均为盗版

前　言

“工业 4. 0”是指利用现代化的信息技术，追求新的组织形式和协同机制的生产模式。与此同时，工业 4. 0 还要求将机械制造和电子技术这两门工程学科与信息学结合起来，从而拉近了“机器”与第四门学科，即企业经济学之间的距离。本书介绍的企业经济模式（战略型生产网络中的协同）已经在实践中得到了应用，它为企业创造的经济收益也得到了证实。本书借助具体实例，形象地描述了以企业经济理论为起点，结合电子技术和信息技术应用，最终通往工业 4. 0 商业模式的道路。

目前，我们还未能从企业经济的角度对战略型生产网络中的生产实现理想的优化。一方面我们想要实现网络生产相对于制度化管理的大企业具有的灵活性优势，另一方面又想要克服市场中存在的弊端。因此，我们需要在市场和企业之间采取恰当的协同机制来对网络中的各种生产体系进行协同。与此相关的技术实施已经可以通过现有的技术实现，因为这一技术实施是“第四次工业革命”和“物联网”的组成部分。

本书有幸得到杜伊斯堡—埃森大学生产与工业信息管理学院施特凡 · 册勒维斯基（Stephan Zelewski）教授的支持与指导才能够得以完成。在此，我要特别向他和旦姆施塔特大学信息学院的拉尔夫 · 麦尔（Ralf Mayer）教授表示由衷的感谢，感谢他们以极大的耐心和专业精神为本书提供了宝贵的建议。我还要对凯泽斯劳滕大学的生产经济学教授汉斯 · 科斯滕（Hans Corsten）表示衷心的感谢，他对本书的出版给予了大力支持。

我在易福门企业集团（ifm）中进行调研时得到了很多员工和管理层领导的支持，调研工作才得以顺利进行。尽管我不能在此尽述当中的细节，但我还是要对所有给予我帮助与支持的人表示深深的谢意，正因为有了他们提供的丰富的想法和详尽的背景信息和介绍，才产生了书中真实的应用案例。在此尤其值得感谢的是易福门有限责任公司的总经理伯恩德·博尔策恩（Bernd Boolzen）先生、ifm datalink gmbh副总经理安德烈斯·盖茨（Andreas Geitz）先生，以及黎夫·斯多克曼（Lieve Stockmann）博士和诺伯特·克诺恩（Norbert Knorren）博士。最后，我要感谢我的先生和两个孩子，感谢他们对我的工作给予了极大的包容和支持。

杜塞尔多夫

马丽安·严恩

目 录
Contents

第 3 章 对于高效物流协同的要求 / 063

第 4 章 遍及全网的 PPS 协同机制 / 105

第 5 章 工业 4.0 在电子产业中的应用 / 181

第 6 章 工业 4.0-协同——今天与明天 / 275

第 1 章

生产网络和工业 4.0

工业 4.0（执行版）

未来工业制造和销售的商业模式变革

“以新兴技术，尤其是以通信技术和计算机技术为基础，工业 4.0 通过利用网络中各方智能化协作实现了更优化的、更具协作性的价值创造（更智能的服务和生产流程）。”

灵活可变的生产网络是工业 4.0 所包含的一个基本理念。这样的生产网络可以帮助我们实现更好的管理效果，即更短的交货周期、更少的库存、更精准的交付时间以及更高的生产效率。只有在协同生产计划和生产控制（PPS）系统之间实现跨网协作才能进一步完善网络各方参与者之间的相互协同，从而保证生产网络相对于单纯市场以及单个企业所具备的优势。

随着近些年来信息技术的不断发展，网络各方参与者之间协同性的实现也具备了相当的技术基础。人们期待在网络化生产中爆发出巨大的潜力和"第四次工业革命"，而在这一过程中形成的不同于以往的生产流程和服务方式也将创造全新的商业模式。本书将会让您了解到实现各方协同对于企业经济的必要性、大量的技术实施范例以及这一全新的商业模式所具备的潜能，简而言之：带您走近工业 4.0。

1.1 对于企业经济的必要性：对于实践的重要性

如今，生产型企业不仅是国民经济中较少受市场状况影响的重要组成部分，而且还在德国国民生产总值中占到四分之一强。这为德国的生产网络奠定了良好的基础，也使得这一网络比以市场为导向或者以政府订单为导向的企业具备强大的自身优势。我们一方面要力图保证网络化生产相对于等级化管理的生产企业具备的灵活性优势，另一方面还要尽量避免市场化生产中由于供求突变造成的不良后果，这就必须在参与网络的各企业间实现差异化协同。这也是伴随工业4.0产生的亟待研究的领域：

> “以新兴技术，尤其是以通信技术和计算机技术为基础，工业4.0通过利用网络中各方智能化协作实现了更优化的、更具协作性的价值创造（更智能的服务和生产流程）。”

工业4.0的作用主要体现在协同性的提升上。人们已经意识到在工业生产中进行更高效的、跨企业的协作的必要性，但是这种协作的规模还远远不够。据调查，企业和供应商之间已经开始进行PPS数据交流，这种数据交流规模尚小，但呈现上升趋势。内外部的客户和供应商之间已经在PPS体系中建立起点对点的相互关联。但是这种点对点的关联还处于孤立状态，还没有形成基于生产网络的整体目标，所以还需要进一步从统筹融合的角度出发去解决PPS任务的相互协同。这种协同性与企业生产网络的目标越吻合，发展这种协同机制带来的收效就越大。

生产网络甚至伴随着PPS系统协同的目标得以产生，恰恰说明我们需要这样一个体系。这一生产网络具备一个非常关键的，同时也是在发展协同机制过程中不容忽视的特征，那就是这种协同产生于市场和企业之间。

随着技术的不断发展，这种目标明确的、产生于企业内部甚至跨企业的协同才被视为可能，而且从供货时间等方面考虑，这种协同性还具有不可低估的潜力。跨企业的协作以及显著提高的供应效率其实正是工业4.0应用的核心内容。

不同于迄今已有的文献，本书并未将主要强调组织间信息系统（IOS）的技术开发作为PPS系统协同在特定生产网络中应用的基础来加以分析，而是从企业经济方面的相关因素入手，在此基础之上才可能谈及技术方面的实施应用：

> “相反，人们担心单方面的机械化和自动化会带来新的、甚至更

严重的问题……就像企业内部的相互依存关系一样，企业之间的依赖性也会对整体经济产生重大影响……”

最早开发PPS协同机制立足于企业经济理论方面的考量，因此可以保障高效性。今后待开发的数据库以及跨网络的生产规划所需要的沟通完全适用于所有相关的特定网络，即具有普遍适用性。

不过只有当这种协同工具像它所需要的数据一样，在实践中能以合理的成本被获取到，它才是真正的好工具。在实际应用中，我们确实发现，获取这些数据的成本并不超出我们所预期的理论上的效率提升。以电子和信息技术的共同发展为基础，工业4.0技术上的可行性以及应用上的广泛性终于得到了有力的证明。

具有个体识别、智能产品和附加服务的一种全新的商业模式也随之产生，这一模式能为客户创造附加价值，并为企业带来长期竞争优势。关于工业4.0的重要性问题及其能对资源有限的中小企业有何益处的问题也由此找到了理想的答案。

1.2 企业经济、电子和信息技术方面的解决方案

- **目标在于**
  - ◇ 借助企业管理建立起普遍适用的、用于信息交换的协同机制，这一机制可以在整个生产网络内确保生产的优化，并同时保留生产网络相对于企业内部流程和市场所具有的优势。
  - ◇ 借助电子技术和信息技术为工业4.0的应用找到有效的解决方案：工业4.0的优势将通过现有技术的巧妙结合得以体现。

- **这一协同过程的基本构成要素已经存在，我们将在第2章对其进行阐述：**
  - ◇ PPS系统的协同任务一方面包括我们力图实现的目标，另一方面也包括我们为实现目标而执行的行动。

◇ 作为协同对象的生产网络包含了所有参与其中的资源以及参与者本身。

基于任务和对象间的相互依赖关系，我们将在第3章中谈及对待开发的协同机制提出的要求，以保证能够利用现有资源和生产网络中企业的自身条件，结合PPS系统操作实现既定的目标。

在第4章中我们将把涵盖全网的协同机制作为普遍适用的企业管理解决方案加以介绍，这一方案的目的在于实现企业网络的生产优化。

第5章我们还将给出在电气工业中的应用实例，来证明借助电子和通信工程技术，我们所研发的协同机制完全能够得以应用，并且也为客户创造了附加值。这一附加值不仅保障了机制的经济性，同时也为工业4.0带来的革命奠定了重要基础。

图1.1介绍了本书的结构。笔者力图通过此书将工业4.0这条大道全面而科学地呈现出来。

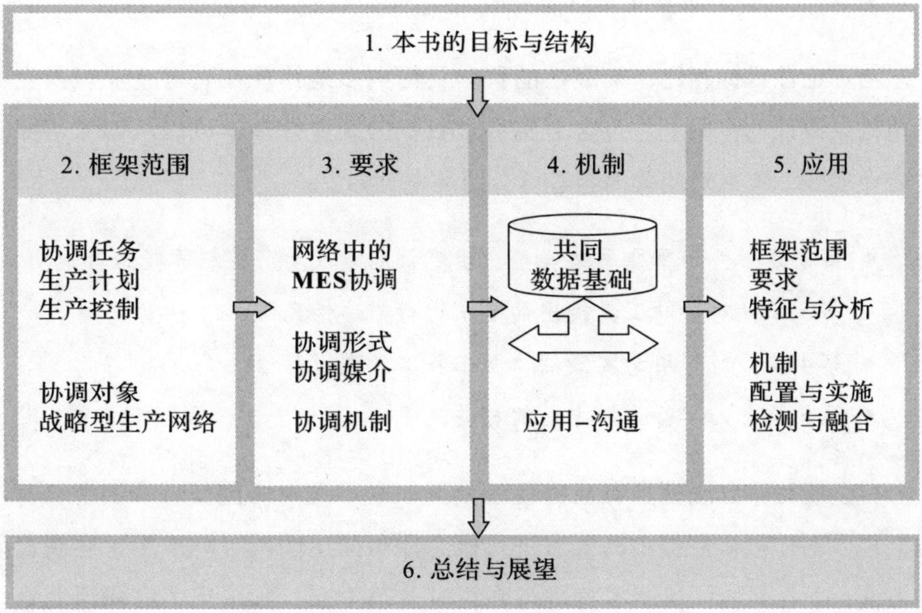

图1.1　本书的结构

来源：作者。

1.3 迈向工业4.0过程中的实用性科学目标

本书遵循务实的科学目标，即力求勾画出工业4.0的轮廓。所以从根本上采用以设计为导向的方法理念，旨在为实践提供一个实用的设计模式。本书始终遵循的原则如下：

- 用科学的方法阐述问题的重要性
- 与关注技术和管理的受众进行沟通
- 考虑应用该方法时的严谨性
- 开发过程即是寻找解决方案的过程（规范与分析）
- 开发创新型模型（原型）
- 对研发的评估（测试）
- 对于认知的推动作用（总结）

与理论性目标相比，实践性的科学目标更多地体现在它对企业以及企业网络构架设计的作用上。包含务实科学目标的企业管理学可以从四个层面支持企业实践，本书对相关内容进行介绍的章节如下：

- 第2章：关于重要网络类型、生产计划以及生产控制的概念性说明
- 第3章：对协同工具提出的要求进行描述性说明
- 第4章：对可用于实践的协同工具本身进行解释性说明
- 第5章：人类行为学方面的相关说明

科学的写作方法是具有互补性的，例如本书在对协同任务和对象（第2章）以及对协同机制提出的要求进行概念性和描述性说明时采用了客观论证的方法，而在对协同机制本身进行介绍时（第4章）则采用了解释说明结合形式分析的方法，从而为人类行为学方面的阐述，即就这一协同机制的定量实证研究（第5章）奠定了基础。

第 2 章

协同任务以及对象

“合理的行动要以既定目标为指向，即要具备明确的意图。……没有目标……人们根本无法判断是否实现了行为优化，因为事先没有对优化进行定义。”

按照企业经济的理论，当各个参与者之间，本书中即指网络内企业之间，存在相互关联的关系时（见表 2.1），就需要在相互依存的行动中采取协同，从而帮助实现整体目标。

表 2.1　有关协同的定义及其必要性的隐含条件

参考文献	对协同的定义	有必要采取协同的前提条件
Kosiol，1976，第 76 页	组织中的集中规范原则	缺乏规范 有待完善
Thompson，1967，第 55 页	在相互依存的关系中，集中有效的行动来自于协同	相互依存
Simon，1976，第 103、139 页及以下数页	把某个个体或团体的行为与其他个体或团体联系起来，程序性与实质性协同	缺乏规范 有待完善
Gaitanides，1983，159 页及以下数页	对工作或者任务分工中各个相关部门、任务、流程之间的合作进行的管理	相互依存 缺乏规范 有待完善
Malone/Crowston，1990，第 358 页、361 页	对行为之间的相关性进行管理，以实现既定目标	相互依存 缺乏规范 有待完善
Kieser/Kubicek，1992，第 95 页	使组织中个体的成就向组织目标看齐，分工的结果	相互依存 缺乏规范 有待完善

（续）

参考文献	对协同的定义	有必要采取协同的前提条件
Laux，1992，第 2308 页	对多个不同决定的调整，以使相关行为迈向共同目标	缺乏规范 有待完善
Weber，1995，第 34 页；Weber J. 1998A，第 223 页	对各个相互关联却又各自独立的行为进行调整，协同需求是专业分工的结果	缺乏规范 有待完善
Frese，2000，第 39 页	对个体行为进行调整，使其迈向统一目标，专业分工的结果	相互依存 不存在等级制

来源：Gebauer，1996，第 19 页及之后数页；Alt，1997，第 59 页及下页。

从企业管理方面，要为担负企业网络（作为参与者和资源）中的 PPS 任务（PPS 目标和 PPS 操作）的协同机制制定怎样的要求，取决于协同过程以及它们之间的相关性（图 2.1）。

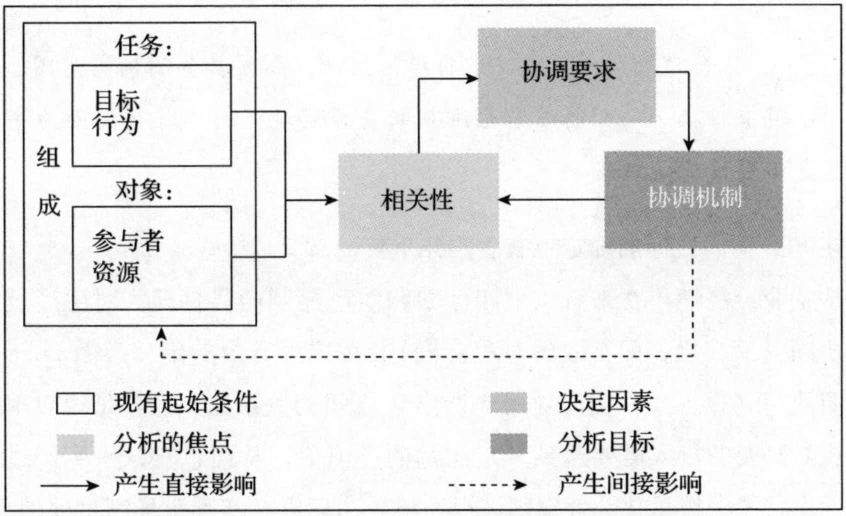

图 2.1　协同任务与协同对象之间的相互依存关系

来源：Gebauer，1996，第 26 页。

本书将在下文中对**协同任务 PPS** 和**协同对象网络**进行阐述。从中读者不难看出，PPS 虽然在企业内部有所涉及，但完成情况却不尽如人意（参见第

2.1 节）。在对企业网络进行介绍时，我们明确说明了其在生产和供应方面相对于市场和等级制所具备的优势（参见第2.2 节），以此来更好地介绍网络领域的有效协同（参见第2.3 节）。

2.1 协同任务即生产计划和生产控制

协同生产计划和生产控制系统（PPS）是生产经济中的企业管理任务，而制造执行系统（MES）是为完成这一任务所采用的借助 EDV 系统的协同工具，本书将在下文中对这两个概念进行区分。

PPS 的协同任务，在不考虑网络这一协同对象的前提下，包含既定目标（参见第2.1.1 小节）和为实现目标采取的行动（参见第2.1.2 小节）。

2.1.1 以带有可追溯性的企业经济效率为目标

明确的目标是进行决策的基础，在生产领域也同样如此：

> “合理的行动要以既定目标为指向，即要具备明确的意图。……没有目标……人们根本无法判断是否实现了行为优化，因为事先没有对优化进行定义。”

在 PPS 中，目标的确定也有着同样重要的意义。

从企业经济学角度来看，生产计划和生产控制的目标即为对生产过程的有效协同（简言之，即有效的过程协同）。在这里有效的定义遵循 Bohr 提出的资源使用（投入）和资源效用（产出）之间的关系比。也就是说效率描述的是相对必要的投入需要达到一定比例的产出值，从而也对某一生产过程的经济性进行了分级量化。效率则被视为检验达标以及实际市场满足度的尺度。设定值和实际值之间的比例关系表示资源情况，在这一过程中，对设定值的正负超出意味着同样的偏离。

依照企业经济原理实现企业管理效率有两种途径：一是在既定成本下实现最大收效（最大化原则），二是在既定效果下实现最低成本（最小化原则），总而言之就是尽可能地实现收效提高和成本降低。不管从哪个角度考虑，只要使收效和成本之间的关系最为有效即可。

一个企业面对最大化或者最小化原则有无穷多的可能性来进行规划，或者说来改变自身的收效和成本。生产管理的战略目标，即生产计划和生产控制的关注重点是追求企业产出和投入成本之间的高效比例。投入成本包括生产成本、运输成本、维护成本和储藏成本等。但是因为很难对各种不同的收效进行量化比较，所以在 PPS 体系中往往采用时间目标和数量目标来代替收益目标和成本目标。

用来完成协同生产的信息技术工具称为 MES 系统和 ERP 系统，两者的区别在于它们和生产之间的相关度不同，或者说两种体系中生产数据的时效性和具体性程度不同。在三个层次中（ERP 系统、MES 系统和生产）还会产生数据交流，这种数据交流在工业 4.0 出现之前非常有限。

ERP 系统在企业中往往是主导系统（图 2.2），它负责企业对外的交流沟通，并为管理报告实现汇总。ERP 系统主要是一种企业管理应用，而 MES 系统则主要是在生产的各技术流程之间起到连接作用，它能够过滤信息，跟踪产品和生产过程。ERP 系统会制订目标值，给出时间和数量的范围。MES 系统按照这些数据进行工作。

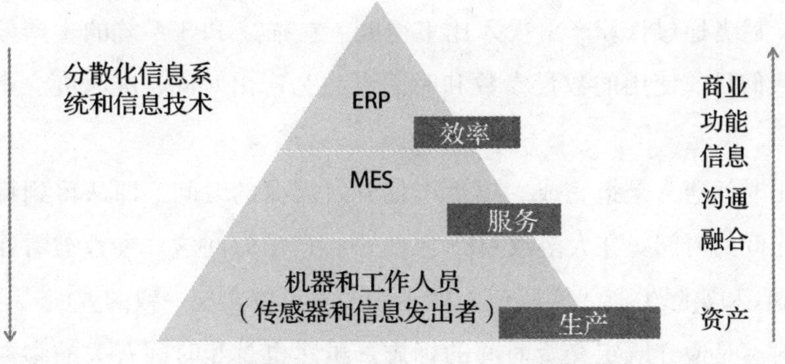

图 2.2　生产中的信息系统

来源：作者，参见 Fleisch，2005；Kletti，2006；Günther 等人，2008，第 5 页；Bauernhansl 等人，2015，第 35 页；ZVEI，2015，第 17 页。

MES 系统是一种应用软件，它能监管和控制生产过程中的企业内部数据，也就是我们所说的协同，因而被视为工业 4.0 的重要前提条件。它通常被用于复杂但可计划的环境中，这一环境具有下列特征：

- 许多个体类型
- 许多生产级别
- 许多产品种类
- 没有纯粹的单件生产

MES 系统通常可以在数秒内对生产数据进行识别和记录，虽然对于机器操作人员和设备检测而言这已经达到实时标准，但却不满足以毫秒计算的机械操控的实时性。MES 系统利用生产和仓储中的产品跟踪监管着每一个独立订单，也就是说它搜集生产数据，对它们进行评估，并将其显示或汇报出来。这些数据被存储在中央数据库中，ERP 系统将利用这些数据来进行企业核算。

我们将要开发的算法的目的是在生产中实现企业经济最优化，而在现有的 MES 系统解决方案中效率的想法也被应用在技术层面上，在这一层面需要考虑数量和时间。从最大化原则来看，当既定投入获得最大的产出量时，生产过程就是高效的。相应地，依据最小化原则，当用最小投入获得既定产出量时，同样也是实现了高效生产。基于此，技术上的效率目标等同于生产效率目标，后者通过计算产出投入比来得到。在描述 PPS 系统的生产效率说明图中，我们目前使用的数量参数和时间参数为产出时间、准时度、产能利用率和库存。

产出时间通常是指完成一项生产任务所需要的时间，即从得到订单到生产结束之间的时间。在大多数 MES 系统中，产出时间这一参数被看作是计划（规定值）和实际生产（实际值）两者中最有可能实现一致的方面。

准时度是遵守既定交货时间的标志。虽然也是和时间有关的参数，但与产出时间不同的是，准时度并不关注一段时间的延续长短，而关注应该交付日期和实际交付日期之间的差异。生产计划和生产控制的一个重要目标就是要实现准时度，不仅是要避免因交付时间的拖延惹恼客户，同时也为了避免提前交付造成不必要的仓储成本。而交货数量不足在传统的客户—供应商关系中可能为供应商造成的损失包括额外支出（付款、加急送货和企业内的加急生产）、收益减少（价格让步、未交付的商品）或其他相关损失（客户流失、辐射效应等）。

产能利用率这一参数描述的是被利用的产能相对所拥有的产能所占的比例。许多 MES 系统都将利用率最大化，试图在成本一定的情况下实现更多的产值。不过只有当多余部分的产品以正利润得以销售时，这种想法才是正确的。如果在这种情况下，需求始终大于供应，那么这种做法会导致生产中的资源出现瓶颈。因为机器的损坏和使用时限与它的使用强度有关，那么在有可能出现瓶颈的情况下，生产计划和生产控制的最高目标就不应该是最大利用率，而是与发展规划相符的利用率。

库存这一参数主要描述的是被储存的物料、成品以及半成品。不过出于上文提及的原因，在大多数 MES 系统中对库存的量化都被数量值和时间值所替代。在生产中，我们会遇到加工过程中的持续库存、各个连续加工过程中间的同步库存和为销售市场准备的保障性库存。在上述三种库存类型中，生产的起止时间内都包含了产品进出仓库的时间，它们也是为实现生产目标服务的。

在生产中发生的同步库存可以对生产起到分类和利用产能的作用。分类作用体现在它可以改变仓储货物进出的顺序，以提高交付准时度，还可以在生产控制层面组合或拆分产品数量，从而为不同机器实现最优化的批量分配。利用产能作用则体现在，当产能出现瓶颈时，仍然可以保留库存，以防止材料供应出现缺口。其实连接缓冲器就具备同样的功能，它们能将带有不同投入和产出的加工过程连接起来。

为销售市场提供的保障性库存是以客户为导向的，它通过存放成品来实现灵活供货或者缩短供货周期的作用，尤其是可以通过存放比较廉价的半成品或者还需要根据客户的具体要求进一步加工的标准产品来实现降低仓储成本的作用。

当然我们会对持续库存、同步库存和保障性库存这三类库存的优势和库存成本这一劣势进行权衡，包括资金占用量、保险成本、损耗以及仓储本身的成本。不过大多数MES系统把库存仅看作是附属条件；只有在应用以库存为导向的PPS系统时或者在下文描述的看板管理和BOA系统中才会试图减少库存，以降低库存成本。

从企业经济角度来看，库存、产能利用率、准时度以及产出时间之间的理想关系从理论上讲可以根据相应的反馈数据而实时得到。工业4.0将力图朝这一目标迈进，途径就是通过来源于现实的实时反馈快速对生产计划进行调整。这一反馈是和对产品生产进行的跟踪密切相连的。

随时随地的产品跟踪、产品识别以及可追溯性是实现工业4.0的透明度的关键。MES系统在操作层面上完成产品跟踪。因为我们也会用到材料或生产过程的“可追溯性”或者“可追随性”这样的概念，所以在这里把“产品跟踪”作为目标。企业范围之外的外部可追溯性被视为与内部可追溯性类似。

通过产品跟踪，每一个订单的质量和过程信息以及相关的PPS参数都得以记录、计算，并被可视化。有关制成品及其生产历史的资料和材料成分组合都可以被获取：

> “可追溯性让我们有可能去追踪被观察者的形成过程和地点。”

通过MES系统进行的连贯的产品跟踪让我们又可以衡量每个订单的时间值和数量值，这同时也是在生产网络中实现企业经济优化的前提条件。

> “因为企业只能管理可以被他们衡量的东西。”

产品跟踪要求实现广泛的横向融合，这也和工业4.0的理念有着紧密的联系，因为所有和生产过程有关的信息都伴随着产品——大多数情况下借助于射频识别（RFID）技术。为了保证能实现产品跟踪，不仅需要利用RFID一类的识别系统收录产品信息，还需要利用相应的MES系统来处理这些信息。为了实现完整的可追溯性，生产中的机器需要和处理PPS的系统有双重接口。为了能够实现过程完结，也就是运行过程的自动中断，就必须要求数据能被传输出去。因此，产品跟踪实际包含很多相互关联的方面：

- **产品和材料可追溯性：** 产品可追溯性被看作是最有价值的组件的直至终端用户的供应可追溯性。材料可追溯性指的是零件清单上各个零件的可追溯性，它和产品的可追溯性直接相关。利用材料可追溯性可以发现哪些问题部件被安装在了哪台设备里，或者哪种短缺材料影响到哪个生产订单。本书也对表示在客户处的交付状态的可追溯性的外部可追溯性进行了阐述，以用于确定已经交付的问题产品。
- 在检测和过程可追溯性中，我们将产品与相应的检测结果和过程数据联系起来，获取检测和过程数据可以帮助我们利用检测结果、机器状态、报错信息和生产参数来了解产品。过程可追溯性包括记载了生产流程的图表记录或者文本记录，因而可以得出所用辅助工具对产品质量造成的影响。这一可追溯性当然还包括指导生产过程（步骤）的预先文件中的信息（配方、操作说明、检测计划等）。
- 在检测和过程可追溯性基础上建立了过程中断（运行过程的自动中断），即积极可追溯性。要想利用过程中断，必须在生产初始时刻对产品进行识别，还必须能够实时进行检测，并制定需要发生过程中断的检测标准。及时的数据收集，并对其进行处理和评估，使得我们可以安装反馈环和控制回路，失效模式及后果分析（FMEA），可制造性设计（DFM）和可测试性设计（DFT）都需要有这样的控制回路。反馈的结果有可能便是过程中断。

通过产品、材料、检测以及过程可追溯性得以描述的产品跟踪的目的在于提高效率，从而增强产品竞争力。产品跟踪间接实现了提升销量和降低成本，直接作用在于满足了法规和规范要求，降低了成本。

根据德国的产品责任法，如果问题产品造成了损失，即使生产商和供应商没有过错，也需要承担责任。依据商品保障法，生产商必须竭尽全力防止自家产品造成任何危险。若有问题发生，除了需要召回产品，赔偿损失之外，公司总经理也有可能需要承担责任，甚至受到刑事处罚。由于缺乏可追溯性而导致的问题产品召回不仅在法律上存在问题，还有可能导致更高的质量成本和由于形象受损引起的销量降低。

根据ZVEI的目标金字塔，与质量相关的成本有可能间接产生于：

1．缺少材料可追溯性：对于超过30%的产品而言，人们获取到的仓库库存信息与实际库存情况不符。这将导致错误的生产计划和错误的数量统计。对有问题的材料的使用往往太晚才被发现，甚至根本不被发现，从而生产出问题产品，最终导致不良品成本上升。

2．缺少检测可追溯性：因为不能发现错误，所以一再重复同样的错误。在缺少可追溯性的情况下，像汽车行业所要求的10～20ppm（ppm表示百万分之）的不良率几乎无法实现。

3．缺少过程可追溯性：导致某一错误的过程信息不能被获取。生产过程中使用的手段、工具无法被识别，从而也无法断定其对问题产品应该担负的责任。在这种情况下，自然也无法进行过程中断和过程改良。

4．缺少过程中断：如果能够在生产过程中即使发现实际值和规定值之间出现了偏差，就可以在超出临界值的那一刻中断产品生产过程。但如果缺少积极可追溯性，即使了解到生产过程中的数据也无法阻止生产继续进行。在具备生产中断的情形中，产品必须“通过质检”才可以进行下一步生产。这样也可以保证避免有意或无意地遗漏了某一生产过程。不过要想利用过程中断，必须要在生产初始时刻对产品进行识别，还必须能够实时进行检测，并制定需要发生过程中断的检测标准。

5．缺少过程改良：没有产品跟踪，就很难对生产条件进行优化。“持续的改良过程”只可能在具备持续的产品跟踪的前提下实现。相反，要是具备产品跟踪，就能更快地解决库存短缺等问题，避免出现生产停滞。如果产品质量出现问题或者甚至必须被召回，那么，可追溯性则是一个必要和有效的工具，它既可以从问题产品的生产历程中提供数据，以便查明原因，也可以在发生召回时有效判定客户群体，降低召回成本。为了确定召回涉及的客户群体，不但需要存储材料和生产过程的信息，还需要存储接收者的信息。

产品跟踪的目的在于：

1. 通过产品和材料可追溯性降低成本： 借助持续的产品跟踪，企业可以减少甚至取消人工操控。具备了自动化的产品和材料可追溯性，完全不必进行烦琐的盘点、人工计数和人工记录。

2. 利用检测和过程可追溯性减少错误： 对有问题的材料的使用往往太晚才被发现，甚至根本不被发现，从而生产出问题产品，最终导致不良品成本上升。借助检测和过程可追溯性我们可以降低不良品成本。当导致错误的生产数据、生产工具没能被收集到时，也可能产生较高的不良品成本。在不具备检测和过程可追溯性的情况下，若发生召回，则无法准确限定客户群体。借助过程中断，我们可以避免继续生产问题产品，或者说不良品，从而保证较高的一次通过率（First Pass Yield）。

3. 提升销量和改进生产过程： 改进生产过程，实现企业经济上的优化，继而实现销量提升是产品跟踪的长远目标。利用产品跟踪改进生产过程之后，我们可以减少问题产品和产品召回，树立更好的企业形象，从而在客户中获得更多的认可。改进生产过程还能够降低生产成本，从而为客户提供更具有价格竞争力的产品。此外，还可以从客户的角度出发来改进生产过程，为客户带来更多利益，使产品更具竞争优势，从而提升销量。

为了实现协同目标，我们需要考虑产品跟踪为客户带来的益处，以及由此产生的成本下降和错误减少（见第5章）。企业经济和技术方面的效率则已经通过协同系统中的算法得到了保障（见第3章和第4章）。为了确定算法，我们接下来将以中心连续（参见第2.1.2小节）和非中心的方法（参见第2.1.3小节）对已有算法进行介绍。

2.1.2　连续的生产计划和生产控制

PPS系统的操作行为一般都是与上文定义的目标相符的、融入生产过程的规则，以及与现有产能和现有订单相关的数据管理。规则其实是一个过程，在该过程中受控变量被连续检测，并与一个所谓的参考变量做比较，再以比较结果为基础让受控变量向参考变量靠近（见表2.2）。

表2.2 依照DIN19226对控制和规范进行比较

	控制（预先协同）	规范（反馈协同）
1. 作用原则	预先连接	事后连接
2. 目标指向	以投入为导向，着眼将来	以产出为导向，参照过去
3. 干预实施时刻	干扰发生之前	干扰发生之后
4. 干预效果	防御干扰	排除干扰

来源：参见Mikus，1998，第13页。

这个规范过程包含了控制操作，是一个封闭的过程。也就是说。该过程并不以生产订单的制订为终止，而是还包含对订单完成过程的监控，并且根据监控结果的反馈来对计划进行调整。这样的一个PPS过程必须要求做到产品跟踪。只有这样，PPS系统才能够对将材料变成产品这一全过程在时间和空间上进行管控，使其和企业经济目标相吻合（尤其是和销售、采购目标相符）。

为了对PPS行为进行总体介绍，我们将为大家描述连续计划。这一连续计划将总的目标任务拆分为多项小任务，每项小任务都有各自不同的过程和目标，我们可以在时间和管理上分步骤地来逐一完成各项小任务。通过这种拆分方法，我们实现了一个相互关联的、细小化的任务完成模式，并最终通过综合分任务的完成情况来了解整个任务的完成过程。对于这一连续计划的所有阶段，我们通常采用整体生产中的确定性模式，只在个别时候采用带有时间差的反馈模式。在不具备工业4.0的技术条件下，PPS各参数之间的关系被连续地得以确定，而这些连续的PPS阶段遵循的优化标准往往并不一致。在上述拆分式任务模式中，分任务目标也很可能并不与整体目标相符（参见第2.1.1小节）。我们将在下文中对分任务目标进行介绍。

接下来简单介绍协同任务以及生产计划和生产控制所采取的操作，这里我们用到了以20世纪60年代末传播开来的物料需求计划（MRP）为基础的亚琛 PPS 模型以及从 20 世纪 70 年代中期开始引入的制造资源计划（MRPII）。它统一了 PPS 系统中的各个概念和方法，不过还未明确包括 MRPII 系统中的商业计划（结果/销售计划和分类计划），即基于价值的最优化。

亚琛 PPS 模型将 PPS 分为四种视图，即任务模型、过程模型、功能模型和数据参照模型。其中的任务模型指明了 PPS 的任务，这些任务都以详尽的文献研究为基础，同时包含了多个重要理念。因此，任务模型被看作是用于检测 PPS 任务和 MES 的概念性纲要，同时由于生产过程的抽象性，任务模型被视为普遍适用，因而可被用于所有协同对象。

遵循亚琛 PPS 模型，我们对主要任务概念的描述以及对分任务和主任务的划分并未按照最初的定义，或者说进行了细小的改动，为的是在对 PPS 要求进行阐述时能有更清晰的观点（参见第 3 章）。在亚琛 PPS 模型中主要考虑的是采购种类和生产规划之类的二级需求测算，而并非生产需求计划。与生产计划中的旨在拆分的分任务不同，连续计划中的两个分任务具有一定的一致性（参见第 2. 1. 3 小节），这种偏离拆分理念的做法是为了实现更清晰的分类。基于同样原因，我们在连续计划中考查了批量规模和生产需求，而并未考查生产控制。最后，为了与 PPS 协同中的总任务在概念上有明确区分，我们在这里将任务协同称作“订单规范”。

亚琛 PPS 模型中的基本结构和构架（见图 2. 3）也从而得以保留。我们对连续计划中的主任务模型进行了如下定义：

- 将长期生产项目计划作为第一协同层面，计划时间区间为 3 ~ 12 个月，计划频率为 1 ~ 12 个月。
- 将中期生产项目计划作为第二协同层面，计划时间区间为 1 ~ 6 个月，计划频率为 1 ~ 4 周。
- 将短期生产项目计划作为第三协同层面，计划时间区间为 1 ~ 4 周，计划频率为 1 ~ 5 天。
- 订单规范被视为生产项目规划、生产需求计划和生产控制之间的衔接任务。

- 所有任务都涉及的数据管理也同样被视为衔接任务。

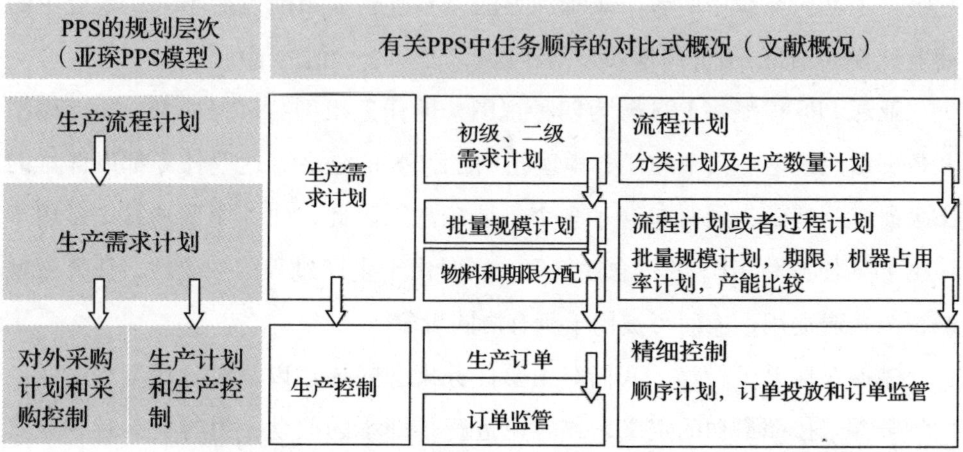

图 2.3　生产计划与生产控制的计划层面与亚琛 PPS 模型（稍有改动的）之间的概念比较

来源：Kummer，1992，第 108 页；Wiendahl 等人，1987，第 264 页；Hackstein，1989，第 246 页；Glaser 等人，1992，第 2 页及下页；Domschke 等人，1997，第 8 页及之后数页；Scheer，1997，第 384 页；Günther 等人，1997，第 131 页及下页；Mannmeusel，1997，第 36 页。

在连续生产项目和生产需求计划中，产品跟踪不会对计划产生任何直接影响。

它实际上是一种类似于规范技术的控制。相反，生产控制则往往包含类似产品跟踪的反馈作用，因此被称为“生产调控”更为恰当。

生产项目规划的目标在于，为既定生产流程确定待生产产品的净初级需求，即种类、数量和交货日期。作为基础的总初级需求，即待预备的产品数量，除了包括待生产的产品外，还包括仓库中存放的产品。生产中的总初级需求可以通过对市场和销路进行预测来得到，并结合生产能力和现有库存加以考量。在以订单为导向的生产中，往往以现有订单为出发点来判断是否递交报价，以及何时递交报价或者接受订单。在测算出初级需求之后，我们可以进行二级需求测算，即计划为满足初级需求要提供的物料。

不同于亚琛 PPS 模型，这里的生产程序规划除了初级需求计划之外，还要确定二级需求（也称为数量计划或物料处置或需求计划）和采购类型分配，以便更结构化地来介绍分散方法（参见第 2.1.3 小节）。二级需求包括与生产阶段相关的、以零件清单为基础的总需求的确定，以及对总需求和现有库存的审核，结果是得出相应的材料和中间产品的净需求。在这里需要借助正向移动以及订单数量确定出各生产阶段的最晚完成日期和粗略日期。但是这些数据也只能在生产需求计划中被确定出来。在生产程序计划中，采购类型分配包括从供应商采购和自行生产。

由于高度聚集，生产程序计划通常依照最小化原则来追求尽可能高的企业经济效率。不过要依据这样的最小化原则，必须满足数量不受限的产品能以固定价格得以出售，并且不考虑生产过程相关的后勤消耗，也就是说存在一个一维的、以价格为中心进行竞争的买方市场。

不同于上述生产程序计划依照企业经济原则来实行最优化，下文要介绍的生产需求计划和生产需求控制通常追求以数量或时间为单位的 PPS 目标，如守时性和生产力消耗等。

生产需求的任务在于，通过汇总材料和生产力，计划完成既定目标所需要的资源。分任务包括：生产批量计划（尤其是当生产程序计划没有完成这一步骤时），制订流程时限，确定生产力需求，协同生产力。这些过程可能跟随 MES 的不同而有所变化。

进行批量大小计划是为了汇总相同或相似的产品订单，这些订单拥有相同的机器流程顺序，并且每台机器进行的加工方式也相同。

从生产流程起先制订，是在不考虑现有生产力约束的情况下来确定生产起始日期。在接下来的生产力需求确定和生产力协同过程中才会考虑生产力的约束。

为了能够实现与生产流程计划相连的生产需求计划，必须在流程计划中宽松地去制订期限，这样才能在完成流程计划时不损害既定的计划时限。

在连续性计划中我们无法考虑生产流程计划目标和生产需求计划目标之间的关系，前者通常遵循最小化原则，后者通常不以价值衡量，而用时间和数量来表示。因此，例如在对生产流程进行计划时，必须考虑安装费用以及非必要成本。由于安装时间和非必要时间与流程有关，所以只有在制订了交货期和生产力计划后，才能知晓安装成本和非必要成本。而分任务又以批量规模计划为基础，只有在了解生产流程的前提下才能确定批量规模。

我们在这里把企业自行生产和向供应商购买的计划都看作属于生产控制，尽管在业琛PPS模型中并没有这样规定。在单个企业里，对外采购计划和控制往往不由生产环节负责，而由采购环节负责。不过在生产网络中，我们通过“自行生产”和“向外购买”这样的表述对责任领域进行了明确划分。

> “在自行生产计划和向外购买计划中，计划内容都在既定时限范围内得以具体化，并控制自行生产和向外购买的实施。自行生产计划的时限范围是有可能的最早和最晚的生产起始日期之间的差异。”

生产需求中的时限范围可被分任务中的优化过程所利用，即最佳交付日期的确定、资源最佳计划、流程计划、可利用度检测、订单放行、订单监测以及资源监测，这些过程的目标通常是由一定的优先规则决定的。这些规则有可能优先考虑安装时间、运行时间或者交付守时性等。

相对于生产需求计划，自行生产计划和自行生产控制有着不同的优先着眼点。这是连续性计划的负面结果的加强因素，如所谓的运行时间并发症（规划环），这种症状表现为运行时间以螺旋方式不断上升。这种不稳定的计划运行时间会长于单纯的加工和运输时间，并因此导致生产控制中过早的订单放行，随之而来的后果便是大量的产品堆积在机器面前或者是工作准备阶段，从而使每一个订单都必须在机器前等待较长的时间才能按照一定的优先顺序进入机器得以生产。这种较长的等待时间会导致更长的实际运行时间。在此情况下，订单也需要越来越早地被发送，才能够保证最后的交付时间不被耽误。与此同时，堆积在工位前的产品也越发得多。随着堆积产品的增多，实际运行时间也变得更长。这又会导致计划运行时间增长，以便保证更有效的实际运行时间，运行时间并发症的螺旋体也由此达到新的高度。

在生产流程计划中得以确定的二级需求会进入对外采购计划和控制中，即对物料（也包含部件组和成品）的订购。这一任务变得日益重要，因为在生产企业中已经开始越来越倾向于更小的纵向生产范围。基于此，合作以及生产网络的产生也变得日益必要。传统的向外采购计划包括计算订购量、获取报价、选择供应商、生成订单以及监测订单完成情况。这些传统的向外采购计划中的PPS流程现在已经渐渐被相互合作的企业放入生产流程计划或者生产需求计划中。

订单调节的横断面任务对订单进程涉及的所有领域和不同的计划层面进行协同。订单进程中以过程为导向的计划以及有辨别功能的订单监测所遵循的目标是对干扰因素进行调节。采取的做法是，摆脱计划层面，帮助重新迈向既定目标。

为了能够实现企业目标，必须要连续监测各个计划层面的生产计划和控制的目标是否协同统一。通过MES体系得到的数据也必须经过筛选和评估，并从而拟定合理化建议。这一任务也同样包含在订单调节中。在亚琛PPS模型中，上述“PPS控制”的任务被称为独立的主要任务。因为订单也是PPS控制结果实行过程中的中心，所以我们在这里把这一任务定义为订单协同的一个分任务。因为它可以在干扰发生后起到反馈作用，所以满足工业4.0所要求的协同结构。

数据管理也同样是一种横截面任务，并且

> “在生产计划和生产控制的任务模型中扮演基石的作用。上述所有任务领域要想完成任务，都需要PPS系统提供的数据。”

这一数据库包括初始数据和变量数据。初始数据指的是零件表、工作计划、生产工具、客户信息以及供应商信息，变量数据指的是库存信息和订单信息。与亚琛PPS模型不同，这里把库存信息划分到数据管理中，因为这里仅涉及数据类型分类。

2.1.3 分散的生产计划和生产控制

不同于连续性计划对生产进程中的结构性特征进行准确界定，生产模型在描述动态进程时表现出很大的不足。例如，以平均值的形式来描述进程中的通过时间或库存等过程特征，完全没有考虑这些数值可能发生巨大变化。

尽管如此，生产过程模型的准确性也随着不断向执行层面靠近而日益提高。例如，在二级需求计划中通过时间往往精确到天，而在确定进程期限时则通常精确到小时，甚至分钟。由于实际情况千变万化，连续性计划最迟会在生产需求计划层面遭遇问题。尤其是当不可预测的干扰出现后，耗费巨大制订出的计划往往在几个小时之后就需要被重新制订。这种 SAP-APO 带来的高度“紧张”一再遭到诟病，而且细小的数据变化就会导致大面积的计划重审，但又仅局限于并发症，并不能从根源上解决问题。

由于集中式的生产需求计划干扰状况频出，能够真正得以实施的计划越来越少，而集中式生产计划和控制应用型欠佳的问题也日益凸显。因而，从 20 世纪 80 年代末起，人们越来越多地采用借助 MES 的 PPS 分散式模型。不够完善的连续性计划（通常是在 ERP 系统中）通过分散模式得以补充，这些分散的方式可以在较小的生产领域减少干扰，从而能够更好地反映真实的现状。我们会对看板管理和 BOA 这两种 PPS 协同方法进行更具体的阐述，以说明其如何适应一个组织的分散性，或者说一个“内部的网络”。这种适应被看作是在企业网络中采用 PPS 的前期准备。

由于采用了分散的方法，生产过程被拆分为相互独立的单位，从而可以减小复杂程度，更好地反映现状，并且更快、更准地进行计划和控制，也能在不干扰整体系统的情况下实现本地适应和本地变更。对分过程的调节要求必须做到产品跟踪。与工业 4.0 密切相关的技术进步确保能够实现更大的经济效率。

PPS 分散法可以被视为组织结构上的分散处理。也就是说，之前由某一个主体来执行的 PPS 行动权（能力），现在至少被部分地分配给了多个主体。能够实现这样的转换，前提需要我们将 PPS 任务划分为决定权、计划权和信息权。在运用分散法的同时，由于计划和执行之间的区分被部分消除，所以要求更有效的行政工作和参与员工更高的积极性。

PPS 分散法是以企业内部的分散的生产架构为出发点的，这些分散的生产构架构成了车间生产或小组生产这一类管理研发和灵活生产体系以及 MES

这一类技术研发的基础。从法律意义上讲，它们是隶属于一个企业，但却包含多个中心的组织机构。在这里我们可以把由多个工作进程组成的进程组或者由多个工位组成的工作组看作一个单位。这些单位拥有自己的行动权，并形成多个中心（多中心的），这些中心有一部分是多余的，因为它们配备了相似的车间或者工作组，并形成了“内部网络”（参见第 2.2.1 小节）。我们应该遵循的法则是：系统越复杂，就越有必要实行分散化和自我管理。这一点对于网络中的复杂生产过程尤为适用。

在 PPS 分散化之初，生产流程计划和数据管理通常仍是集中的。各种理念的不同之处在于如何处理生产需求计划和控制以及订单调节的任务。在这方面出现了三个主要的发展方向。

1）带有分散式生产控制的集中式生产流程计划和生产需求计划，不含订单调节。

2）带有分散式生产控制和集中式订单调节的集中式生产流程计划和生产需求计划。

3）带有分散式生产需求计划和控制以及分散式订单调节的集中式生产流程计划。它对应着分散的个体单位的自控或者以物流为导向的 PPS 系统。

第一种类型的优势在于，对于企业而言，带有不太细化的生产过程模型的中心个体就能满足需求，因为分散的单位负责完成细化的生产控制。与之相反，各个独立的工作小组则应用更加细化的，但往往固定的模式，这些模式的复杂性自然会受到限制，因此只有相应的工作小组对应的那部分生产领域能够被呈现出来。

集中式计划主体通常需要一个时间缓冲器，以便在遭遇干扰时可以给予权限单位足够的应对空间。我们还应该尽可能地就地解决干扰，避免给中心个体造成额外负担。当然，已完成的订单、获得半成品的节点以及工作环节遭遇的很可能会持续较长时间的干扰都要反馈给中心计划，以便中心计划能够对生产进程进行调整，并通过修改计划来应对干扰。

在这种情况下，中心实体必须接管生产控制任务。订单被视为干扰出现时为操作时限配备的更大的时间缓冲器，从而避免在发生小干扰时就采取集中式的调节措施。由此产生的计划通过时间的延长会导致或者加重通过时间并发症。

此外，依旧很有必要在分散的单位之间和集中的生产进程计划之间进行协同。这使中心个体有可能遭遇瓶颈，因为当分散单位的可接受度被打破之后，除了将启用形式上的权限外，还将启用与问题状况相符的信息接收和处理机制。这不仅要求中心实体具备足够的信息量，还必须同时具备相应的信息处理能力。随着PPS越来越复杂，中心个体也需要不断得以加强，并且要针对不同的问题状况有所区分和专业化。正如阿什比提出的必要差异定律所要求的那样，一个具有复杂性的体系只有依靠同样复杂的一个体系来加以控制。这将导致在被称为“冯·纽曼瓶颈”的集中层面对原本分散的协同问题进行再生产。

第二类型中的集中式订单调节被很多作者认为最为理想。这种订单调节的首要任务是，将中心计划主体从对分散单位的协同工作中解脱出来，并在干扰发生时根据具体情况采取干预性调节。在这种情况下，订单调节阶段性地从中心主体那里承担了有大致时间期限的订单，并把它们分配给分散的单位。在遭遇产生重大后果的干扰时，订单调节系统会接收到反馈，并采取必要的应对措施。订单完成之后，完成信息也会被传送给中心主体。这样可以防止中心主体受到生产过程中意外状况的负面影响。尽管如此，仍然为操作时限保留了时间缓冲器，而且订单调节在确保各个独立单位目标一致性的过程中仍然有可能遭遇瓶颈。此外，在这种类型中，对于中心订单协同而言，协同问题也被重新定位为次重要的、对分散单位进行协同的主体。

在第三种以供应为导向的模式中（见表2.3），生产需求计划是以分散形式进行的，而不像前两种模式那样依靠居高的一个调节主体来进行。这种依然保持集中的生产流程计划也可以允许兼容不同的分散方式，主要取决于相应的生产过程具备什么样的应用前提。分散式的PPS模型有：20世纪80年代就开始被应用的看板管理，以及以负荷为导向的订单投放（BOA）。利用流水线原理进行生产的领域或企业可以以看板系统的方式进行分散式控制，而其他进行车间生产的领域或企业则往往采用 BOA 的分散式控制。当然，这些分散式控制可以根据各局部的控制理念在生产流程控制这一大框架中被联合应用。

表 2.3　对比传统 PPS 和以供应为导向的 PPS 提出的要求

要　求	传统 PPS（连续式）	以供应为导向的 PPS（分散式）
效率	局部观察 单一优化 功能优化 减少订单时间 以时限为导向的生产控制高效的生产控制 通过减少订购、安装和仓储成本来计划批量规模 生产率 高度的产能利用 较低的固定资产 以流程和仓储为导向的生产 产品存量用于确保生产	交接处的融合 整体优化 流动优化 减少过渡时间 通过对供应效率进行整体观察来计划批量规模 灵活性 优化的流量系数 较低的固定资产和流动资产 以客户订单为导向的生产 生产力存量用于确保供货
灵活性	较长的计划周期 敏感控制	较短的计划周期 即时的、有针对性的、自动的调节，有效地避免错误
以接收者为导向的描述	对不同规模的目标的观察 需求为导向获得体系	对供应效率的观察 薄弱环节为导向获得体系

来源：斯图加特大学企业经济促进会，1988，第 75 页；Eidenmüller，1985，第 182 页；Lucke 等人，1990，第 120 页；Bichler 等人，1992，第 4 页及下页；Delfmann，1995，第 511 页；Vahrenkamp，1996，第 65 页及之后数页。

各单位的自控和各单位之间的沟通可以分为几种不同的类型：

- 在最简单的类型中，分散的单位会从负责制订生产流程计划的中心主体处得到订单，这些单位也会知晓各生产领域的分过程，从而可以估计自己的行为给其他领域造成的影响。

- 在高级类型中，各单位之间则可以进行明确的沟通，并以这种方式在遭遇干扰时在上级协同者限定的范围内协商应对措施。
- 除了上述两种类型以外，还有另外一种补充类型。在这种补充类型中，各单位之间以合作的方式来完成生产需求计划和控制，中心主体只根据生产流程计划或者既有订单制订交货日期。各个分散的单位将对它们的计划与其他各领域和采购进行协同。

从与工业 4.0 相关的技术的实践性来看，上述第三种类型是最理想的一种选择。下文将对看板管理和 BOA 两种方法进行研究，也是以第三种类型为基础的。我们将对它与集中式生产流程计划在目标上的一致性进行探讨，同时还包括对效率和透明的生产跟踪的探讨。

看板管理由大野耐一（原丰田汽车制造厂副总裁）提出，并最初在日本丰田汽车制造厂得以利用。这一体系区别于其他体系的地方在于，它的生产控制框架里并没有对将来的计划。看板管理在生产控制中完全采用的是依据延性原则的反应式方法，即工作系统中的消费者根据需求来从相应的库存中获取物料和产品。

生产者借助一个与物料容器相连的电子的或者纸质的卡板（日语为“看板”），在消费者获取物料之时就得到通知。生产者紧接着生产出相应数量的产品，并将仓库库存补充至原始状态。

在生产需求计划阶段，中心主体会为每一个生产阶段确定库存和生产力需求。不管处于哪一个加工过程，都需要建立自己的仓库。而在传统的生产需求计划中，因为要耗费大量的物力和进行组织管理，只有在进行耗时较长的生产时才会考虑建立自己的仓库。因为和生产控制中需要遵守的流程规则联系在一起，生产需求计划中的结果的有效时限往往比在其他 PPS 体系中更长。这里涉及的并非一种以供应为导向的类型。

出于上述原因，看板管理的应用需要具备一定的前提条件：

- 没有差异的标准产品或者只带有生产商特供差异型号的标准产品。
- 以框架订单为基础的客户订单或者销售计划相对稳定的仓库订单。
- 产能负荷相同的大批量生产（容量截面协同）。
- 流水线生产或者成组生产。
- 较少的生产过程，以使生产需求计划的耗费尽可能低。

这一系统在看板管理中心需求计划中被激活，也就是说，相应的生产领域被划分为独立的工作体系，这些体系既扮演消费者的角色，又扮演生产者的角色。而一个工作体系可以是一个独立的工作岗位、一个工作小组、一个控制领域、整个企业或者包括缓冲存货的整个企业网络。缓冲存货的安置可以使各个工作岗位相互分离开来。

缓冲存货是由带有恒定填充量的标准容器构成的，每个容器上都配有一张卡片，卡片上标明了容器的种类及其标准填充量等。缓冲存货规定值的计算来自容器的数量或者看板卡片的数量以及每个容器的填充量。在确定这个中心数值时，平均周期时长和缓冲存货再次补给时长有着相当重要的意义，其中缓冲存货再次补给是通过生产体系自行生产或者从供应商处采购来完成的。周期时长可以通过与客户和供应商签订的框架协定或者生产流程计划来确定。这些部分的首次生产以及缓冲存货的发送都是通过应有存量在系统激活中完成的。

分散式的生产控制（系统运行）以流程调节为特征，它要能够在较低库存的情况下保证持续的物料流：

- 只有具备了看板卡片形式的订单之后，生产系统才可以进行生产。
- 生产系统必须严格按照看板卡片上规定的数量进行生产。
- 生产系统只能按照实际所需，从缓冲存货中获取装有部件的容器。

看板管理的一个优势在于它的系统运行非常简单，能让我们不再需要生产控制中的中心订单调节。看板管理的运行不需要计算机支持就充分证明了这一点。这一体系相对于生产过程中的短期干扰所具备的抵御能力也相对较高，一方面因为生产系统被缓冲器隔离开来，另一方面因为各个加工过程的起始和终止时间并不是简单地由计划过程来决定的，而是根据需求状况得到的。只要能够很好地遵守系统运行中的流程规则，就能通过循环着的看板卡片的数量和容器填充量来限制生产库存的数量。

与之相反，系统激活则是以集中方式进行的，并且不包含对系统运行进行连续监控得到的反馈。当需求临时出现变化或者产品组合发生改变时，看板管理的灵活性相对较弱，因为对于每一个生产阶段遇到的变化都必须要建立或补充缓冲存货。生产商面对临时增加的需求，可能无法做到准时交货，消费者也可能无法按预期享用产品。如果变量比较大，带有可预见的缓冲存货的生产过程很多，应该从数量上保留较多的库存。

在这种所谓适应性的看板管理体系中，我们可以通过对缓冲填充度的控制和生产人员现场对错误发生量进行登记来得到反馈，从而使调控中心或者中心订单调节了解到超出或未达到临界值的情况。调控中心可以通过取出或填补看板卡片来满足应有的缓冲量。只有通过这种延伸方式，看板管理方法才能够应对较大的需求变化。中心订单调节则仅会导致调节问题的拖延。

正如订单调节一样，集中的数据管理也仅对系统激活有必要。在适应性的看板管理方法中，企业会实时更新数据管理所需要的数据库，并把较大的变化情况反映给订单调节。

以负荷为导向的订单放行法（BOA）在企业经济学中虽然引起了较为广泛的讨论，但相对于看板管理，它也受到了不少批评之声。它以所谓的漏斗模型为基础，是一个以统计为导向的 PPS 方式。在这种方式中我们会考虑并不能准确预计的、根据统计得来的停工时间对通过时间造成的重大影响。漏斗模式对生产过程提供了一种完全可以标准化的、又不太复杂的描述方式。借助这种方式，我们一方面可以结合企业结构来表现订单的开展行为，另一方面也可以描述生产目标规模之间的现有关系，从而让我们有可能借助标准化的方式及时来构建一个不受企业类型影响的过程模型。

漏斗对应着一种生产系统。在一个订单 i 到达一个生产系统的那一刻（进入），等待着的订单就形成了状态 B_i，并在加工之后流出漏斗（离开）。漏斗开启意味着效率 L_i，即每个单位时间内离开的订单。不断变化的漏斗开启状况说明，它的效率随着可用的产能发生变化，也就是说最终代表着可用产能。

如果我们设定所有订单依照它们进入漏斗的先后顺序被处理（FIFO 规则），那么依据漏斗模型，完成一个订单 i 的时间 Z_i 就应该为

$$Z_i = \frac{B_i}{L_i} \tag{2.1}$$

式中　Z_i——订单的通过时间；

B_i——在订单 i 到达时，生产系统面前等待的订单状况；

L_i——在订单 i 达到时，用单位时间内离开的订单量来表示的生产系统的效率。

这表明，我们可以通过对某一生产系统的订单量进行调节来影响通过时间。进入生产系统的状态影响了订单存量的多少，继而影响了生产系统的通过时间。

一个订单 i 在生产系统中的通过时间 Z_i 来自于加工时间、安装时间、加工之后需要存放的时间、运输和运输后需要存放的时间以及通常所说的过渡时间。将要被完成的工作称为订单时间 ZAU_i，这一时间由订单 i 在工作系统中的加工时间和安装时间构成。状态 B_i 可以被看作是订单在某一时刻等待进入生产系统的时间。上述规律也同样适用于将要被完成的工作，即效率 L_i。

所有在式（2.1）中出现的数值其实都是时间段，它们能够为所有的生产系统提供可描述的、可标准化的、清晰的过程段，同时还能为生产提供漏斗模型中完整的可结合性和可分拆性，从而可以借助订单时间把生产系统中各不相同的等待中的订单用时间单位聚合起来。在这个过程中，我们也可以不用式（2.1）中的跟订单相连的数值，而直接使用平均值。“漏斗公式”对此进行了如下描述

$$MZ_g = \frac{MB}{ML} \tag{2.2}$$

式中 MZ_g——生产系统中订单的平均通过时间；

MB——用订单时间来表示的生产系统中订单的平均存量；

ML——生产系统中的平均效率。

这种将平均存量和平均效率做比得到平均通过时间的算法被称作漏斗公式。在式（2.2）中，计划时段的长度并不是被订单的数量所平均，而是被通过生产系统的、用小时来计算的工作所平均。而生产系统中的平均通过时间 MZ_e，也就是平均来看，一个订单在生产系统中停留的时间，可通过下列公式计算得到

$$MZ_e = \frac{\sum_{i=1}^{n} Z_i}{n}$$

式中 n——订单的数量；

Z_i——订单 i 的通过时间。

MZ_g 表示的是一个工作单位在被观察的生产系统中完成订单（如1h）平均需要多少时间。这个计算对许多不同的订单进行了对比，从而得到了一个平均值。平均通过时间被定义为

$$MZ_g = \frac{\sum_{i=1}^{n} (Z_i \cdot ZAU_i)}{\sum_{i=1}^{n} ZAU_i} \tag{2.3}$$

式中 MZ_g——平均通过时间；

Z_i——订单 i 的通过时间；

ZAU_i——订单 i 的订单时间；

n——一个计划区间内的订单数量。

应用漏斗公式以及BOA必须要满足下列前提条件：

- 存量——效率比率保持不变；在计划时段中因为顺序调换而相互抵消的长度 P 的影响。Nyhuis 和 Wiendahl 没有选择平均通过时间，而选择了平均有效范围来表述漏斗公式。在我们所说的应用前提下，平均有效范围即指平均通过时间。

- 每个订单时间已知的加工和安装时间都有相同的增加值。这些约束条件尤其适用于BOA的批量计划。
- 在小批量情况下进行与订单相关的、受需求控制的生产可以满足客户提出的改变。应用这一方式的基础是，必须计算出每个单个订单的订单时间 ZAU_i。如果是在以消耗为导向的控制中，由于加工和安装时间起到的控制作用较小，计算订单时间则是不必要的浪费，因为对于某一个产品变量来说订单时间是固定不变的。而为客户量身定制的单一生产则与“平均”过程进度相距太远，以致BOA这一统计学方式无法对其提供有效的说明。不过依据与订单有关的、以需求为导向的生产也可以断定，单一生产的产品具有较高价值，或者说其价值与存量的成本相符。
- 车间生产或者灵活的生产系统带有间断性原料运输或者等待进入下一加工阶段的不同批量大小的半成品，因此有必要配置中间存货。

因而，BOA这种系统非常适用于带有不断变化的客户订单和生产变量的生产领域。

BOA以固定产能为出发点，这个固定产能是在集中式生产流程计划中经历了较长的时间以及产能的密集阶段（如对于整个生产运行而言）才被确定的。为了把生产流程计划层面的产能计划和生产需求和控制层面的产能需求结合起来，BOA系统制订了一个产能计划，当发生改变的分类计划遇到被改变的订单集合时，产能计划就会做出反应。

集中式的BOA生产需求计划被划分为批量大小计划和期限及机器占用率计划。

BOA的批量大小计划以批量加工和为被观察的生产系统提供的批量运输为出发点，它的目标在于，在产能消耗连续的前提下，实现库存最小化。因此我们相应地把待测算的平均批量看作是一段订单时间内所必需的平均最小存量 MB_{min}，这一最小存量可以使得生产系统上始终至少保留一条订单，从而保证生产系统的持续产能消耗。每次超出 MB_{min} 的存量减少或者批量规模减小都可能导致生产系统上暂时没有订单。

我们借助 MB_{min}不仅考虑到了订单时间的平均值 $MZAU$，同时也考虑到了它以订单时间的标准偏离 σ_{ZAU}形式进行的控制：

$$MB_{min} = MZAU + \frac{\sigma_{ZAU^2}}{MZAU} = \frac{\sum_{i=1}^{n}(ZAU_i \cdot ZAU_i)}{\sum_{i=1}^{n} ZAU_i} \tag{2.4}$$

式中 MB_{min}——订单时间内的平均最小存量；

$MZAU$——平均订单时间 $= \frac{\sum_{i=1}^{n} ZAU_i}{n}$；

σ_{ZAU}——订单时间的标准偏离；

n——一个计划时段内的订单数量。

要制订时限和机器占用率计划必须先确定平均通过时间。Wiendahl 认为，可以借助生产特征曲线来计算这一数值。生产特征曲线既描述了通过时间和效率这两个 PPS 参数理想化的、确定的变化过程，也描述了其接近真实的、通过近似方程式得到的变化过程。

在计划时段 P 中，我们为不同生产系统的不同平均存量和不同平均效率制订了相应的平均通过时间 MZ_g。当 $MB < MB_{min}$时，表示物料流发生减少，而在拐点 $MB = MB_{min}$时则会出现较大的效率下滑。当 $MB > MB_{min}$时，效率特征曲线 ML 非常接近可支配的产能。这时，很可能由于在到达过程中对最小过渡时间以及产能需求和产能供应之间的差异进行的控制而使实际值与理论上的拐点有细小差别。

通过上述效率特征曲线的变化和式（2.4）可以得出，平均订单时间及其控制通过 MB_{min}来确定平均通过时间、平均存量和平均效率的特征曲线的拐点状态，当处于拐点之上时，不会发生大的变化。

Wiendahl 认为，如果要在尽可能大的负荷下，即在拐点之后进行生产，必须将尽可能小的通过时间和尽可能小的存量作为第二要务。最小的通过时间和 $MB > MB_{min}$时的最小存量会在拐点出现，即当 $MB = MB_{min}$时。所以计划所要获取的“最佳系统状态”即是特征曲线的拐点。在这一系统状态下，我们通过特征曲线既规定了计划效率和试图达到的平均存量（计划—存量），又规定了试图达到的平均通过时间（计划—通过时间）。

在我们借助生产特征曲线及其拐点确认了计划—通过时间之后，即可借助逆向定时和由计划存量决定的时间表，以及通过对产能负荷统计计算来实施期限计划和机器占用率计划。逆向定时的依据是供货期限和工作岗位通过时间。我们通过逆向定时可以计算出生产起始日期，并同时估算出平均通过时间。时间表会确定出我们在生产需求计划的后续进程中会对哪些订单进行观察。Wiendahl 认为，这些被观察的订单的生产起始日期应该在接下来的第一至第三个计划段内。通过产能负荷我们还可以了解到某个订单有多大可能性在紧接着的阶段达到工作岗位（如果它之前还有其他工作岗位需要通过的话）。

只有当没有任何一个工作岗位发生负荷箱被超出的状况时，订单才能够被放行。它通常是用百分比表示的计划阶段中可被利用的产能的倍数。

> “通过负荷箱我们可以确保，不论订单到达哪个工作岗位，它都能找到与计划通过时间相符的存量状态。”

负荷箱是 BOA 系统中的中心参数。BOA 系统对生产控制做出了如下规定，即在订单放行之后，车间人员必须立即确定订单加工的顺序，车间人员在此过程中遵循的类似于其他 PPS 方式中的优先原则使其相对偶然性原则或者 FIFO 系统更加准时地完成交货。

我们并不对单个的生产过程准确规定起止日期，而是结合有可能遵循的优先性原则仅确定生产订单的放行时间。通过现场员工的决定权可以消除干扰，这样的做法也得到了高度认可。

在 BOA 系统中，订单调节可以分散地以“生产领域的控制系统”的形式来实现。顺沿生产流程的订单监管（水平的）和一个生产系统的监管（垂直的）都是以分散的方式，即与生产系统相关的方式展开的。所有得到的数值可以通过标准化的流程个体适用于整个生产运行。在所有聚合层面上，我们都可以利用生产特征曲线图来检验这些数值是否满足 PPS 系统制订的目标。

基于此，各种不同规模的分散的单位都可以进行自检，并了解到与自身相连的前后工作系统的状况，以便在生产控制层面对有可能出现的干扰做出应对。当然，如何应对无法提前预知。

通过对生产系统进行监测，我们也有可能以集中的方式利用重新计划来应对生产过程中出现的干扰。但是我们并不提倡生产系统之间的明确沟通或者合作性的、分散的生产需求计划和控制。

BOA 的数据管理是以具备一些所谓的结构数据和框架数据为前提的，我们在表 2.4 中列举出了这些数据。工作岗位团组被视为相似的工作岗位的集合，它们之间可以发生短期的人员交换。

表 2.4　BOA 中的结构数据和框架数据

订单工作系统	订单时间效率
运输时间	工作岗位团组的效率
加工时间可支配性	安装时间
大量的安装时间	与流程有关的等待时间
与流程有关的等待	时间计划阶段

来源：Wedemeyer，1989，第 17 页和 99 页；Schulte，物流——通向物料流和信息流优化之路，第 3 版，1999，第 284 页。

2.1.4　PPS 中协同任务的目标实现

在我们所观察的连续计划和它所包含的分散式方法中，需要被协同的任务包括生产流程计划、生产需求计划和生产控制。在关于分散式管理的讨论中，带有分散式生产需求计划和控制的集中式生产流程计划被认为是有效的。我们所介绍的分散式方法在生产需求计划中采用的却是集中法，只有在扩展形式上才具有订单调节。

在上文描述的被应用于实践的分散方法中，我们并不能确保存在与企业管理效率相吻合的生产计划和控制。它并非在工业 4.0 的技术进步下才得以被研发出来用于产品的实时跟踪。在这种情况下，关键缺乏的就是适用于协同工作的长期有效的目标内容。因而，看板管理以及 BOA 系统都属于以存量为导向的方法，而生产流程计划（如在 ERP 中）则往往按照经济的规模进行计划。

看板管理在生产控制层面遵循的目标是守时性。为了实现这一目标，需要使缓冲存储器中的生产存量保持在较低的状态。但是这一目标往往和很多生产流程计划和生产需求计划中的经济目标相左。

对于 BOA 系统来说也同样如此。实现尽可能高的产能利用被视为 BOA 系统的首要目标，这也和 Wiendahl 提出的向市场瞄准的目标相左：

> “市场一方希望实现尽可能短的交货周期和准时交付，企业一方则希望能够尽可能高地利用生产资料，并保持原材料和半成品的存量尽可能低。”

借助存量控制，我们也是在第二个步骤中才试图在实现尽可能高的产能负荷的前提下，以减少存量的方式来缩短通过时间。

此外，在 BOA 系统中，通常执行的也是低存量原则，因为只有比较紧急的订单，在未达到时间表的情况下才被允许。这样可以使生产系统前的等待量保持较低水平，同时又不会危及紧急订单的准时交付。这类紧急订单可以享有一定的优先权。如果紧急订单的数量较大，则有可能通过改变顺序来延长通过时间，这当然可能会带来相应后果。

但是能否实现缩短通过时间以及减少库存也是受到质疑的，因为当需求出现波动时，产能的高度负荷本身就意味着加大了实现低库存和较短通过时间的难度。不过尤其是在当今的买方市场中，较高的产能负荷并不需要成为生产流程计划或者生产企业的目标。也就是说，BOA 体系也并非首先追求高效的过程协同。

内部网络中的 PPS 分散法的优势也同样适用于整个企业网络中的生产单位。但是前提条件是，不同于我们在上文中描述的看板管理或者 BOA 系统，PPS 分散法需要允许按照 2.1.1 小节中定义的企业经济效率的目标进行协同。

为了在整个网络内实现与目标相符的协同，我们将协同任务放置于相关协同对象的环境中。这一环境在下文中被定义为“战略型的生产网络”。

2.2 协同对象——战略型的生产网络

在2.1节中，我们已经着重结合“企业内部网络”中的分散法，通过阐述生产计划和生产控制，将协同任务作为协同对象进行了介绍。在本节中我们会对网络这一概念进行阐述，以便接下来可以在“企业之间的网络”这一协同对象中对生产计划和生产控制这一协同任务进行说明。

在进行定义时，我们首先从网络概念回溯到了合作概念上。合作是一个在文献中早已被明确的概念。从信息经济的角度，它被定义为市场和企业之间的结构。网络被看作是在此基础之上的一种特殊形式的合作，它具备多种连接和可变性的自身特征。

接下来我们界定了重要的网络类型。在上述网络定义的基础上，我们提出两种分类法，构建了网络的四个大类别，其中战略型网络被视为重要类型。此外，区域性网络作为形成战略型网络过程中的不稳定状态，也可被视为重要类型。

在第三步阐述企业经济的功能时，我们把重要类型局限于战略型生产网络。图2.4囊括了形成对象定义的各个过程。

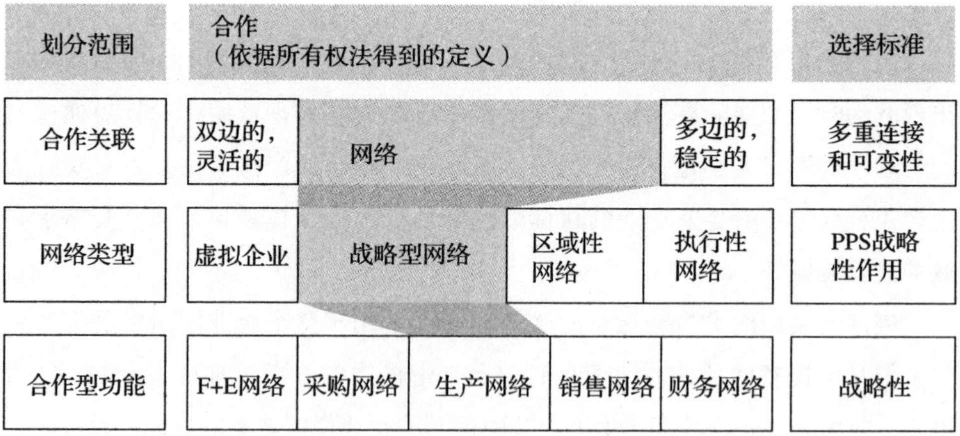

图2.4 主要协同对象之间的界限

来源：作者。

2.2.1　网络概念

网络在文献中被看作是功能强大的组织形式，它能将市场和企业的优势结合起来。所以不论是在传统的对网络形式的列举中，还是在更早的关于网络的理论性思考中都包含了非常广泛的研究。相应地，人们也提出了很多有关网络基本面的想法，如它的产生原因以及有意义的应用领域。当近期我们开始对网络形式进行深入研究时，便面临这样一个问题，那就是为什么会出现这样一个关于组织结构的独立的形式，为什么它们没有更早地对协同机制产生影响。

相关文献通常把信息技术以及由它引起的生产率佯谬看作网络产生的必要但非充分条件。因为生产率无法跟上信息技术的脚步，我们不难得出，作为控制要素的信息，即能够影响日益复杂的生产过程的数据，仅依靠原有的企业管理模式是无法被完全掌控的。

随着时代发展进入工业4.0，我们不再像线性编程时代那样缺乏数据，现如今已经可以在太字节的层面上获取数据，缺乏的正是处理这些数据的协同机制。所以我们才开始寻找一种优化的组织形式，以便可以在复杂多变的环境中合理地应用数据。而传统意义上的企业管理方式并不能满足我们的要求，因此我们利用合作和网络的形式对传统方式进行了补充。

由于没有关于网络的理论依据，我们接下来只能借助信息经济学和组织学理论，将网络看作是各组织间的合作来进行定义，试图对协同机制进行理论说明。

为了弥补网络理论定义的欠缺，我们使用了跨组织理论，因为这一理论只针对某个网络内部的双边或多边合作性关系，所以起初只被允许用来定义合作。而网络这一现象可被视为合作的一种特殊模式，我们也可以利用跨组织理论来对其进行说明。在经验研究中，我们已经找到不同的方法，并对其进行了验证：

- 信息经济学的方法。这种方法与所谓的新制度经济学相对应，它把微观经济学、组织学理论和法学成分相互连接起来。此外，信息经济学还是在阐述网络现象时最经常被引用的方法。这很可能是因为它的简明性。
- 资源依赖法或者以资源为基础的方法。这种方法把企业或者网络看作是：

  > “……各种不同类型的物质和非物质资源的总和，在这些资源具备特定特征的前提条件下，它们就能带来企业竞争优势和持续的利润。”

  如果我们把这些资源看作是一个关系网中的环节，那么就与网络方法之间建立起了密切的联系，从而也和系统理论紧密相关起来。以资源为基础的分类通过对资源的划分来区分市场和企业，这些被使用的资源包括人员、材料、生产资源和信息。
- 竞争战略的方法。竞争战略的方法是由波特尔研究出的战略管理和工业经济学之间的关系，它研究的是工业结构、工业行为和工业结果之间的关系。因此，合作被看作是对经济活动进行融合和排除的结果，也是对工业结构变化做出的反应。企业中任务的实施被定义为企业发挥自己比其他企业掌握得更好的职能（核心能力），从而使得网络成为一个拥有大量核心能力的集合。这一做法也可以在“最强联合”中依据个体的核心能力实现任务最佳分配。这些被结合起来的个体核心能力也需要有集中的互补能力（如管理能力、协同能力和沟通能力）的支撑才能发挥作用。如果我们将核心能力视为资源，那么以资源为基础的方法无疑非常适用于网络这个对象。

所有的方法都被当作了理论基础，并为经验研究提供了支持。这些方法都很好地经受住了考验，而且由于在企业经济学这样一门不算精确的学科中缺乏足够的客观性，这些方法也很少遭遇驳斥。

考虑到工业 4.0 和 PPS 系统的背景，我们在这里选取了信息经济学的方法。这种方法试图从法治和制度调节的信息成本来阐述其效率。这种方法肯定了信息的重要性，这一重要性也是网络思想以及信息技术生产率论产生的原因之一。我们对成本的考量与高效的流程协同这一战略目标相符。

信息经济学方法被划分为三个类别，即产权权利法、交易成本法和委托代理法。这些方法的主要区别在于它们考虑了一个交易的不同方面，这个交易是通过可以从技术上被分割的界面完成的。依据我们的定义，这个界面既可以存在于企业内部，也可以存在于企业外部。

- 产权权利法处理的是由合同约定的权利（所有权），它允许实施一个交易或者拥有一个资源，也就是在满足一定前提条件下获取收益。产权法将企业看作是所有者与企业必要资源间的合约结合点。
- 交易成本法处理的对象是分配所有权过程中产生的成本以及和这一分配有关的信息。
- 委托代理法研究的是效率执行者的行为及其利用信息产生的影响，这一影响又会进一步影响生成效率的成本，并且提供了一个理论框架，以便我们讨论员工个人收益或者单独的网络企业与所有者利益之间的差距。

产权权利法对市场和企业间的合作进行了分类，分类过程利用的正是合作中包含的所有权。交易成本法这种以效率构成为研究对象的方法则为我们从经验角度观察的合作形式提供了框架范围。委托代理法和交易成本法一样，以有限合理的、机会主义的行动发出者为出发点。有限的合理性要求行动发出者实施合理的行为，但却只赋予他有限的认知能力。这便导致行为个体想要追求利益最大化，但是他的能力却因为知识缺陷和有限的信息加工能力而受到制约。在信息技术中知识缺陷即数据存储、数据处理和数据传输方面的不足。而这些在工业 4.0 框架中也起着关键性的作用。

接下来我们借助产权权利法对市场和企业间的合作进行了划分。“企业间的合作”这一概念包含了不同组织间的各种不同的关系，他们的共同点在于，两个或两个以上的法律上独立的企业共同完成任务，并共同协同任务执行。这里的法律上的独立性（自主性）不同于劳动合同（雇佣合同）中的相互依赖性，这也使得合作不同于阶层化的组织，从而不同于内部组织。内部网络作为一种内部组织形式不是法律意义上的合作，但是它让我们可以对这一范围内已被研究过的领域和外部网络中还待解决的问题进行对比，就像我们在第5章中所做的一样。

双边合作从效率交流角度来看可以分为三个不同的方向：垂直的（有关效率深度的合作）、水平的（有关效率广度的合作）或者多边的（执行层面上的）。

合作和市场的区别在于，在市场交易中，在签订合约时就完整规定了要实现的效率，并约定了效率的及时交换（购买合同）。与之相反，合作的前提往往是合作合同或者网络合同，这种合作合同或者网络合同的特征是，它规定的是对一种还没有被完全界定的效率进行长期的或者多次的交换（框架合同、理性合同等），从而在这种交换发生之前，都一直存在一种长期的、相对稳定的关系。在企业里，劳动合同就是一种理性合同。

这里的比较稳定只是相对于市场交易而言的，比较不稳定则是相对于企业而言的。各种不同的合作合同形式又可以按照它们的相对稳定性进行区分（如相对不太稳定的、长期的供货商合同 VS 相对稳定的合资企业，见图2.5）。我们不但可以用合约形式（产权权利法），也可以用经济上的相互依赖性（网络法）来定义这种相对稳定性，也就是市场和企业之间的一种连续性，这种连续性和合约的书面形式无关，而和数量上不断增强的紧密性有关，即用最重要的客户的购买额与整个销售额之间的关系来描述（网络分析法的计算方式）。

因此，合作被定义为：

> 企业间关系的一种形式，这种形式在短期市场交易和稳定的企业之间通过各种既有合约（合作中的理性合约 VS 市场中的购买合约和企业中的劳动合约）得以确立下来。

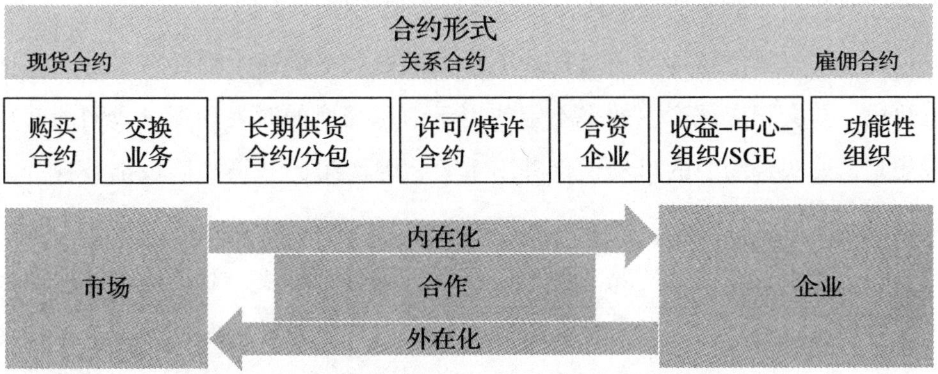

图2.5　将合作作为市场与企业之间的组织形式

来源：Sydow，战略型网络：变革与组织，1992A，第104页；Wildemann，对企业网络进行的协同，1997，第421页；Balling，1998，第60页。

相对于市场关系和企业关系而言，合作的特征在于质与量上都有所不同的信息交换。在工业4.0背景下，这是至关重要的一点，因为网络中的垂直面和水平面上的数据交换被视为一个基本前提。此外，我们还需要一些带有条款的新的合约模式，以便对企业数据进行保护。

交易成本法仅描述了信息交换这一个层面，但对于合作的描述其实包括很多层面。这种方法忽略了社会和文化方面的前提条件以及信任这个基本因素对于合作的重要性，不过接下来我们要介绍的专门适用于网络的方法则考虑了社会化的因素，算是部分弥补了第一种方法的不足。这两种方法都非常重视合作关系的发展，因为我们的目标就是要为既有网络建立协同机制。在合作中进行效率交换时，不同阶段会出现不同特征：

1）寻找合适供应商或者客户的开拓期。这里我们之所以使用开拓期，而没有使用信息期，是因为所有的阶段都涉及信息和信息交换。

2）拟定框架合约的协商期。

3）与特定效率交换相关的开拓期。

4）涉及特定效率交换的协商期。

5）实施特定效率并对其进行监管的实践期。对被交换的效率或者已签订的合约进行的适应性调整被视为第一、第二以及第三至第五阶段的延长。实践期的时长对于所有协同形式而言都被视为恒定值。

其中的极限值，即市场过程，不管在哪种效率交换中都存在于第三至第五阶段，并会相应地产生效率不定的用于信息交换的时耗。不过我们的前提设想是，购买合约中的市场伙伴并不重要，因而第一和第二阶段都被视为无足轻重。

在企业中，在极端情况下会不存在第三和第四阶段：对于员工的雇用会产生效率一定的时耗，同时也会因为时间工作产生额外的时间分配。但在合作当中却从两个阶段产生出一个综合体过程，这个过程包含缩短的、用于框架合约的开拓期和协商期（合作规划或者网络规划）和缩短的、用于原本的效率交换的开拓期和协商期以及实践期（合作运行和网络运行）。

在第二阶段末进行的合约签署意味着合作或者作为组织的网络的制度化，并且同时制订了管理这些独立的合作企业或者网络企业将获得的收益。网络协议实际上是对多数网络企业都认可的规则的确立，以确保我们能在规定范围内传输知识。网络的运行包括合作包含的三个剩余阶段。网络运行的目标是确保绝对畅通的流程，从而确保协同任务的实施。PPS 协同也属于合作运行。

各个阶段所耗费的时间受信息的战略重要性的影响。我们认为，有战略重要性的信息从企业经济的角度来看便是核心竞争力，从资源论角度而言便是战略资源。战略重要性越大，即效率越专业化，越不可用于交换，那么开拓期的合约保障就越重要，这样才能确保从长远来看，对竞争有重要意义的知识不会落入他人之手。战略重要性有可能来自区位性、实物资本、人力资本、时间性以及品牌等。交易发生的频率对于减少交易成本能够起到支撑作用，尤其是当待建立的协同机制的偿还时限较长时。

在前期，我们通过合作合约对目标进行融合，以防止由于目标混乱而无法实现效率（停滞状态）。这一做法会导致第一和第二阶段的时间延长。而在复杂多变的环境中，当效率具有高度不确定性时，第三和第四阶段的时间便会延长，以便将事先不具备的知识融合起来。另一方面，我们可以认为，信息的战略意义以及信息时间中的效率恒定部分随着信息技术的发展会保持不变或者有所增加，而信息时间中的效率变化部分则会随着信息技术的发展而大大降低。此外，待开发的协同机制也会对协同对象的规划产生影响，因为它可以降低网络企业间的交易成本。

信息交换不但耗费时间，还会产生交易成本或者信息成本（开拓成本、协商成本、实践成本以及适应成本）。随着信息技术的发展，这些成本的可变部分会逐渐降低，因为大面积的效率需求和信息需求都会利用合作这一组织形式（见图2.6）。因此我们不难理解，有关降低价值创造深度和规划合作的讨论会日益激烈。

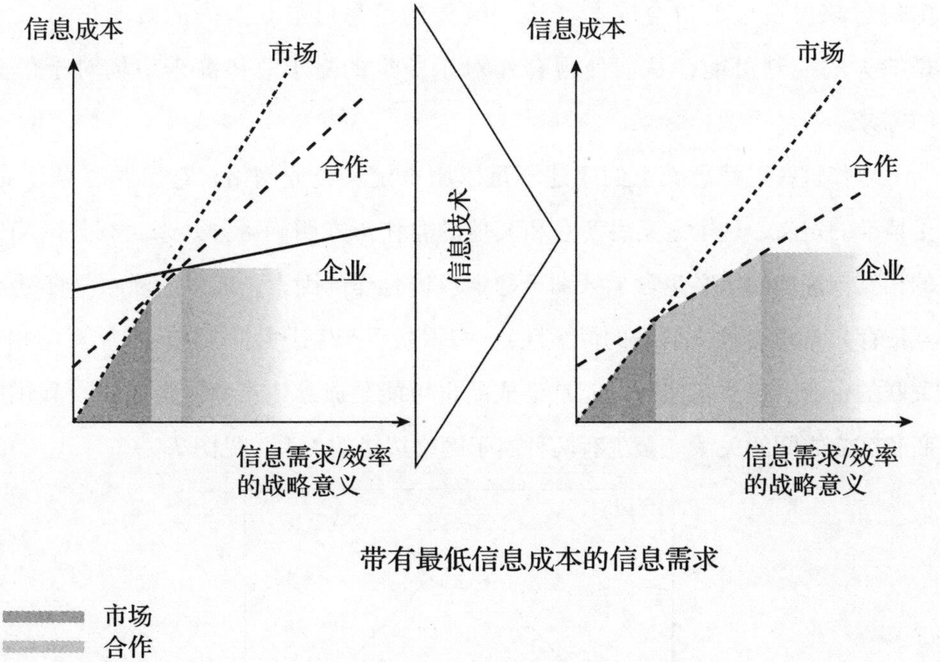

图2.6　信息技术对不同组织形式的影响

来源：Williamson，政府机制，1996，第108页；Picot等人，1996，第59页。

信息成本和交易成本的高低会根据获取信息所需要的时间来决定选取一种特定的组织形式。因为在交易成本法中我们没有考虑合作的其他层面，所以交易成本产生的影响相对于其他待定成本而言较难估量。根据交易成本法，有以下关系成立：

- 要利用信息的高度战略意义将目标融合起来的需求越高，效率的频繁性以及/或者专门性就越大。
- 对信息或者知识融合的需求越大，即效率的不确定性越高，人们就越容易通过合作从市场走向企业，以减少信息成本和交易成本。

合作效率一方面相对于企业而言不确定性较低，战略意义也较小，因此总的来说，合作比企业需要更少的信息交流。而另一方面，合作效率相对于市场而言具有更大的战略意义和更高的不确定性，并且带有很高的、由信息缺失造成的机会成本。这一缺失的信息可能是缺失的效率信息或者是缺失的控制可能，从而使得合作对于信息的需求总体高于市场对于信息的需求。

合作这一广泛意义上的表述不足以用来定义企业网络，它需要有自己的、更精准的定义，这个定义要使它和其他的合作形式明确区分开来。有关网络中的相互依存性的定义包含了区别于稳定双边合作的因素，即多重联系（多边相互依存）和可变性（联系的灵活性）。多重联系产生于大量作为网络结点的相互关联的企业（至少三家既可能是半成品也可能是成品生产商的企业）及其供应商和客户之间的关系（至少有两种属于网络边缘的关系，见图2.7）。

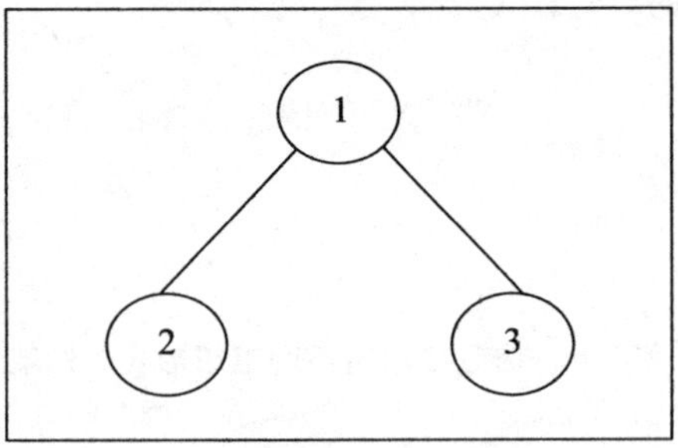

"圆圈"表示网络企业
"直线"表示网络关系

图2.7　有可能的最小的网络

来源：作者。

参与者开展着多边工作，也就是和各个伙伴在一个或者多个网络中一同工作，并通过这种可选择性来提高对各种特定环境的适应能力，利用的途径便是在网络内部开展临时的、寡头性质的竞争。多余度体现在数量和功能上相似的产出上，也就是说多个流程或者伙伴生产出类似的产品或提供类似的服务，从而为整个网络提供可供选择的灵活性。

这种可变性便是网络内伙伴关系的盈利或亏损，并且会导致多余的网络伙伴之间的竞争长期性扩展，最终发展至整个网络。可变性并不是既有网络内直接存在的现象，而是网络自身的变化。可变的网络由于在进入或者退出的变化过程中受阻很小，因此它不但可以有效地做出反应，还可以主动采取战略性的行动。网络的可变性意味着战略上的灵活性。基于此，我们将网络定义为：

> 一种包含多边合作的、相互关联的、灵活可变的形式，它通过多重连接（网络内企业数至少为三，相互关系数至少为二）而具有有效的适应能力，并通过可变性（合约规定的进入或退出网络的可能性）具有战略灵活性。

按上述说法被定义的网络内的信息交换和市场性交易非常相似。在双边的、稳定的合作中，效率可变的信息需求相对网络而言较低。因为多余度在增强适应能力的同时，也提高了网络内的效率可变的信息需求。由于不断增强的效率不确定性，我们必须向双边合作过渡，以确保知识的融合（见图 2.8）。

网络的灵活可变性不仅受到效率特性的制约，在面对具有战略重要性的信息时，因为有可能丢失信息，还对网络构成了潜在威胁。因此，当网络具有战略意义重大的信息时，就更需要将各个目标融合起来，也就是说需要实现稳定的合作网（见图 2.8）。

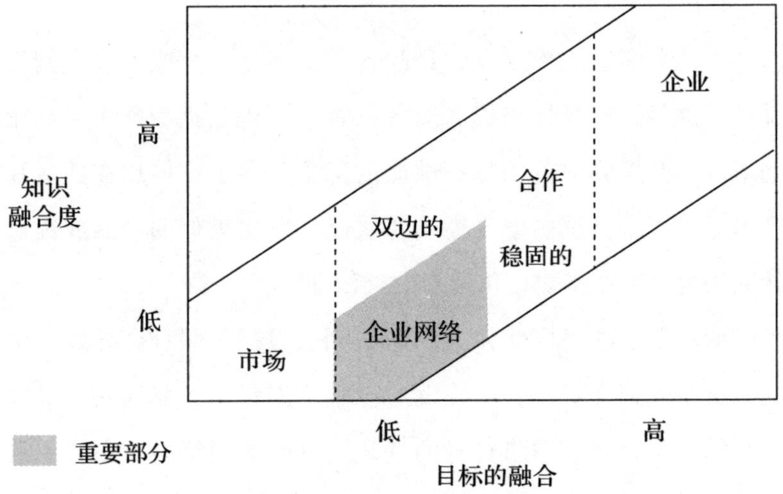

图 2.8　企业网络划分图

来源：作者。

在网络中有可能出现博弈理论描述的囚徒困境意义上的正和博弈的情况。在长期的博弈中，两名囚徒面临同样的局面，他们每人都有可能对对方做出的供认进行报复。这就导致了囚徒困境。在企业网络中，基于企业间的多重联系和可变性，也会出现多阶段的博弈。我们必须依照多阶段博弈的要求，长远地来解读网络合约。

通过经验观察我们可以发现，相互交织的企业只有利用信息技术才能得以操控。交易成本理论也为我们提供了解释理由，即我们应该使让信息成本中的效率可变部分增大的因素保持在尽可能低的水平上。信息技术会降低信息成本中效率可变的部分，但是效率固定的部分却保持不变。为了表现出网络中对于信息技术需求的增加，人们甚至要求采用新的合约形式，以适应随着工业 4.0 出现的“网上—网络”。

随着信息技术在网络中日益重要，我们不论从理论角度还是经验角度都不难发现采取 PPS 协同的必要性，它能降低涉及整个企业的互动行为的成本以及实现适应能力的成本，并通过这些成本的降低为企业带来新的可变潜力和商业潜力。

2.2.2　作为重要网络类型的战略网络

我们锁定的网络包含了网络这一现象的一系列特征，这些特征在之前实践和研究领域出现的不同概念中也有所提及。接下来我们要介绍两种描述这些特征的分类方法，这两种方法一方面可以依照知识以及目标融合的标准来对上文已定义的企业目标进行进一步区分，另一方面可以介绍尽可能多的特征，用来表述重要的网络类型。在我们认为重要的网络类型中，必须要能够实现跨网络的生产计划和生产控制这一协同任务。

企业网络的分类尽管在很多文献中都有所提及，但是大多缺乏一个有代表性的全面的说法，让我们可以去检验分类的标准。Nohria/Ghoshal 则为内部网络（跨国公司，MNC）提供了一个经过经验验证的结构体系（见图 2.9），这一体系的轴线由上文提及的标准得到。因为上文提及的有区分作用的标准在内部网络中已经经受了经验性验证，所以在下文中我们直接将其应用于跨企业的网络。我们的假设前提是，知识融合的必要性与效率不确定性相符，后者源于“环境的复杂性”和生产革新中的“技术动力”。目标融合的必要性则与信息的战略意义相对应，或者笼统称为与“当地资源价值”相对应。

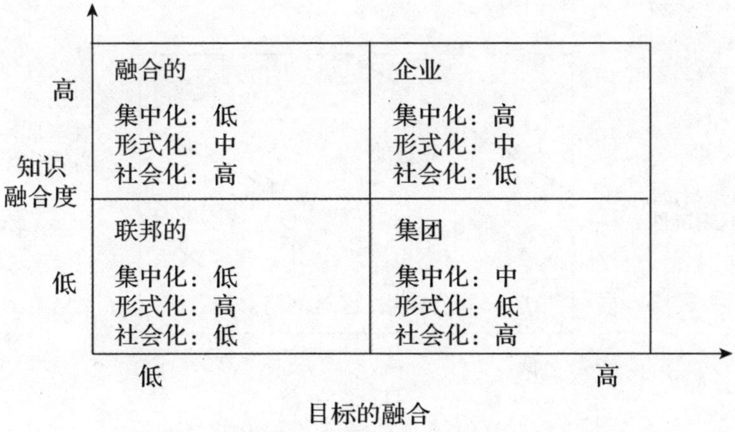

图 2.9　跨国企业分类方法

来源：作者参照 Nohria/Ghoshal，1997，第 103 页。

我们将通过集中化、形式化和社会化的方法对 Nohria/Ghoshal 定义的融合型、分级型、联邦型和派系型四种网络类别进行进一步介绍。衡量标准如下：

- 集中化。下列各情形中集中计划的数量：产品引入、既有产品的较大改动、生产流程、重组、初级员工的选择和提拔以及对部门主管的职业规划。高度的集中化意味着更多的计划。
- 形式化。首先是有流程可循的工序的数量，以及这些工序占全部工序的比例；其次是对于是否遵守流程进行的监管的强度。较高的形式化表现在大量使用流程上。
- 社会化。员工在企业总部度过的时间与其全部工作时间的比例关系，参观总部的频率，是否有导师以及在总部开展的正式培训。高度的社会化可以培养文化认同感以及协同中的相互信任。

Luczak 提出的对生产网络的分类法包含了不同于上述三类的方法理念，这种分类方法将很多文献中出现的网络分类法相互交叉起来，并提出了大量的描述性特征（见表 2.5）。

如果我们利用在这种分类中谈到的形式化、集中化和社会化概念，以便与 Nohria/Goshal 描述的跨国企业形成一致，就可以得到依照经验观察所得的网络类型的分类（见图 2.10）。

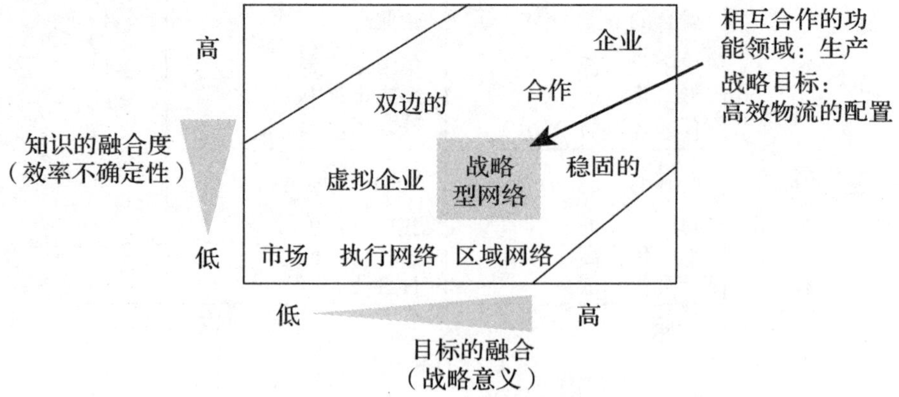

图 2.10　网络类型分类图

来源：作者。

表 2.5 网络的类别

维度	战略型网络	执行性网络	虚拟网络	区域网络
集中化	以焦点企业为中心的金字塔结构	多中心的、不对称的权力分配	多中心的、不对称的权力分配	多中心的、不对称的权力分配
形式化	在形式上封闭的、长期的框架合约中程度为中	在形式上封闭的、长期的程度很高的正式约定	口头协定或以电子方式达成的协定中所采用的方式	在口头约定中程度不高
社会化	低	低	中	在长期的交易关系中程度较高
效率不确定性	高	低	高	中
信息的战略意义	对于长期的战略目标意义重大	对于长期的战略目标意义重大	对于项目目标具有普通意义	对于战略目标意义不断发生变化
空间距离	全球范围，由区域网络扩展而成	空间上不具备集中性	空间上不具备集中性	
烦琐程度	中	高	低	高
LUK 技术	为执行过程起辅助作用	为执行过程起辅助作用	必须使用	不必要
合作	纵向为主	侧向为主	纵向、横向以及/或者侧向	横向为主
生产结构	依据客户选定参数进行系列生产	依据供应商制订的参数来提供服务（多为服务业）	项目交易	小批量生产
实例	汽车、航空、电子	贸易、银行、保险	建筑业、基础建设	机械制造、精密机械学、精密仪器/化工

来源：Luczak 等人，1996，第 18 页。

这种网络分类法源于对文献中关于网络现象的已有描述的总结，与其他众多分类法也有一致之处。

我们将在下文中应用这种方法来确定对于PPS协同机制有着重要意义的网络类型，这一网络类型对于工业4.0来说也是非常典型的。

这种经常在文献中被讨论，并且已经在实践中立足的网络类型就是战略型网络，它是一种：

> “……不同企业间的目的共同体，这些不同企业以一家中心企业为中心，它们为了更快、更好地实现客户需求达成了共同的战略性目标。”

企业的长远目标是提高企业的经济效率，并增强相对于网络外部企业的竞争力。这里的长远性指的是网络关系的影响的持续，而并非指网络关系本身。要想在效率不确定性很高的情况下更好地确定共同目标，并且将具有重要战略意义的信息更好地融入网络企业内，就必须使战略型网络的结构更多地以中心企业为导向。这样尽管所有的合作类型（水平的、动态的、垂直的）都有可能出现在战略网络中，但是由于整个网络围绕中心企业，因此垂直型合作会占主导地位。之所以选择这样的结构，是因为中心企业通常位于与最终客户相连的交接处，从而决定了网络的市场。中心企业往往具备了网络中最多的核心竞争力，因而能够在市场与网络之间很好地发挥中间媒介的作用。它常常还是最大的企业，在网络中具有最强的势力。

以中心企业为中心来进行的协同适用于网络的建设，即适用于合约规定的组织内部间关系及其战略目标的形式和内容。基于此，多余度以及垂直合作的数量都由中心企业决定。另外，要在整个网络内得以实施的“集合性战略”也是由中心企业决定的。整个网络的运行就是为了实现由中心企业制订的战略目标，从这个角度来说，网络也是由中心企业决定的。

对照Nohria/Goshal的定义，上述网络对应带有高度集中度的分级制度形式（见图2.9）。战略型的网络和Nohria/Goshal研究网络运行中的跨国企业却不尽相同，前者不是阶层式的，而是异阶的体系。在这些体系中，适应性的决定虽然是以分散的方式做出的，但是各个合作伙伴之间则会向着由中心企业制订的战略目标进行相互协同。虽然战略型网络的准备和建设主要通过中心企业来决定，但是在运行过程中单个企业可以借助于制订的战略目标获得有限的自主性。

战略型网络被定义为：

> 战略型网络是在效率高度不确定以及网络中信息具有很高战略意义的情况下被用来确定合作效率的。对于长期的网络合约中的效率，中心企业会给战略型网络制订一个共同目标。中心企业是处于面对最终客户的结合处的企业。

PPS 的协同任务要在整个网络范围内得以实施，而且 PPS 系统信息的重要性越大，协同目标被融合的必要性就越大，越需要从战略角度来共同实施协同任务。要想有效实施协同任务，我们必须制订共同的、战略性的协同目标，而这一目标要以网络中的企业经济效率为指向。

由于具有高度不稳定性，我们需要将网络中的知识融合起来，这就要求在整个网络范围内采取高度的协同工作，因为效率的不确定性往往是由于在制订效率时我们无法对其进行控制。我们在工业 4.0 框架内对信息技术进行投资是为了满足协同需求，利用这些投资我们可以在全网范围内开展长期的、以合约形式约定的合作。因此，当我们要为带有产品跟踪的、旨在实现企业经济效率的 PPS 系统制订战略目标时，战略型的网络发挥着非常重要的作用。

与战略型网络相比，区域性网络的特征在于它在空间上聚集了很多隶属于网络的中小型企业，并且具有相对较高的稳定性（对比图 2.5）。在区域性的中小企业网络中，网络企业之间存在着相对单一的相互依存关系。这些中小企业之间多样的相互交流关系往往存在于受区域限制的经济空间内，因为这些联系原本就“仅仅”基于熟人关系以及共同的文化背景得以产生，就像美国的硅谷、意大利的艾米利亚——罗马涅大区和德国的博登湖地区和巴府州。这样的网络类似于 Nohria/Goshal 描述的团体形式，这样的团体具有较高的社会性和适当的集中性，但是只有较低的形式化（对比图 2.9）。Nohria/

Goshal 认为集中化正在日益增强，因为大企业越来越多地利用区域性网络，试图以此来建立起恰当的战略型网络。

通过大企业落户这一现象，我们不难看出区域性网络具有围绕核心、自身具有调节性的特征。但是潜在网络成员的数量越大，核心也就越难形成。所以中小企业在形成联合体的具体过程中往往容易遭受困难，这种困难表现在：

> "……他们认为如果必须部分放弃关于自身资源、潜力和信息的决定权，也就意味着开始放弃自己的独立性。"

这种对于独立性的追求在中小企业一味追求收益和利润的目标设定中也占主导地位。在知识有限的情况下，追求独立性对于企业而言无疑是合理的，因为它能为有效的协同制订简单的规则。正因为如此，我们不难解释，为何尽管社会化程度较高，但是区域性网络内的知识融合却并不深入。事实上，尽管网络能够很好地帮助中小企业克服其资源上的不足，但是这些企业真正建立长期有效的合作关系的情况却并不常见。因此，由于区域性网络缺乏战略性的知识融合，要想落实上述 PPS 协同机制，希望渺茫。

为了帮助其在战略目标制订过程中达成一致，并且便于实现知识融合，需要我们预先规定中心企业。因此我们首先要在区域性网络中设立一个核心，然后在具备形式化和中心化的条件下，再将其扩散至整个中小企业网络，从而使得区域性网络发展成我们所定义的战略型网络，在这一网络中位于面对最终客户交接处的企业将发挥中心企业的作用。

区域性网络之所以会发展成战略型网络，首先是因为区域性网络只能应对很有限的效率不确定性。对于这部分仅体现在部分生产程序中的效率不确定性，使用 PPS 协同系统很不值得。而且区域性网络缺乏战略性目标，这也加大了在全网范围内实施 PPS 协同系统的难度。

不过我们可以设想，在一个较小的区域性网络中得到一个更复杂框架内的效率，然后借助必要的 PPS 协同发展出一个战略型网络。

在执行性网络中，我们利用信息技术将资源、客户、供应商以及在较低的效率不确定性下分散地得到的实时信息结合起来（见表 2.5）。为了实现这样的一个“信息联盟”，必须做到较高的信息技术形式化。这样的网络依照 Nohria/Goshal 的分类属于跨国企业的联邦形式，这种形式具有较低的社会化和集中化，但却具有较高的形式化（见图2.9）。虽然形式化完全可能具备较大的战略意义，但是需要通过合作才能实现的效率却带有一定的不确定性，尽管这种效率有可能频繁出现。

相应地，我们选取了服务行业的数据来作为案例，例如旅游业（Start）、信贷行业（Swift）和贸易行业（Sedas）。在这些领域，标准化的效率需要在伙伴之间得以协同。在形式化较强，而效率不确定性较低的情况下，并不适合使用上文介绍的 PPS 协同方式来进行计划，较为可取的是不加以干预的、短期的自动流程（参见3.4节内容）。

在执行性网络中，遍及全网的协同并不具有战略意义。协同并不指向某个战略目标，协同任务也不必被完成。虚拟企业是由多家企业组成的相对稳定的联盟，这些企业出于特定的订单或者项目而走向联合（见表2.5及图2.11）。

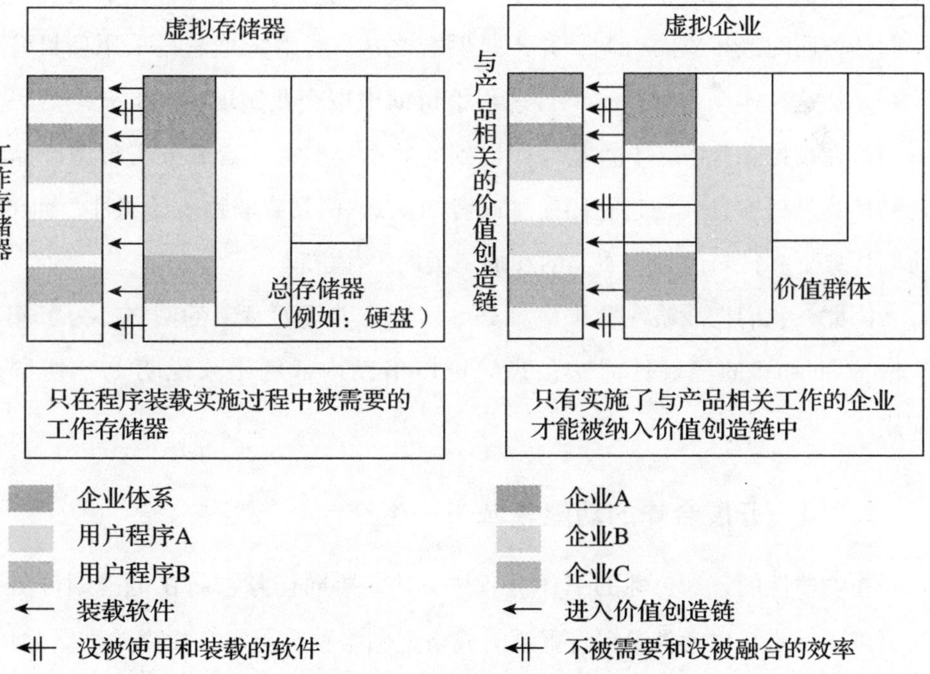

图2.11　虚拟存储器和虚拟企业间的对比

来源：作者。

在网络池中，即信息技术的集中存储器中，会有一些企业为了实现某一目标联合成虚拟企业，由于虚拟企业的构成并不遵循特定的架构，因此这些企业可以自发地进行组合，而且不必遵循特定的战略目标。不过只有在面对一个特定的业务时，企业才会联合称为虚拟企业。这个虚拟企业的结构和它所需的能力有关，因此会根据具体情况有所不同。这样的合作必须以点对点的形式进行，因此至少需要一定的社会化和形式化。所需的社会化却又不能阻碍企业自发形成虚拟企业，形式化也不能妨碍合作的动态发展。这类似于Nhoria/Ghoshal描述的具有一定的社会化和形式化以及较低的集中化的融合形式（见图2.9）。

依据两个标准，我们可以排除对虚拟企业进行其他的考量。一方面因为虚拟企业的形成都是因为某一个市场机遇，所以通常具有很强的项目性质，就如同在执行性网络中一样，由于不具备长远的协同目标，若为了实现上述协同任务而配置相应的机制，并不是明智之选。可取的做法是采用项目管理体系，让这一体系在单独的项目进程中帮助虚拟企业实现更高的效率。另一方面，在虚拟企业中，不管是计算得到的效率（服务或者服务密集型产品），还是计算过程本身（通过利用信息或者知识），都具有非物质的属性，而PPS协同任务更多针对的是物质类的和加工类的工作进程。

因此，我们把战略性看作是对PPS协同有着重要意义的网络。为了阐述Nohria/Ghoshal的经验性方法，我们可以借助内部网络来说明PPS协同的应用。

2.2.3 开展合作的功能领域——生产

在物质性的、加工性的工作进程中，PPS协同任务指向在范围划分方面又更进了一步，也就是说它将重要的战略型网络种类限定在相应的网络之内，让它们的成员在生产过程中以及相应的管理过程中相互合作。这一过程中专注于生产的第三和第四阶段被定义为协同对象。

生产在这里被视为创造价值的过程，在这一过程中，劳动成果（产品及服务）被相互联系起来，并被转化为其他的成果。不过这里我们关注的仅是离散制造，即对有形产品（计件产品）的生产。我们所指的计件产品的生产过程包括制造和安装流程。制造过程完成的是对物料的加工处理，将其变成待组装的零部件。这一加工过程需要首先由物料仓库提供原材料，制造完毕之后需要将产品存放在货仓，对于生产而言这些都意味着空间上的限制。生产网络实际是一个生产和管理的关系网，它能够帮助在生产过程中更好地实现跨企业的协同。

在战略型生产网络中网络伙伴分担或者共同承担生产任务，从而能够更好地发挥整个网络的生产潜能。任务分工的实例随处可见，例如生产流程中的协同，对产品的共同定型或者统一规范，或者两家企业对某些信息流程和生产流程进行专门分工。企业伙伴通过将信息流程和生产流程进行整合来获得合作成果，尤其是在制造领域。因此，相关企业的合作主要涉及生产过程，尽管其他活动（如研发或者市场）也有可能包含其中。

功能分工中的一种特殊情况是资源分配。资源分配的目的在于克服生产过程中的产能瓶颈或者减少资本投资。基于这样的目标，两个或者两个以上的企业根据环境和需求来共同支配紧缺资源，对其行使所有权。这些资源可能是基础设施、生产资料、固定场所、人员、物料或者管理类资源等。资源分享可以立足于长远计划，也可以是为了解决现有瓶颈而临时产生的。对于长远的资源分享，参与企业会在网络合约中对相关企业在规定时间内享有资源的情况一次性地做出规定。

我们对战略型生产网络进行了如下定义：

> 战略型生产网络是战略型网络的一种形式，它在生产领域通过将产出过程和信息过程联系起来的方式来开展合作。

因为我们对生产网络的功能进行了限定，所以网络战略的内容也被限定在与生产有关的事物上。不过在实践过程中，由于合作发生在很多领域，所以战略内容很可能并不单一，例如研发因素也可能发挥战略作用。因此产品研发过程中的合作（研发网络）往往是基础，或者是后续生产网络的一部分，被用来确保多重连接。

按照表 2.5 中的分类，战略型网络中的交易往往带有较高的专业性，所以战略型生产网络涉及的多是系列生产。因为和订单相关，通常无法进行批量生产，同样因为交易发生的频繁性，也很难进行具有项目特征的个体生产。所以带有客户特定需求的系列产品，必须签署个体订单的合约，或者以框架合约为基础。

2.2.4 战略型生产网络的特征

在从定义和概念上对不同类别的网络类型进行划分之后，我们把战略型生产网络作为 PPS 协同对象。我们还为此设定了一个前提，那就是只有在战略型生产网络中才会登记谁能生产被需要的产品。我们观察的对象仍然是网络运行过程。结合战略型生产网络的概念，我们得出了下列特征，这些特征可以被看作是应用 PPS 协同机制的前提条件：

- 网络伙伴之间签有长期的框架合约（例如以一年为计划周期）。
- 以订单为导向的系列生产。
- 遍及整个网络的团组生产和车间生产。
- 多步骤、在空间上有所划分的生产，得到由几部分组成的产品。
- PPS 协同机制对于支持带有较高效率不确定性的生产执行过程有着重要的战略意义。
- 带有中心企业的金字塔型结构，例如在汽车行业、航空行业或者电子行业，中心企业位于面对最终客户的交接处。

战略型生产网络通常是金字塔结构，组成部分包括相互连接的生产步骤的纵向合作和供应商一方相互竞争的或者互补的生产过程的横向合作（见图 2.12）。生产商本身位于金字塔塔尖，它被视为中心企业，直接地或者通过中间商与终端客户相连。由于中间商在生产领域不具备任何产能，所以不是我们考察的对象。如果战略型生产网络仅由横向合作构成，那么将会形成垄断，这是被反垄断的竞争法明文禁止的。所以具有相似任务的横向合作的战略型生产网络类似于以任务为导向的车间生产，而依附产出流程和信息流程的纵向合作的战略型生产网络则类似于团组生产。所以战略型生产网络既包括车间生产，也包括团组生产，总之包含了多个生产流程，从这一点来看，与内部生产网络相类似。

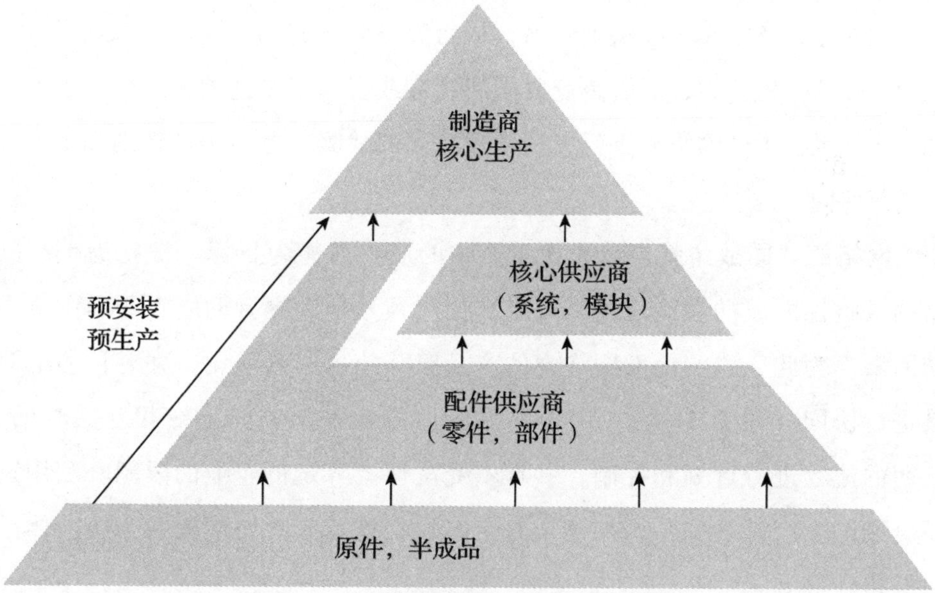

图 2.12　战略型生产网络的金字塔结构

来源：Wildemann（1996b），第 14 页。

生产领域中共同战略规划的典型实例便是电子行业的网络——或者，是更广为人知的——汽车制造业的网络，后者因为其高度的发达程度和对德国经济不可比拟的重要性而成为一再被引用的战略型网络组织的案例。汽车制造业传统的高度分工引导这一行业不断向着战略型生产网络的方向发展，因为在此过程中可以在相互合作的企业间建立其密切的成果交换和信息交换。汽车制造商是典型的战略型生产网络中的中心企业，这一战略网络也形似金字塔，并且大部分由纵向合作构成。在此过程中，属于制造商的部分产出过程完全可以和供应商的产出过程进行竞争，在这个与供应商的竞争中就会出现多重连接。如同在电子制造业中一样，在工业4.0框架内仍然需要具有可变性。

2.3 形成高效管理的协同

我们已经从协同目标和协同行为的角度对PPS进行了定义，并准确限定了协同对象，还定义了战略型网络，从而为将要研究的协同这一课题制订了框架。在这一框架中，网络企业以车间制造或者团组制造的方式形成了有序的生产体系，生产网络的流程应该依据共同的战略目标由生产计划和生产控制进行协同。

网络的共同战略指向以发挥生产中的成功潜能为目标。被视为生产网络的战略性的成功潜能应该是可以在生产领域帮助提升网络企业的竞争力的因素。为此，我们借助网络中的产品跟踪使生产透明化，并有目的地对其进行协同（见2.1.4小节）。高效的协同旨在从整体上对相互关联的、透明的流程进行计划和控制，并且不受法律上界定的企业的限制。利用遍及全网的生产计划和生产控制来对生产过程进行有效协同被视为协同体系的战略任务。

进行产品跟踪意味着有必要以连续的态度去观察遍及网络的产出流程和信息流程。这一网络视角是管理的核心思想，并且符合具有战略意义的连续性协同。

指导思想即是“流动”这一比喻，也就是时间和空间上尽可能均衡的、不中断的并且相互协同的过程，这些过程旨在长期满足客户需求，并实现可持续的竞争优势。因为跨企业的管理理念的形成与网络的思想密切相关（见表2.6），所以战略型生产网络的目标不存在于生产中，而存在于管理中。之所以会形成战略型的生产网络，是为了在共同生产中遵循战略性的管理目标。

表 2.6　管理理念的发展

管　理			
范　围	1960—1975 年	1975—1990 年	1990 年以后
焦　点	内部的（功能型）	企业	跨企业
涉及面	区域性的	全国的	全球的
结　构	个体行为	个体行为/网络	信息网络
分析法	比较评定	模型构建	跨组织的解决方案
控　制	送达原则	混合	获取原则

来源：325 位物流专家在实践中进行的问卷调查；并参照 LaLonde/Powers，1993，第 11 页；Pfohl，1994C，第 210 页及下页。

管理的战略意义对于战略型生产网络而言是非常重大的。生产网络中的战略目标制订甚至可以说是企业经济管理效率的实现。有效管理这一目标需要通过跨网络的物质流和信息流产生的协同作用和合理化作用来得以实现。

在战略型生产网络中差异性可能出现在物流效率上。在物流吸引力巨大的情况下，同一件商品在同一时间有可能对于不同客户有着不同的价值。为了实现符合企业定位的物流服务，为客户带来最大的价值，就要求整个网络了解物流服务对于终端客户的意义，并在生产中对这一点加以重视。

这一个与产出相关的因素恰好与物流成本优势这一与投入相关的因素相对应。例如，产品日益增强的个性化特征可能意味着超出网络范围的订单生产。我们可以利用网络生产范围之内的合作性物流战略以更合理的成本来应对增强的复杂性。网络中各个企业之间的交接点特别容易在订单生产中造成摩擦损耗，我们可以通过计划信息流和控制信息流采取的跨企业的协同来减少这种摩擦。

实现高效物流的定位，利用跨企业的生产计划和生产控制来实现有效协同，并建立起相关的协同机制，这些对于生产网络而言都有着重要的战略意义。战略型生产网络中的效率流程和信息流程的战略协同目标即是实现高效物流的定位，协同手段即是跨企业的生产计划和生产控制，这一生产计划和生产控制带有集中的数据管理和生产流程计划，还带有分散的生产需求计划及需求控制和分散的订单调节（参见 2. 1. 4 小节）。

第3章 对于高效物流协同的要求

“成为密集网络中的一员可以从两方面打开信息通道：一方面可以更便捷地获取想要找的、可靠的信息；另一方面伙伴可以更容易了解到某家公司的需求，并为其提供新的信息。”

协同机制被用于在协同对象中来完成协同任务，在实践过程中，协同任务始终和信息技术以及工业 4.0 的可能性联系在一起：

> “成为密集网络中的一员可以从两方面打开信息通道：一方面可以更便捷地获取想要找的、可靠的信息；另一方面伙伴可以更容易了解到某家公司的需求，并为其提供新的信息。”

在工业 4.0 的框架中，我们从技术的角度对协同机制的不同要求进行了探讨，不过始终欠缺企业经济方面有力的理论依据。为了有据可依，我们接下来把对用于战略型生产网络的协同机制提出的要求划分为三类（参见第 3.1 节），即协同形式（参见第 3.2 节）、协同媒介（参加第 3.3 节）和协同机制（参见第 3.4 节）。根据我们观察的不同视角，对协同机制提出的要求有其对应的相应范畴。我们可以从制度的范畴来看待协同形式和协同媒介，而从组织理论的角度来看待协同机制。

表 3.1　协同机制分类概况

协同角度	作者协同机制	所属范畴
协同形式	Ouchi，1980，第 135 页	1）市场，2）企业，3）区域性网络/虚拟企业
以人员为导向（人员或者人群）	Williamson，1991	1）市场，2）企业，3）合作
	1）结构上：企业内部 2）非结构上：企业之外	Kieser/Kubicek，1992，第 117 页及之后数页

（续）

协同角度	作者协同机制	所属范畴
以人员为导向（人员或者人群）	Kleer，1991，第131页	1）正式的：不依赖于人员交流的信息交流（信息系统） 2）非正式的：通过人员间沟通来进行的信息交流（人员或者人群）
	Freichel，1992	技术占主导的：信息系统
协同机制	March/Simon，1958	1）流程 2）带有反馈的计划（调节）
	Thompson，1967，第56页	1）流程 2）计划 3）自我调节
	Mintzberg，1979，第3页及之后数页	1）流程（对流程实施标准化） 2）计划（对目标实施标准化） 3）自我协同 4）人工指示 5）角色
	Kieser/Kubicek，1992，第117页及之后数页	1）在结构性媒介中：流程、计划、自我协同 2）在非结构性媒介中：价格、文化、角色
	Freichel，1992	1）以技术为主导的媒介中：流程、形式化、计划和控制 2）在以人员为主导的媒介中：人工指示、自我协同、文化

来源：Alt，1997，第310页；Schäffer，1996，第58页及之后数页。

3.1　独特的协同因素

协同机制具有一些独特的因素，如上文提到的协同形式、协同媒介和协同机制：

- 协同形式是一个协同机制的制度基础，包括市场、企业以及市场和企业的混合体。
- 协同媒介发挥着工具的作用，它能帮助协同形式所需的信息得以交流，它可以是一个人、一个群体或者信息系统。
- 协同机制是沟通模式，它在协同形式的范围内结合协同媒介对任务的实施进行调节。

协同形式作为协同机制的制度基础被写入网络合约，而企业之间或者企业内部的相互依赖性的强弱会导致协同形式有所不同。

协同媒介则是以一个（或者多个）人的形式（依赖人员的）或者以自动的信息系统的形式（不依赖人员的）来实现网络合约的形式和内容。协同形式和协同媒介一起承担协同机制框架的作用。

协同机制是协同的规则，也就是承载了协同媒介的协同形式的内容。Kieser/Kubicek 将协同机制划分为结构性机制和非结构性机制。结构性机制包括流程、计划、自我协同和人工指示，其中人工指示需要将企业作为协同形式，非结构性调节机制包括价格、文化和不需要企业就可以承担的角色。流程则是对协同行为的预先设定。团队中的自我协同和上一级下达的指示是跟阶层有关的机制。价格则是运行市场的结果，而文化和角色不论在企业内部还是外部都可以存在，和协同形式没有关系。

此外，我们根据所利用的媒介要区分正式的和非正式的协同机制，这些可以依赖人员或者不依赖人员得以实施。在非正式的协同机制中，协同媒介是人员或者人员团体；而在正式的协同机制中，则由价格、计划和流程这样的信息系统来承担这一任务。

由上述形式和媒介范围（非结构性 VS 结构性，信息系统 VS 人员或者人员团体）得到的协同机制的分类见表3.2。

表 3.2　协同机制被划分为基础的协同形式和协同媒介

协同媒介	信息系统	人员或者团组
协同形式		
市场	价格	角色、文化
企业	计划、流程	人工指示、自我协同、角色、文化
合作	价格计划	角色、文化、人工指示
	流程	自我协同

来源：作者。

战略型网络具有较低的社会化（参见 2.2.2 小节），网络中的角色和共同的“网络文化”体现得并不明显。战略型网络中的网络合约很少顾及人工指示和团队中的自我协同。与人员相关的协同机制的应用是跨企业，而且不系统的。这包含着为实现 PPS 协同而对正式的、与人员无关的协同机制的应用。

内部网络中的 MES 适合应用网络层面上的正式的协同机制（参见 2.1.3 小节）。这种想法与对 PPS 协同提出的独立性要求密切相关。通过考察正式的调节机制，我们可以将信任作为与人员相关的沟通机制的一部分排除在外，因为尽管网络的建立需要信任，但是它在网络运营中却并不必需。而对于有待研发的用于战略型生产网络的协同机制，我们需要利用正式的、分层的协同机制，也就是计划和流程。作为市场中正式的协同机制，价格是非常重要的因素。

因此，我们为待研发的协同机制选择了居于市场和企业之间的混合协同形式，还有与这一混合形式相适应的“跨组织的”信息体系作为媒介，并考虑将使用价格、计划和流程作为协同机制。在接下来的章节，我们将对协同涉及的方面即形式（参见第 3.2 节）、媒介（参见第 3.3 节）和机制（参见第 3.4 节）做进一步阐述，以便对给协同机制提出的要求进行划分。

3.2　对混合协同形式提出的要求

要实现高效的协同，必须做到目标一致，这一点之前在战略型网络中无法得以实现。各个企业虽然一同工作，但是因为它们经济上各自独立，所以它们首先要遵循的依然是自身的经济目标。跨组织间的协同过程面对的问题恰恰在于，网络的各个参与企业目标相左。

网络企业根据机会采取一定程度上的合理行为意味着网络企业向着企业经济目标、为了自身利益进行运营生产，并且仅具备有限的知识。根据机会也同时意味着单个企业尽可能地追求自身利益。尽管有的企业实际面对悲观的机会，但是也仍然不愿放弃其中机会的成分。例如在签订网络合同时，就必须考虑到网络企业在今后可能采取的行动（事后机会主义的危险）。但这一情况在合约签订之时并不明朗（有限的合理性）。网络企业想要行动合理，但他们自身的认知能力有局限。每个企业都力图实现自身利益的最大化，但是他们的能力却因为信息处理方面的不足而受限。所以，像战略型网络所要求的那样以一个共同目标定位，在一开始并不能够实现，除非各个企业因为巧合而具备了一致的目标。

以信息经济为基础的委托代理法表明，网络伙伴的目标相左会对战略型生产网络的效率造成负面影响，所以我们要对订单关系中的合约调节进行分析和合理的设计。为此我们首先要做的就是对网络企业间的相互关系进行描述性分析，这种相互关系则以信息不对称为特征。尽管缺乏精确性，但描述性的委托代理法依旧可以帮助我们更好地理解协同机制的各个参数。与以数学为导向的常规分析法不同，委托代理法与经验有着更加紧密的联系。

信息不对称有可能以三种不同的形式得以体现，它们会给网络企业提供在自身环境中提高自身收益的机会。在应用委托代理法的过程中，企业网络作为整体被视为委托方，单个企业则被视为代理方。所有的信息不对称都对网络具有重要意义，它们有可能给网络中的PPS协同造成负面影响：

- 隐性特征（效率不确定性）：在签订合约之前，作为整体的网络无法彻底判断单个网络企业的能力。但存在的问题是，新的网络成员企业是否能够实现网络合约中制订的目标。效率是对于PPS而言重要的隐性特征，但是网络成员是否能够实现效率却是未知数。效率、决定和结果在合约签署前都不确定（有限的合理性）。
- 隐性信息（决策上的不确定性、专家知识和“逆向选择”）：在签订合约后以及实施交易前，单个企业比网络掌握更多的与决策相关的信息。这些信息可能导致网络企业做出决定，这些决定则以牺牲整个网络的利益为代价来提升单个企业的利益。在计划不确定性不断增加的情况下，与网络中的生产计划和生产控制相关的隐性信息有可能出现在中心企业或者其他的网络企业中。对于整个网络而言，尽可能即时地发现被预测的干扰，并及时地控制随即发生的干扰有着非常重要的意义，它能够帮助我们采取跨企业的措施来排除干扰。但是在没有确定这些干扰会给整个网络造成影响之前，网络企业并不会主动报告干扰，因为干扰对整个网络造成的影响往往并不明显，报告干扰反而会耗费资源，并且可能会危及企业自身在网络内的成员身份。在这种情况下，伴随干扰得到的决策不确定性对于整个网络而言是一个欠佳的解决方案。

- 隐形行为（结果不确定性，不可观察性和“道德风险”）：在合约签署以及交易进行之后，网络无法或者不能彻底地根据观察到的结果来评判网络伙伴的行动。正是由于缺失这一评判能力，网络伙伴便可以利用交易，以牺牲网络利益为代价来提升自身获取的利益。网络企业还可以任意承诺物流效率，因为这一效率根本无法被衡量。面对这一结果不确定性，我们不禁质疑，在不能被观察、被评判的情况下，网络企业能够愿意履行效率（意愿—成分）。

每一次交易的信息不对称情况都必须得到监测，这对战略型网络中的PPS协同有着重要意义（见表3.3）。

表3.3　对PPS有着重要意义的生产网络中的信息不对称

时间点对	对PPS有着重要意义的、代理方的行动	选择信息不对称
网络合约签署之前	无法实现效率（能力—因素）	隐性特征
网络合约签署之后	在缺乏网络事先信息的情况下对效率进行调整	隐性信息
进行交易之前 进行交易之后	没有实现、无法被考察的效率（意愿—因素）	隐性行为

来源：Mannmeusel，1997，第151页；Kiener，1989，第24页。

汽车产业为我们提供了PPS协同中信息不对称的真实案例以及后果。为了避免效率不确定性，汽车制造商会给供应商的现有存量或者产能制订计划值，从而承担供应商该履行的复杂的计划，但制造商从外部购买部件原本是为了降低生产计划的复杂性。

中心企业的决策不确定性对汽车行业的影响表现为，中心企业凭借自己的优势地位向供应商下达不可能实现的目标（如百分之百准时交货）。由于中心企业在关系中占有绝对优势，供应商被迫适应汽车制造商的物流体系，尽管这样的单方面适应比双方相互适应要求更高的成本代价。

很高的质量要求和较高的物流适应要求使得供应商面临居高不下的成本，这种供应商面对的高成本有时也会对整个生产网络造成影响，但是对于汽车制造商而言，他们自己则享受着较低的直接成本。这也使得汽车制造商的不足之处被掩盖。因为无论是糟糕的计划还是自身较低的物流效率，都不会直接增加制造商自身的成本，所以这些问题也得不到解决。因此，尽管中心企业可以降低自身的物流成本，但却必须面对上升的物料成本。

基于上述原因，整个网络中只有汽车制造商能够获得理想的利润率。由此给供应商造成的高成本最终也通过物料价格和配件价格的上涨转移给汽车制造商。汽车制造商以牺牲伙伴利益为代价来实现自身优化，还会使双方产生不信任感，并最终导致双方无法实现共同优化。

汽车行业的实例证明，中心企业部分造成了供应商的损失，从而进一步造成整个生产网络的损失。这其中的权利冲突导致供应商单方面承担义务，导致他们面对不可能实现的目标，并且使得网络的共同优势无法发挥出来。

从汽车行业的经验我们不难得出，正式的协同可以使双方获益，所以信任对于网络而言有着非常重要的意义。由于汽车制造商具有绝对的优势权力，所以当供应商一方遭遇干扰时就必须接受严重的合约惩罚，或者面临接不到下一批订单的处罚。对于在经济上严重依赖汽车制造商的供应商而言，接不到后续订单是比高额的合同惩罚更严重的损失。所以供应商总是竭力延迟向汽车制造商反映干扰，以避免面对高额的惩罚。所以有 6.3% 的奔驰公司供应商会在缓冲仓储几乎耗尽的情况下才向奔驰公司进行汇报，而有 41.3% 的供应商甚至在生产不得不停滞的情况下才进行汇报。不等到汽车企业真地即将面临停产，供应商都不会愿意向其汇报自身遇到的干扰，就是想要力图避免给汽车制造商造成“不良印象”。他们甚至经常使用空运之类的昂贵方法来掩盖自身遇到的干扰，也不愿意即时汇报干扰，利用成本很低的计划变更来解决问题。

但最终汽车制造商常常不得不自己来承担由供应商一方的过错造成的损失，因为造成停产这样的过错要承担的合约惩罚可以让一家小型供应商彻底破产关门。生产变更的延迟汇报或者原计划效率的无法实现，都会使原本存在的差异升级和运行时间并发症进一步加剧。

由于网络总的生产和单个网络企业的生产流程都具有随机性特征，所以差异升级和运行时间并发症这两个现象会对网络造成重大影响。由于交付时间的不确定性，订单被提早下达给供应商（运行时间并发症），而在供应商处于等待状态的各个订单之间的竞争也会随之加剧。在等待的订单中，经常发生期限提前或者延后的情况，所以加急订单的运行时间很短，而其他等待中的订单的运行时间则变得更长。最短运行时间和最长运行时间之间的差异也随之增大（差异升级）。运行时间方面的巨大差异又进一步加剧了交付时间的不确定性。结局则是整个网络面临的一个欠佳的解决方案，这对于中心企业而言也同样是不理想的，因为这个解决方案与市场结果非常相似。

如何防止单个企业单方面提升自身收益，从而避免整个网络收益降低或者成本上升，是我们接下来考虑协同形式时应考虑的重点。我们在对协同形式进行规划时，也必须考虑将来有可能发生的单方面的收益增长（潜在的机会主义危险）。

协同形式具有两个结构因素：对控制结构的规划和对激励结构的规划，前者旨在生成信息，并为网络提供透明度，后者的目的在于协同网络内各企业的利益，避免某个企业利用现有的信息不对称为自身谋利，同时也避免出现机会主义。利用信息生成我们可以对偏离合理状态以及偏离网络目标的情况进行估算。

根据目标设定进行级别划分的要求以及实现最大化的控制在网络中恰恰与自主性以及网络成员间的竞争相抵触，所以协同形式必须考虑如何在信息生成和保障单个企业利益之间实现平衡。如果没有控制措施，那么单个企业就会采取对自身有利，但却有损整个网络的行为，从而给所有的网络成员带来不利。想要避免这一状况，就要求我们必须能够协同统一各家企业的自身利益。信息生成是分级式协同的任务，旨在实现网络合约中制订的目标和成功管控，而各企业间的利益协同则是通过市场得以实现的，具体来说是市场化的订单分配和市场化的成果分配。正是因为合作性的关系中会同时出现利益一致和利益冲突的状况，所以我们才需要采用这种市场与阶层相结合的混合协同形式。

协同形式必须能够实现各个独立目标之间的互补性，从而使得网络成员能够最大限度地（效率因素）实现网络目标（控制因素）。以阶层形式体现的控制可以在网络合约中以目标设定和成果控制的方式来实现，而成果强度，即网络目标的实现程度，则可以通过竞争性的订单分配和成果分配来得以确定。

因此，为了在战略型生产网络中实现互动，就需要具备这样一个带有市场和阶层因素的混合协同形式。我们可以将网络合约视为一种阶层化的控制因素来对其进行进一步的阐述（参见 3.2.1 小节）。而网络运行过程中的订单分配和成果分配则有助于规划市场化的成果，从而协同各方利益，应对网络合约中存在的不确定性（参见 3.2.2 小节）。

3.2.1　阶层化的控制因素

在信息经济中，阶层化的协同意味着为了既定目标在企业内部进行的垂直协同。战略型网络并不要求参与企业具有统一的目标，但是个体企业的目标必须与网络的战略目标相容。至关重要的一点是，每一个参与企业要能够体会到合作创造的利益要超出他们按照要求为合作做出的贡献。可以说，网络并不是跨组织间决策过程的目的，而是一个可能的“结果”。我们可以利用阶层化的协同来达到这一结果。

如果有一个中心单位来为一个按阶层排列的层面进行 PPS 任务的协同，那么这就是一个阶层式的协同形式，阶层式协同的成果可以被视为完成了既定目标。一方面，如上所述，战略型生产网络都是由目标定向的体系；另一方面，这些目标定向也是我们进行计划和控制的依据，或者说是在网络内进行 PPS 协同的依据。

阶层式协同的另一个主要特征就是指导权。阶层式协同以指导权为基础，它使得这一协同模式具有制度性结构，并赋予其中一个成员权力，去控制另一个成员。这一指导权是通过对成果的分配来得以实现的。

战略型生产网络要求确定一个协同机制，并以实现高效物流为目标，同时在这一过程中将阶层制度放入协同形式中。为了精确地制订目标，我们可以参考中心企业的战略目标。网络中各个个体企业的目标与中心企业的战略目标一起构成目标体系。要系统性地制订出目标体系，首先需要寻找目标，并将其结构化。在寻找目标的过程中，我们要尽可能找到所有的网络目标，对它们进行系统性分析，并根据需要为相互竞争的各种关系排列出优先顺序。只要这些目标符合完整、可操作、可理解、可被度量/可被控制这些标准，它们就被认为是可行的。

我们为目标体系中的目标排列出优先顺序，就可以据此来调节各个独立目标之间的关系。将各个目标之间的关系阐释清楚的过程，其实便是战略型生产网络的目标体系形成的过程。目标体系代表了一个有层次的目标集合体，这些目标依靠各种关系相互联系在一起。我们将这些关系区分为垂直关系和水平关系。

位于水平层面的目标可能具有同等的重要性，也可能相互排斥。而在垂直方向上，上层目标则要优先于下层目标。通过制订恰当的下层目标，我们可以确保网络中的局部决策不会影响到整个网络的目标实现。对于那些相互之间存在业绩关系的网络企业，这一点显得尤为重要。在这一背景下，那些以为追求成本最小化，甚至为此牺牲质量的目标屡遭诟病。而被大力提倡的是以服务为导向的业绩参数，这些参数要求我们在耗费一定量资源的前提下，实现最佳服务。我们也可以结合网络环境采用恰当的方式来调整服务质量。整个网络遵循的最高目标就是被视为战略目标的高效物流（参见第2.3节）。

这一过程中出现的突出困难在于，网络企业的下层目标并不能简单通过分解生产网络的战略目标得到，因为虽然理论上各个成员企业在生产计划和生产控制的框架内相互依存，但是他们首先遵循的依然是符合自身利益的目标。因此我们在网络合约中必须将这种相互关联性和利益作为高效物流定位的目标之一。

我们接下来介绍的目标函数比较简化地实现了网络企业的客观信息需求。在实践中，由于各种不同的任务复杂性和多变性，以及个体有限的认知能力和价值观，主观信息需求度可能高于客观信息需求，因此这里涉及的是得到明确回复的信息需求。

目标的制订或者多个目标的协同统一必须在网络成员的MES系统中得以体现。也就是说，战略型生产网络中的PPS协同应用的是高效物流的目标定位，这种方法与连续计划有所不同。它的目标值往往不在MES中，而在网络成员的ERP体系中得以确定。这一目标值也就是PPS协同的初始值，从在网络合约中制订战略目标直到与伙伴企业建立进入ERP体系的系统联系，都需要用到这些初始值。下文中介绍的成果管控需要满足的一个前提条件就是，它必须以这样一个可被衡量的既定目标为基础。

通过跨组织间的关系及其目标来达成的成功必须经过系统性的分析来确定，以便可以为有效地分配合作成果奠定基础。要实现这一点必须获得有关物料流和信息流的详细信息，即内部的可追溯性。

要想让阶层式的目标设定和控制发挥作用，就不能让协同问题转移到中心企业的层面上。如果让中心企业在网络运行过程中来执行资源控制和流程控制，那么实际上就是将协同问题转移到它身上。这样的一个流程控制无疑类似于一种所有者控制，而我们在网络中必须排除所有者控制这种无效的控制法。所有者控制之所以无效，是因为合作是在阶层以及所有者控制无意义的情况下形成的。生成成果的过程是不应该被控制的，只有过程的结果，即成果应该被控制。让网络企业接受成果控制必须满足一个前提，即我们对生成信息的利用不能损害网络企业自身的局部利益。这也就意味着，我们必须注意不能以成果控制为由去强迫网络企业将自己的核心竞争力以信息的形式贡献出去，而只能以此为参照去衡量所取得的成果。

进行成果管控时，我们会得到已经获取的成果的信息，这样才能将其与我们的既定目标进行对比。为成果管控提供的信息种类通常会在合约中明确说明，合约还会规定如何进一步向外传播这一信息。借助与网络目标相符的管控方式，我们可以很好地限制隐性行为（意愿—因素）。通过成果管控我们减少那些只在合约中约定物流效率，但却不真正实现的隐性行为。因为有了管控手段，我们就可以对供应商的物流效率进行衡量、奖赏或者惩罚。不过要对效率进行这样的衡量必须要先实现可追溯性（参见2.1.1小节）。

通过目标设定和成果管控我们可以对利益进行协同统一，只要委托方不是只在阶段性的控制中获取有关代理方行为的信息，而是还可以依据获取的信息有权进行相应的奖赏或惩罚。如同我们将要在下文中描述的一样，目标设定和成果管控是协同各方利益的基础。

3.2.2　市场化的效率因素

网络中的竞争以及可变性是进行价格运算的前提条件，并且让引入市场因素成为可能。市场化协同的特征不仅在于竞争，同时也在于相互协同，在于享有同等法律地位的成员之间可进行谈判。谈判的结果就是订单分配方案以及成果分配方案，多余资源的协同就是依靠这些分配方案来调节的。

基于企业经济原则这一前提，网络中个体企业的目标是实现参与网络获益与参与网络付出这一比例关系的最大化。这也是激励—贡献原则的前提，也就是说网络企业作为社会成员必须受到激励，让它为网络做出相应的贡献。

而贡献收益也被看作是对企业必须提供的最低激励，如果想要让企业保持合作或者开始一个新的网络合约的话。我们利用有效运行的市场中的定价可以保证在激励收益和贡献收益之间达到有效的比例关系。

个体企业通过对激励收益和贡献收益进行比较来决定加入还是退出一个网络。订单分配和成果分配帮助我们建立起市场，这一市场可以确保网络中的利益协同。为了确定订单分配和利益分配，我们必须将迄今对过程因素进行的考量进一步扩大。

期待值理论恰好实现了这一点。个体企业越是认为它的效率能够带来特定成果（透明性），这一成果能对实现最终目标产生重大影响（手段），而最终目标又对效率实现者有着重大价值（效价），那么企业的动力也就越大。同时我们也必须对订单分配和成果分配提出透明性、清晰的手段以及效价的要求。

如果各成员之间产出的分配按照以下方式来进行，即

> “依照‘成员的核心竞争力’或者‘成员的实际受压状况’等标准将产品数量分配给网络中的企业。”

那么将会是一种类似于阶层式的方法，并且无法利用企业网络中竞争的优势。利用这种方法也很难实现高效配置，因为这一过程中很容易遇到与复合生产中的清算难题类似的清算问题。所以我们放弃上述做法，而选择了市场化的订单分配法。在这种方法中，我们可以通过谈判来确定目标值。

通过谈判，我们可以利用个体企业的部分解决方案得到整体结果。在市场化的订单分配法中，我们依照谈判的发起者、谈判参与者的数量以及达成谈判结果所需的时间对谈判模式进行了区分（基础谈判模式的特征见表3.4）。

表3.4　基础谈判模式的特征

谈判模式	发起人	谈判参与人数	效率可变的交易成本	谈判结果
双边谈判	供应方或需求方	1供应方 1需求方	低	不确定

（续）

谈判模式	发起人	谈判参与人数	效率可变的交易成本	谈判结果
双边谈判	供应方或需求方	1 供应方 1 需求方	低	通常在第一个回合后得到
拍卖	供应方	1 供应方 $n>1$ 需求方	低	通常在第一个回合后得到
拍卖（口头的，逆向拍卖）	需求方	$n>1$ 供应方 1 需求方	低	通常在第一个回合后得到
招标（书面的，逆向拍卖）	需求方	$n>1$ 或者 $n=1$ 供应方 1 需求方	高	通常在多个回合后得到，且报价询价耗时长
投标	供应方	1 供应方 $n>1$ 或者 $n=1$ 需求方	高	通常在多个回合后得到询价，出价耗时长

来源：Mannmeusel，1997，第 77 页及之后数页。

战略型网络中的情形与面对多个供应方的单个需求方的情形最相似，因为中心企业往往处于与最终客户的交接处，也因此才产生了典型的金字塔结构。在战略型生产网络中，需求方在第一层面上即是中心企业；供应方就是配件供应商。而在第二层面上，他们又变成需求者，面对着多个供应商。

我们所探讨的谈判模式，依据需求者的数量可分为双边谈判、拍卖和招标几种形式。在拍卖中，多个需求者对一个供应者的成果提出报价，出价最高者获得成果；而在招标中，多个供应者对一个需求者的成果进行报价，需求者最终选择报价最低的供应者。

双边谈判有可能会遭遇得不出谈判结果的状况，与之相反，口头拍卖或者以书面形式进行的招标则具有下列优势：

- 透明的市场定价机制，再加上明晰的手段和企业自定的报价，很容易得到个体企业的认可。
- 拍卖和招标有助于资源得到有效配置，也容易得到整个网络的广泛认可，因为供应者把自身的真实价值以报价形式提出。这一过程中要避免发生的是，网络企业的报价不是依据自身的真实价值，而是依据获取的其他供应者的报价情况。我们可以采用次价招标或者维克瑞招标的办法来杜绝上述现象的发生。

- 耗时短，标准化的形式以及较低的沟通需求能够实现较低的交易成本。

书面招标对于网络建立初期的网络合约尤为适用，因为它以非常专业的方式来对待商品属性，并能实现较低的交易成本。但是值得注意的是，如果遇到商品专业性程度很高、供应者较少的情况，有可能因为价格协商或者卡特尔集团的形成导致市场调节功能无法得以发挥。

利用价格进行的调节需要具备类似于拍卖的谈判局势。价格和与之相对应的成果就是市场环境中的谈判可变量。要想形成行之有效的市场，就需要在签署网络合约后建立起惩罚机制，对供应方或者需求方没有履行合约的行为进行处理（隐性信息或者隐性行为）。为此我们可以利用订单分配时算出的价格，它在行之有效的市场中反映了成果的“客观”估价。这一估价在签订网络合约之后可以帮助实现高效的成果分配，从而确保效率的确定。当与规定的效率出现偏差时，我们将依照下列方法来有效分配成果。

为了应对延迟的干扰汇报以及网络企业单方面从专家知识中获利，我们所采用的成果分配法应该要保证网络成员获得利益，前提是他们能尽早地向企业网络汇报干扰。网络合约规定，网络企业需要公开隐瞒的信息，企业网络也能够以这种方式来防止个体企业利用不对称信息来对自己进行剥削。客户方提出的优良计划应该依据成果分配方案受到奖励，反之，不良计划也应该被警告，并被修订，从而避免网络伙伴单方面从专家知识中获利。

成果分配方案的内容是将交易产生的收益（损失）具体分配给各个成员伙伴，当然也有可能共同承担风险。这种方案理想地与招标联系在一起，并且利用由此产生的定价在交易中以及交易后有效地对收益进行分配。我们利用订单分配方案将这种有效的定价制度化，并作为成果分配的固定方案。当效率可持续地出现增长或者下降时，我们可以对招标得到的价格进行调整，以使成果分配与实际情况相适应。这样也有助于网络合约长期有效，因为它保留了市场化订单分配法的优势。

在订单分配之后，所有在招标中报出的价格都被明确确定下来，这样很好地保障和促进了网络合约中伙伴间的多重连接。如果出现偏离网络合同约定的情况，可以在保证多重连接的前提下采用新的订单分配。不过产生新订单分配的交易成本不能超过偏差造成的成本。为了降低交易成本，我们可以使用招标中报价第二低的供应者的信息。因为有可能发生网络成员完全无法履行合约中规定成果的情况，所以我们必须在一开始就在合约中明确解约权利，这一权利也和可变性相符（参见 2.2.1 小节），而且我们可以利用这样的方式来避免因为网络成员的能力问题出现效率不确定性。

如果因为网络合约执行过程中出现偏离而进行制度化的后续谈判，那么只需要以简单的招标形式进行即可。借助这一简单形式，并且通过个体企业间最低程度的直接或间接的信息交流，即可对个体企业的效率进行评估。持续的成果分配可以引起“虚拟交易”。供应者的报价与他们必须提供的成果有关，这一价格可以是已被明确规定的，也可以根据实际情况对其进行调整。最低的报价又将成为交易价格。

在成果分配以及订单分配的过程中，不仅激励程度发挥作用，而且激励与效率之间透明且清晰的连接关系也会产生影响。因此，要想高效地利用市场化的成果，必须先有阶层化的、带有目标设定和成果控制的管控机制。成果分配必须要与管控机制的目标值和控制值联系起来，也就是说我们必须要能以目标值为基础对成果施以影响，并以控制值为基础采用经济的方式对成果加以衡量和评估，为此必须保证（外部的）可追溯性。

3.2.3　目标设定与控制，招标与成果分配

当出现信息不对称时，我们总要用到控制和激励。混合协同形式能像上文提及的一样避免因信息不对称而导致单方面收益增加，对于这样的协同形式必须满足以下要求：

- 阶层化的管控机制必须具备由目标值组成的体系，并且能够用控制值来衡量目标实现情况，也就是说必须具备可追溯性。由这些树枝产生的信息是市场化效率的基础。
- 用于协同网络内利益的市场化效率包括借助招标实现的对网络效率的评估以及以此为基础的成果分配方案。招标和成果分配方案都与阶层化的管控相联系。

3.3 对协同媒介 IOS 提出的要求

在合作中，协同媒介被称为跨组织的信息系统（IOS）。它最初的应用出现在20世纪60年代。IOS实际应用的一个实例就是EDI（电子数据交换），EDI的很多局限自20世纪90年代起就在很大程度上通过网络化的解决方案（Web-EDI，XML/EDI）得以克服。EDI最初只能实现供应者和购买者之间的双边交流，今天我们能够做到网络内外的多重连接。借助EDI起初我们只能提供与订单或者供货有关的数据，今天我们可以获得PPS所需的有关生产状态和库存状态的全部信息。

EDI原先是一个僵硬的、参与总人数固定的、封闭的群体，而且不具备可变性。在现如今的网络范畴下，它早已不再是往日的状况。借助基于网络的EDI，我们虽然降低了建立和运行网络所需的成本，但是企业之间的转变流程仍有必要，而且依旧在很大程度上限制着网络的改变。

对于PPS协同媒介的一般要求是完成跨企业的生产计划和生产控制，实现的手段便是将对于PPS而言重要的参数设置到基础数据库中，并确保网络企业间的沟通正常进行。跨组织的信息交流包括涉及PPS参数的数据管理和PPS应用之间的沟通，这些PPS应用是为了实现对协同有着重要意义的数据间的交换，我们在下文中将其简称为应用沟通。数据管理和应用被分为三个类型：应用—分享、数据—分享和应用—沟通（见图3.1）。

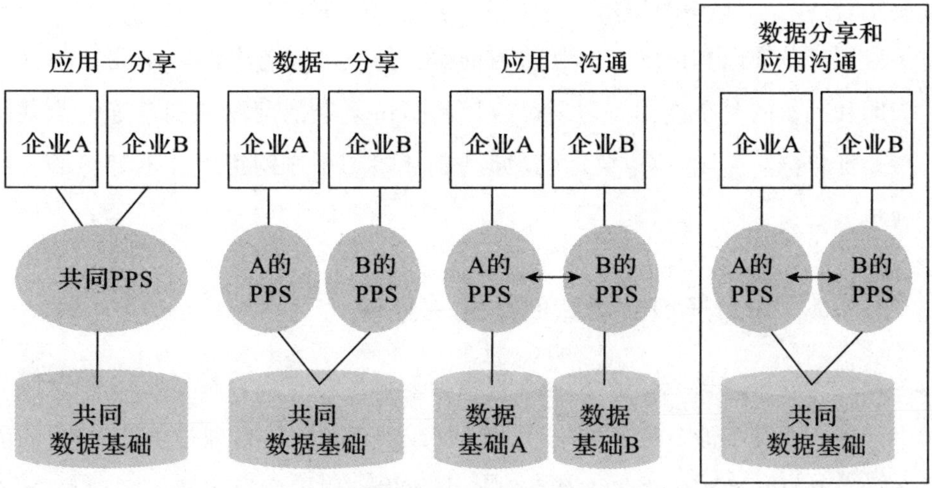

图 3.1 PPS 环境中跨组织信息系统的其他形式

来源：Kronen，1994，第 164 页。

3.3.1 应用—分享

应用—分享描述的是跨组织间信息系统最高度的集中化。因为它不仅融合了数据，还融合了生产计划和生产控制的应用，从而使得流程被统一和加快，也保证了更高的透明度和简单性，不过仍然需要有一个中央主体来进行协同（参见 2.1.3 小节）。

应用—分享类似于协同问题的传统解决方案，即阶层式原则。早在 20 世纪 70 年代就有人依据阶层式原则提出这一借助于计算机的信息系统，并且在 20 世纪 80 年代随着通用汽车公司的制造自动化协议（MAP）和 20 世纪 90 年代引入的计算机集成制造（CIM）得到进一步发展。这一信息系统力图比单纯的控制系统叠加发挥更大的支持作用，从而在更高一级的层面上来解决协同问题。在网络层面上，它不仅需要足够的信息，还需要阶层化的订单。这会导致信息数量的快速上升以及协同问题在更高一级层面上重复出现，会使 CIM 方法在企业内部网络中便遭受失败。我们由此可以得出，事先越是对一个过程进行准确限定，越无法保证流程按计划进行。正因为工业 4.0 提出了反馈，而不是计划的要求，所以实际上是选择抛弃决定论。此外，也只有工业4.0要求的这种概率性操作方法，才可以发挥网络相对于企业的优势。

应用—分享以和谐统一的利益为前提，并不考虑各个网络企业之间存在的问题和利益的复杂性，而是通过应用将这些复杂的问题和利益统一为共同的战略性目标。应用—分享其实是回归到战略型生产网络中并不理想的阶层式解决方案。

3.3.2 作为通用数据库的数据—分享

数据—分享仅要求网络层面上的通用数据库，它也只对信息进行存储和集中处理，而并不涉及信息加工。如果说，融合的数据管理是实施MES的前提条件，并且只要以为数不多的关键性参数作为通用数据库就能实现MES连接，那么数据—分享便不失为一个明智之选。它保证了数据的冗余自由度和数据的高度融合，却并不把生产计划和生产控制中的协同问题转移到网络层面。它不像应用—分享那样要求完整的阶层化解决方案。PPS数据的集中化是通过在通用数据库中相关联的结构来实现的，所以每个网络成员与数据库之间只需建立一个连接。在这个结构中，每一部分都为整体做出自己的贡献，因为它们都分散地将测量到的控制值传递给网络，同时每一部分又都能得到来自于网络的支持。

因为中心目标会被传达给所有的网络成员，所以通用数据库从来不直接属于某个企业，但是可以被中心企业或其物流供应商使用，因为它在内容上有着明显的中心企业的特征。

这种数据—分享尽管可以在网络企业之间确保共同的语言，但是还不能保证能够实现有效的协同。正如我们之前在关于企业内部的生产计划和生产控制的分散化讨论中得出的一样（参见2.1.3小节），必须要在分散的单位之间找到一个沟通媒介，应用—沟通正是这样一个沟通媒介。

3.3.3 应用—沟通

应用—沟通是通过广泛的连接点来实现的，这些连接点为分散实现生产计划和生产控制的主要任务而发挥沟通作用。信息流中的这个连接点具有共同的目标（高效物流）和被动适应力（无需应用—分享）。它既可以是人工方式，也可以是机械方式，或者甚至是人机混合的体系。应用—沟通的特征在于，我们不再像工业生产的传统分工那样，仅从执行层面来看待多个成员的共同协作，同时也从协同的层面来看待这一协作。

相对于网络中跨企业的共同 PPS 体系，应用—沟通的优势在于，每个网络成员可以依靠自己的 MES 进行工作，“……但是它们又通过交接点相互连接……”。有了这样的交接点，就不再需要在数据库之外对信息系统进行集中化了，只要能够保证沟通目标与企业层面的战略目标相一致即可，不需要由网络来替个体企业承担生产计划和生产控制。网络中的企业以组织代理和信息技术代理相互依存地发挥作用，在全网范围内完成 PPS 任务。

信息技术代理人具有以下特征：自主性、沟通和互动能力以及行动能力。跨组织的信息系统可以说是一个多代理体系。多代理体系尤其适用于生产网络，因为分散的网络结构中的代理人可以被分配给个体企业，而且具有可变性。

德国现在有百余个由第三方提供的 MES 正处于实际应用状态，占市场主导的也是客户个性显著的解决方案。在这一背景下，急需多代理人体系将网络企业联系起来，让它们借助各自不同的 PPS 体系来运作。如果网络企业如定义所说将不同能力（通常还包括各种产品和流程）引入到网络中来，这其实已经为个体企业使用各不相同的 MES 系统创造了前提条件，这样的环境非常适宜在中央生产流程计划的框架内使用相异的 MES 系统，就像分散法中描述的一样（参见 2.1.3 小节）。

对于 MES 之间进行的沟通，或者说对跨组织信息系统有着重要意义的应用之间的沟通，我们需要确定出信息交换的方向。目标值之间的沟通是连续性的，也就是垂直的、顺着生产过程的方向，因为总是直接客户将产品特征传达给供应商。逆向追溯这个过程，供应商、客户或者两者一起测量出控制值，并将这一数值进行汇报。这样一个阶层式的管控也具有连续性结构，正好满足产品跟踪的要求。战略性生产网络的金字塔结构能够符合这种要求，并且使得中心企业在链条起始端发挥决定性作用。通过招标可以为代理人之间的角色分配形成所谓的“管理承包商方差”，这个方差仅允许为一个需求寻找合适的报价。这一方案对金字塔型结构和连续型结构都适用。为了让不具有反馈协同的连续串接能够运行，必须存在可以实现信息相互交换（交互结构）的市场化因素。所以必须为这个市场化因素提供个体企业间的分散协同，这一协同的基础便是应用—沟通内的个体企业之间的交互结构。

3.3.4 通用数据库和作为IOS的应用—沟通

从有关如何规划跨组织信息系统的讨论我们可以得出，网络合约中必须具备一项内容来使包含应用—沟通的数据分享成为可能。在寻找解决方案的过程中，我们发现集中式的通用数据库可以满足这一要求。这一数据库带有集中的、连续的生产流程控制和利用分散的订单调节来实现的分散的、交互的生产需求计划和生产需求控制（参见2.1.3小节）。跨组织信息系统在通用数据库中构建了束状的协同结构，在阶层式生产流程计划中构建了连续式协同结构，还在市场化的生产需求计划中构建了交互式协同结构（见表3.5）。这样的跨组织信息体系确保了我们所要求的水平方向的、垂直方向的且具有交叉功能的信息连接。基于此，我们可以进一步得出待开发的协同机制在内容方面的要求。出于这样的目的，我们在下文中将协同机制与跨组织信息体系的结构联系了起来。

表3.5 跨组织信息体系的构架（IOS）

混合协同形式	IOS中的协同结构	IOS中的协同媒介	PPS任务的延伸
阶层式管控	束状结构	通用数据库	数据管理
-目标制订 -成果控制			
	连续性结构		生产流程计划
市场化效率	交互结构		生产需求计划与控制
-订单分配		应用—沟通	
-成果分配			订单调节

来源：作者。

3.4　对IOS中的协同机制提出的要求

不同的协同结构以及由此得到的跨组织信息系统间不同的沟通关系会用到不同的协同机制：

- 通用数据库的束状协同结构采用的是数据管理的标准化，具体形式则是以流程作为协同机制。标准化则通过网络合约中的有关信息生成的行为准则来得以保证。这些行为准则构成了通用数据库，它作为阶层式管控的一部分包含目标值和控制值。
- 生产流程计划中的连续性协同结构则采用计划作为协同机制。计划作为阶层式管控的一部分可以引出具体的目标规划。相反，流程对于战略型生产网络中的应用则是CIM之类的概念。因为这些概念试图利用信息技术应用将流程的复杂性和多变性归属为确定性模型。面对生产过程的高度复杂性和多变的环境，流程被证明是无法促进生产的。
- 在交互型的协同结构中，我们将价格作为用于生产需求计划和控制的协同机制，它们构成了市场化的效率。

为此，我们必须将通用数据库标准化，并利用对生产流程的计划来实现阶层式管控，以及利用市场价格来实现市场化的效率。接下来，我们会借助这些框架条件来描述对通用数据库（参见第3.4节）和应用—沟通（参见3.4.2小节）提出的要求，包括连续性的生产流程计划和交互性的生产需求计划和控制以及订单调节。

3.4.1　通用数据库中的标准化的目标值和控制值

通用数据库意味着一个“单一数据源”，意味着对协同所需信息进行全网范围内的标准化，用统一的方法来搜集和管理这些信息，以便清晰呈现出流程、产品和资源。这些流程包含两个部分：一个是用于划分PPS参数的分类表，另一个是统一的算法，用于计算这些参数的特征。PPS参数的既定类别越少，这一计算也就越单一。从这个意义上来说，流程意味着标准化，我们可以用标准来指代流程。标准化带来的负面效应，既无法单独选择与自身相适应的应用，又在一定程度上可以通过流程得以降低，这些流程仅涉及交接点，即信息交换的规则。网络合约对将要被标准化的参数给出了定义，由于合约具有较高的稳定性，因此它满足了实现标准化所需要的前提条件。

对数据库提出的要求可以分为功能、制度和机制三个方面。我们首先探讨的是功能方面，这个方面关注的问题是，应该在何时提供何种信息，以及信息的数量。制度关注的是信息的发出者和接收者，也就是由谁来制定战略型生产网络的标准，从而涉及已经在第2.2节中探讨过的协同对象。信息供应应该考虑接受者的特征。对于获得的信息机器标准化，接受者有着各不相同的过往经验，因此他们对于信息的理解能力也各不相同。网络中接收信息的成员应该利用相同的信息层级，并以相同的形式来理解信息，正如网络中的信息发出者一样。机制方面关注的问题是，应该依靠何种系统和机制来生成和传播信息。我们将在第5章结合应用情况来对此进行详细阐述。

通用数据库作为PPS数据管理单位拥有数据，它需要集中的生产流程计划以及分散的生产需求计划和控制。在阶层式管控中（参见3.2.1小节）这些信息被描述为：

- 目标设定中的目标值
- 成果管控中的控制值

为了总结网络中标准化的目标系统和控制系统的目标值和控制值，我们必须先对以下几点要求做出说明。

- 经济性：为了确保经济性，并保证数据库接收的全部是重要数据，我们只让对高效物流定位有重要作用的目标值进入数据库。这些数据往往是和产品跟踪相关的数值。
- 清晰性和可比较性：标准化意味着对类别进行划分，对可比较的数值清晰地加以总结。我们利用由上而下的算法得出的可被比较的、可以计量的控制值能够满足这一要求。

- 细节化和灵活性：我们可以从细节化和灵活性这两方面来对流程进行区分。通过将目标值和控制值进行汇总，我们可以在系统中实现自由的细节化和最大程度的灵活性。

接下来，我们将对这些要求做进一步说明。

能够进出网络的灵活性要求信息技术方面的松散连接，以便进出网络不会遭遇大的阻碍。标准化的经济性越强，它所带来的障碍就越小。数据库所涉及的经济性是指，不仅要使获取信息的成本尽可能地低，而且要求这一成本不能超过完成任务所创造的经济收益，这一收益的大小取决于这些数据对于战略性目标的重要性大小。

通用数据库的实际成本在很大程度上由 PPS 或者网络决定，所以只能依靠经验来确定（参见5.2.3小节）。这也使得我们很难评估通用数据库的战略作用。由于成本因素和数据数量成正比关系，所以要想实现经济性就必须要求公摊数据库获取的信息数量尽可能少，当然前提必须是能实现协同任务。Weber 等人将待处理的目标值的最大值规定为7。

为了能够依照目标设定，从战略性基础定位中生成数据，我们要将物流潜力，即网络和个体企业的物流效率的潜力具体化。在这一过程中，中心企业应该了解调查客户的要求以及网络的潜在效率和成本，从而来确定降低成本和提高效率的可能性，并为网络的成本执行或者区别化战略确定目标。从战略目标值的角度来看，企业定位取决于如何通过最小成本实现既定效率。在网络的不同层面上，这些目标值会被可控地打破。我们将在第4章对高效物流定位的目标值进行详细阐述，在通用数据库中，这些目标值会被纳入目标体系中。

目标值根据高效物流这一目标计算得到，它能够促使网络中的潜力得以发挥。我们之后把这一算法称为由上至下法。在由上至下算法（演绎）中，我们将非常抽象的整体目标拆分为越来越具体的局部目标。

我们还必须对控制值给出清晰的、可比较的定义，因为只有这样才能确保整个网络都对控制值有统一的理解。实现这一点的前提是，控制值可被均质化，并且可以不依赖于效率的性质来被量化。

为了在网络中实现统一的表述规则和控制值，要求我们必须用一致的方式来描述生产网络的过程，也就是参与其中的伙伴以及他们之间的关系。为了满足这一要求，我们可以借助过程模型来描述生产网络，因为这一模型可以确定在过程中用哪个位置来测量控制值。生产模型按照逻辑和时间顺序来为过程组件排序，并将网络中各不相同的生产流程翻译为同样的“语言”。利用各种不同的、标准化的过程组件，我们可以将所有的物料流过程和信息流过程通过任意的具体化描述出来，并区分它们的效率。

过程模型是一种对过程的无重叠式描述，它可以保证我们统一地获取待定义的控制值，因为我们可以清晰地确定效率的过渡时刻，并且避免重复考虑局部过程。我们从根本上将网络中的过程描绘出来，不仅是为了构建待开发的协同机制的基础（参见2.1.1小节）。不能被界定的过程其实具有更高的协同需求。我们可以做到的是，在不断变化的网络中对得到的控制值进行连续的检测，以判断被测阶段的正确性。除此以外，过程模型还能改进网络内连续的过程导向和物流导向以及网络内成员的合作能力。

以过程模型为基础的、用于计算控制值的算法必须要将生产过程特征作为自身在战略型生产网络内得以应用的前提条件：满足客户需求的标准产品的系列生产以及团组生产和车间生产。除了要明确规定控制值以外，还必须确保控制值在网络内具有可比性。为了实现这一点，我们可以通过技术算法得到一个相对的控制值，即比例。

基于上述要求，我们可以建立起一个不受环境影响的、标准化的控制体系。因为控制值产生自标准化流程组件，所以网络企业可以保证数值的明确性和可比性。我们借助过程模型明确地测算出控制值，并将以可比的形式用比例呈现出来。这一方法在下文中被我们称为由下至上法。其具体操作是，从具体的局部数值开始，由下而上地将它们总结出来，从而确定出协同需求，并利用参数将这一需求以压缩形式表示出来。

灵活性通常指的是在行动上具有回旋余地。要让待开发的协同机制具有灵活性，即要求它作为可变的生产网络中的订单调节能够即时地对变化做出反应。在本书所涉及的网络中，我们无法对信息需求做出决定性的预判，因为网络企业进出网络的行为会导致产品以及生产流程的要求发生变化，从而使信息需求有所改变。因为我们在签署网络合约的那一刻，并不能预测将来可能发生的情况及其带来的后果，所以要求能对网络运行进行调整以适应变化。

因此，网络中的数据库必须足够灵活，才能适应不可预见的、变化着的信息需求。这种灵活性要求尽可能多的可被连接和聚合的数据。对于企业和网络层面上变化着的具体化程度，这种可聚合性显得尤为重要。信息通过压缩复杂性得以降低，也就是尽可能地被聚合。目标设定和控制值会在相似的，或者只在具体化程度上有所不同的任务中被需要，因为有可能在连续计划中出现不同的具体化级别（参见2.1.2小节）。

对于一个灵活的目标体系和控制体系，我们选取了一个具有二至三个级别的、时间性的具体化。而带有位于战略层面和执行层面之间的附加级别的三级具体化在文中并未涉及。因为如果附加层面将战略目标在全网范围内转移到执行层面，就会在战略层面对网络运行做出规划性决定，例如决定数据库接收哪些目标值和控制值。利用战略层面，我们将以物流为导向的生产组织与网络的组织结构紧密联系起来。基于此，遍及全网的PPS协同机制的开发工作一方面是战略物流的一部分，但另一方面，战略物流并不是协同机制的一部分。战略物流尽管是在确定网络运行时要用到的目标值，但对进入协同机制的目标体系而言却并不重要。两个主要的级别是：

- 在战略层面上，战略性物流目标会长期确定物流定位。最高战略目标就是高效的物流定位。
- 在执行层面上，执行性的物流目标用于指导网络中既定行为的短期执行。PPS环境中的目标与执行性物流的目标相对应。以这些目标为指向，生产计划和生产控制会借助已有的客户订单按照种类、数量和时间来确定各生产点上的效率过程。我们要实现这些目标，监管订单进行情况，并且在发生偏差时采取适当措施。从这个意义上讲，执行性生产物流的内容与 MES 的任务领域相一致，执行性目标值也就是控制值。

为了使网络能够朝着战略目标正常运行，我们必须对由战略目标值和与之相连的 PPS 控制值组成的体系进行详细阐述。要达到这一要求，我们可以借助过程模型和一套生成目标值和控制值的方法，这一方法可以保证这些数值具有可聚合性和分解性。

我们可以采用如下标准来对参数的生成方法进行区分，那就是看这些参数是由企业的战略性基础定位产生的（由上至下法），还是由过程特征产生的，并且可能在战略性基础定位中达到最大值（由下至上法）。有关物流的最初文献都局限于采购和销售这两方面，而在新近出现的文献中，则开始以统一的方法为主导，研究内容也包含了生产以及与之相连的 PPS 参数。通过这两种方法得到的数值可以依据它们的目标来进行划分。

由于具有在目标设定中隐性包含的行为要求，这些数值可以起到规范性作用。通过由上至下方法得到的简单的战略性目标值可以帮助通用数据库实现经济性的解决方案。如果忽略了影响因素，就会产生错误。

在由下至上的方法中，过程层面上各种不同的执行性控制值尽管能够实现明确性和可比性，但却是在忽略相互关联的前提下进行的局部测量。因而通过由下至上方法得到的控制值只能起到描述性的作用。

由这两种方法得到的数值反映了 PPS 协同的不同方面，并且互为补充。为了实现经济的共同解决方案，我们对通过这两种方法得到的目标值和控制值进行了汇总，从而使得由上至下和由下至上这两种方法在获取用于协同的参考值时能结合起来发挥作用。为了能使对由这两种方法得到的目标值和控制值进行的汇总既可以被聚合也可以被拆分，我们必须将这些数值放到数学范畴中进行考察。

如果两种算法得到的数值不一样，我们便会对战略性目标设定进行调整，让它们可以清晰且可比地被回溯到标准化过程组件上，继而再被回溯到由此得出的控制值上。与目标值无关的控制值被认为不重要（见图 3.2）。

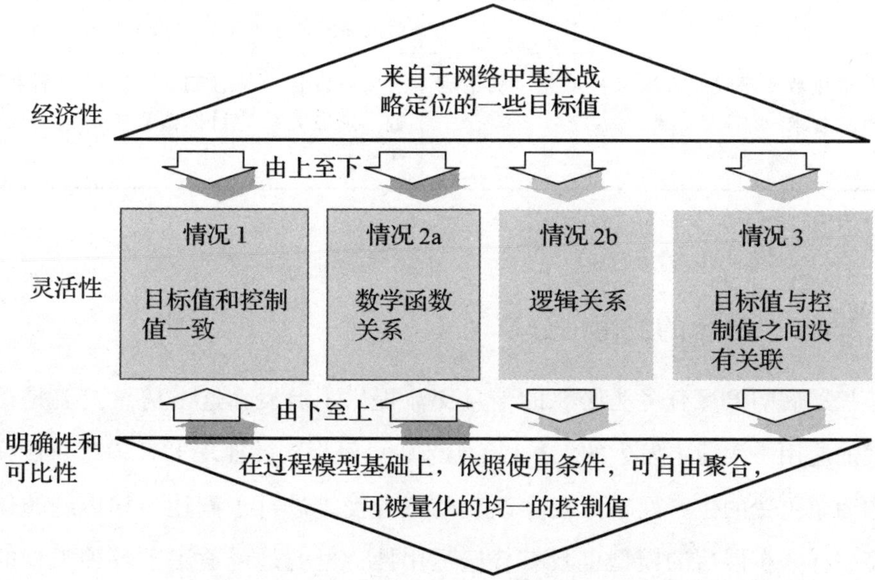

图 3.2　对不同方式得到的目标值和控制值进行汇总的形式

来源：作者参照 Weber，1995，第 36 页。

对数据库提出的要求包括经济性、明确性、可比性和灵活性，从而使得数据库成为一个由相对数值组成的标准化体系，这些数值既可以当作目标值，也可以当作控制值来被使用。这样我们可以用较少的几个目标值来描述战略定位。由上至下的算法确保了数据库的经济性。在理想状况下，目标值和利用由下至上法得到的控制值相一致，或者具有某种数学函数关系，而且我们可以利用自由的可聚合性（可拆分性）来实现灵活性。

为了让待开发的协同机制的通用数据库的内容能够满足经济性、明确性、可比性和灵活性的要求，我们需要用由上至下法来计算目标值，而用由下至上法来计算控制值。表 3.6 总结了对算法的要求以及数据库的内容。

表3.6 对战略型生产网络中待研发的协同机制的通用数据库提出的要求

生成数据的方法	内容上的要求
用由上至下法来实现经济性	用少数几个目标值来确定战略定位
用由下至上法来实现明确性和可比性	以过程模型为基础的、适用于战略型生产网络的使用前提，可被量化的控制值
将通用数据库中的方法进行汇总，满足灵活性的要求	由可以自由聚合的、一致的或者具有数学函数关系的目标值和控制值构成的体系

来源：作者。

3.4.2 混合的应用—分享

扩展后的PPS任务为必要的信息交流提供了启发，这一信息交流是在待开发的应用—沟通中发生的。2.1.2小节中已经提到的亚琛PPS模型对连续计划内为了可变的生产网络而发生改变的任务安排进行了阐述。和传统的任务模型一样，扩展后的模型也具有普遍适用性，也就是说适用于各种类型的生产网络。这样可以很好地覆盖生产网络中PPS具有的广泛的协同可能性和协同需求。

在应用—分享中，需要具备连续的、以中心企业为基础的生产流程计划。对于生产需求计划和控制，我们会使用有关变化的短期控制信息，以抵消由长期性造成的不确定性和生产流程计划中较粗略的处理方式。

接下来我们将借助对协同形式和协同媒介所做的总结来更为详细地探讨连续计划中的PPS任务，以便利用协同机制进一步确定应用—沟通。

与标准化的数据库一样，应用—沟通也是通过利用协同机制得以实现的。阶层式管控作为中心个体通过计划得以完善。由市场确定的价格会在网络运行过程中接受计划的不确定性。集中化的阶层式生产流程计划通过在网络合约中确定的计划得以体现；在分散的生产需求计划和控制中则是使用价格来应对可能对整个网络造成损失的行为。网络中只存在一个短期的协同需求，分散的订单调节起到了连接各个网络企业中的MES的作用。

计划这一协同机制和阶段性被确定的计划值一起发挥作用，这些计划值能在全网范围内协同 PPS 任务。生产流程计划中的计划值依据由通用数据库规定的流程得以处理。借助通用数据库已经可以得出，为了计划必须处理哪些信息。

目标设定被转化为计划值，因为它们已经被表述为具体的、可被实施的数值，并且可以得以控制。计划值以在具体情况中占主导的条件为导向，也就是说，一方面依据外部要求（如某一最迟的交货期限），另一方面依据企业内部的前提条件（如可支配的资产）。

在生产链的连续顺序中，计划值从最开始便发挥作用。全网范围内生产流程计划任务的实现取决于是否达到了相应的计划值。接下来我们将对计划值的得来做一般性描述。由此可以得出对具体解决方案的生产流程计划提出的要求。

与共同的生产流程计划一样，销售计划也是在全网范围内得以实施的。为下一周期计划出的终端产品的销售值对于整个网络而言有着决定性意义，我们会对它从种类、数量和交付时间等方面做出规定。而要由活跃终端市场的中心企业完成的计划值，则为我们提供了一个粗略的计划性数量框架。对于具体的不同类别（如不同车型）还会有所差异。下文的内容还遵循一个前提，即所有产品的具体属性（物理特征、规格型号等）在研发阶段或者进入网络之时都已经具备了完整的数据说明，所以不再被视为销售计划对象。

依靠企业内部的零件清单，中心企业可以确定（潜在的）直接供应商必须生产多少初产品和半成品（临时的二级需求）。也就是说，中心企业在网络范围内的销售计划中需要确定临时的、企业内部的二级需求。这是网络合约的基础，并会被直接的供货商加以利用，以便为他们自己潜在的供货商提供临时的二级需求，从而得到一个临时的生产计划。它被视为是接下来的库存和物料计划以及计算最终的二级需求的基础，只有在对销售计划进行了汇总和分配之后，才能为个体企业计算最终的二级需求。

根据中心企业为战略定位规定的目标，可以得出单个网络参与企业的 PPS

目标。在将网络目标展开的过程中必须注意，局部目标之间具有相互协同关系，即个体企业的生产计划相互协同，它们的计划内容互为补充。这样我们不会忽视网络中存在的潜力和特征，也会使得个体企业独立的目标设定可能有所不同。基于此，我们可以利用协同使个体企业中的产能所受的负荷较小，客户需要配备的库存量也明显减少。

用于协同的目标设定会被中心企业打破，而中心企业自身的库存计划和产能计划已经进入了供应商的计划值。但是这些计划值不允许成为供应商库存和产能利用的直接规定，因为如果那样操作，PPS 协同问题就会最终在中心企业处集中化。当我们对所有生产阶段的库存和产能的不同类别和内容进行观察时，会发现很难通过中心企业对其进行控制。这样会使网络运行的复杂程度上升到集中化、阶层式计划的复杂程度上。资源计划的基础是遍及全网的、有关实际产能供应（即计划产能减去因为干扰而损失掉的产能）的透明度，或者一些更加细化的、可以说明机器的作用和局限的信息，如种类、技术、安装（即生产时间）等。这一点不论对于库存还是产能都适用。有关库存和产能的过程值不受集中化控制，从而便于保留网络相对于企业的优势。

许多计划值并不对 PPS 流程做出规定，而仅规定流程的结果，因此需要对结果进行成果控制。这些计划值也并不是要求企业层面上的库存和产能作为成本局部降低，而是要求它们尽可能地接近全网范围内的优化值。当然这也无法排除在网络企业内、在后续阶段，随意利用诸多为投入、产出制订的细化的目标值和控制值。而这些数值只有利于企业内部的目标，而并非我们所关心的网络层面的协同目标。

从库存计划和物料计划我们可以发现网络的优势，那就是不但可以影响自身企业的产能供应，还能影响伙伴的产能供应。我们可以在网络企业中进行检测，看其依靠现有资源能否实现销售计划和临时生产计划。我们依据种类、数量和期限制订的产量需求只是一种粗略计划，网络成员可以依据实际占有的资源对计算得到的产能需求进行调整。如果资源需求大大超出当前网络成员的资源供应，那么可以考虑引入新成员，或者扩大现有成员的产能。

利用遍及全网的资源计划可以即时发现瓶颈，并使网络内的资源总量与网络战略目标的实现相吻合。在全网范围内使产能供应与供货商需求相适应是在战略型网络内才具备的可能性，它来源于网络合约的长期性以及对订购量做出的承诺。实际上，生产流程计划只有在可变的生产网络中才能产生优化结果。在待开发的、为遍及全网的 PPS 协同机制提供的解决方案中，产能供应量可变。

就资源而言，我们在对网络进行考察时，需要对运输手段和装载手段进行扩充。根据生产企业和物流提供商之间的分工程度不同，运输体系在网络中也会发挥不同程度的作用。例如，在区域上非常分散的生产网络中运输体系发挥的作用与在地理位置上相近的伙伴间发挥的作用就不尽相同。因为在企业之间运输手段发挥了重要作用，这往往也涉及物流提供商，所以我们也需要将这部分供应商根据其作用大小纳入资源类别加以考虑。运输手段需求计划可以被称为资源计划的分任务，在这一范围内我们可以制订相互融合的路线计划。

我们这里并没有考虑对运输系统进行的全网范围内的地理优化，因为我们要么是在较复杂的运输物流中将带有物流提供商的运输网络设为前提条件，要么是在简单情况中将运输能力视为生产能力。在下文中，为了便于阐述，我们将物流运输看作是另外一个“生产过程”。

在二级需求的计算中，我们将建立标准化的产品清单作为生产流程计划的一部分，这样可以使网络成员的基础数据互为补充。要实现这一点，必须使得产品清单中描述的效率可以被自由聚合（参见 3.4.1 小节）。这样的产品清单可以存放在通用数据库中，因为它们可能在产品开发过程中或者在对资源计划进行反馈的过程中就已经生成了。根据产品清单，会对所有的生产计划以及被计划的产能和库存分散地进行调整，并沿生产链反馈给数据库。

借助这些标准化的产品清单、计划产能清单和计划库存清单，我们在之后遇到偏差或者要重新下发订单时，能够很快地做出决定。此外，借助这些清单我们还能够获得一些有助于我们了解概况的参数，如全网范围的部件使用频率等，这些参数可以作为采购网络的基础。

在二级需求计算之后进行的采购种类实际是企业内部关于“制造、合作还是购买”的决定，它并不属于我们这里探讨的采购网络。我们之所以关注它，是因为那些被决定要采用“合作”的订单会受它的影响。在网络中，成员之间的多重连接占主导地位（参见2.2.1小节）。从网络企业的角度来看，这种多重联系使它可以在网络内部对供应商进行选择。通常由于网络内部存在的多余性，往往会有数家企业可以完成同一产品或者零部件的生产。

利用订单分配，我们可以对全网范围内的采购种类划分进行调节。为此我们在需求方和供应方之间采用了拍卖这种订单分配方式。拍卖人是需求方，而在中心企业进行的全球计划和拍卖人这一角色之间并不存在任何一致性。供应方根据它们在当地的目标和当地的生产计划及生产控制来计划订单，并计算出产生的成本和他们将要提出的报价。

为了实现网络目标和产能、库存以及进程时间之间的协同而拟订的计划值，是与需求方为了达到计划值愿意支付的最高价格联系在一起的。同样，供应方的价格是与当地的PPS参数相联系的。采购种类划分会标记出走向市场效率以及走向依靠价格的生产需求计划和控制的过渡阶段。

在获取价格之后，需求方会决定将计划中的订单交付给哪个企业，这同时也完成了多个订单的分配。需求方和供应方之间会依照生产流程计划以框架合约的形式来签订网络合约。这一框架合约有可能是已有的、关于通用数据库的网络合约的补充，尤其是当产品的寿命周期超出生产流程计划的时间范围时，或者从这一刻开始企业才加入某一个网络，才与通用数据库产生连接。

在网络合约中，我们必须对生产流程计划的结果进行详细说明。在这一过程中，可以对所有与价格相关的计划值进行谈判，包括由价格决定的潜在变量和合同变量。提出最低报价的供应方即是最佳供应方，也会获得相应数量的生产订单。也就是说，在一开始就会展开竞争，这部分时间也会算在框架合约之内，除非出现了干扰。在传统的PPS系统中，通常的情况则是，只有在向外购买的计划和控制中才会选择最佳供应商。而时间上相对于向外购买计划和控制的提前量则取决于生产流程计划的有效期限。这一时间段的长短往往又和产品的寿命周期以及生产技术相关。如果不能保证产能负荷持续足够长的时间，就不能要求供应商建立产能。

在生产计划需求和生产计划控制中，我们要确保被确定的计划值具有有效性，并与中心企业算出的网络目标相兼容，因为这些目标值以及由它们得到的计划值其实都是一种承诺，实现这些承诺可以防止某一个企业单方面获利的情况发生。成果分配可以帮助我们依据实际效率再一次对价格做出调整。在这一过程中，我们需要对协同形式实行管控，也就是对生产需求计划和生产需求控制中的规定值和实际偏差进行检测，并以此为基础进行高效的成果分配。规定值/实际值偏差包括规定值/计划值偏差和计划值/实际值偏差。规定值/计划值偏差属于计划错误，是由计划的不确定性及其与实际要求之间的偏差造成的。计划值/实际值偏差则属于实现过程中的错误，是实际效果与计划之间的差异。

网络成员中承担客户角色的企业应该对计划与实际之间的偏差负有责任，因为是他制订的生产流程计划和相关的计划值。我们必须意识到，准确的计划是避免造成成本的关键性因素，如在仓储方面。例如生产商有可能通过提出过高的计划量来增加成本，以防止供应商的转包行为，但往往又难以避免发生退货状况。德国汽车工业联合会（VDA）的数据显示，一些生产商在近期供货需求中的浮动率竟高达60%。

计划值与实际值之间的偏差可能会对供应商造成影响。客户或者供应商处发生的计划偏差又必定会对被交换的物料的价格产生影响，也就是说会引起价格波动。因此我们在网络合约中已经做出规定，在发生偏差时，为了实现高效的成果分配，价格这一协同机制该如何上调或者下调。我们依据的前提是，环境数据的大部分变动仅涉及战略性参数，即物流效率方面的参数。就如我们后续描述的一样，我们可以很大程度地缩短新谈判的进程或者让新谈判自动形成。

如果与签订的效率之间出现了较大的负偏差，可以规定重新进行招标。我们一方面要为了防止单方面获益增加而测量偏差，另一方面也是因为大量随机出现的对实际效率产生影响的因素。我们在对生产需求计划和控制进行调整时，必须考虑这些因素。

生产需求计划可以在内部网络分散地进行，也就是在单个的网络企业中进行，这一过程不需要对有关计划偏差之外的信息进行交流。面对价格这一协同机制，网络企业和普通个体企业一样做出反应，他们会购买网络合约中约定的产品数量，并根据有可能出现的价格上升或下降来对其进行优化处理。网络中的批量大小计划则与在普通连续计划中一样，与生产流程计划相互依存，无法在网络中被优化确定。我们之所以考虑这个因素，是因为交付的产品对于个体企业而言意味着一定的安装费用，因此也被视为一个成本因素。如果没有遍及全网的批量大小计划，生产批量就无法在网络范围内实现优化，这样便会在遇到过小批量时产生较长的安装时间。一旦遭遇瓶颈，就会出现问题。批量大小计划的问题由于在遭遇瓶颈时会产生较大影响，所以与资源计划紧密关联，而资源计划已在生产流程计划中得以完成。

我们必须要为时间安排计划和机器安排计划找到一个解决方案，这一解决方案应该是分散式的，与网络组织的理念兼容的，而且能够避免集中化的、阶层式计划的复杂性。要实现这一点，必须使企业内部的时间安排计划和机器安排计划能跟随价格波动自动发生，以便优化网络目标，并且尽早地汇报计划偏差。

相对于生产流程计划中的主要参数出现的较大偏差，需要在修改计划值的基础上向网络伙伴进行汇报，使他们对偏差造成的网络范围内的后果引起重视，并通过灵活排除瓶颈来有所应对。这种对偏差进行的即时汇报会受到相应的激励，以便可持续地促进这一行为。

我们找到的解决方案，一方面规定了对生产需求计划以及向网络即时汇报偏差的有效激励，另一方面利用了从资源计划中得到的有关现有产能的概况，可以快速地在网络内进行重新分配。获取有关现有产能概况这一要求对于生产控制而言，比对于生产需求计划有着更重大的意义。

生产控制由于与生产进行之间的时间间隔太小，因此无法在全网范围内得以实现，而且必须自动化，以便保证临时的解决方案。生产控制以分散且独立的方式来观察偏差，因为尽早向网络汇报偏差会以价格浮动的方式得到激励，这样可以保证分散化的生产控制正常运转。

如同在时间安排计划和机器安排计划中一样，我们在生产计划和生产控制中也需要注意，利用价格浮动来实现的控制尽管涉及整个网络，但却是在企业内部得以确保的。生产控制中购买计划和购买控制会在网络中以实际发生的、网络外的购买得以展开，这一购买属于某一采购网络的任务领域，而订单分配则是在网络内部进行的。对于网络外的购买，我们要将各个企业的订购数量联合起来，从而确定出合理的订购数量，这也是在采购网络中有待解决的一个问题。我们不必计算网络内部的订单数量，因为批量大小已经在批量规模计划中得以确定。

网络内部的供应及其评估可以在采购类型分类和签署网络合约之后借助对这一过程实施标准化来得以大幅度缩减。当需求方提出要加大网络合约中既定的供应量时，有可能需要重新进行招标。在这种情况下，我们可以利用效率信息（可支配产能的种类和数量以及可行的交货时间）和来自于新一次招标的价格信息找到可以承担这部分附加供应量的最适合的网络企业。

同样地，如果遇到生产需求计划中告知的交货时间延长，并且超出可被允许的范围，我们也可以在网络外部或者内部考虑选择其他供应商，当然要求新选供应商能够以同样价格，在更短时间内完成规定数量，或者以更低的价格，在同样时间内完成规定数量。

如果进行了新一次的招标，那么就会要求所有与这次产品供应相关的网络成员都重新进行报价，以便在考虑网络外供应商之前，为网络成员提供最后一次机会，可以让他们在了解了目前的生产现状后对自己的报价做出改进。

只要存在一个长期的、考虑了价格浮动因素的价格方面的一致认可，那么短期的干扰就并不一定意味着立即更换伙伴。真正重新举行招标在生产控制中也属于例外情况。我们会利用尽可能简单的、自动的计算成果分配的方法来应对来自于供应方和需求方有可能出现的与约定效率发生偏差的情况。

为了能为网络内的成员提供重要信息，并在此基础上形成协同一致的行动，我们需要对传统的订单分配方式进行扩展。网络中订单调节的任务即在前文中已经提到过的在分散的MES与由遍及全网的生产流程计划提供的计划值，以及在生产需求计划和控制中规定的对价格浮动的调节之间建立起关联。自动的数据收集是快速对计划偏差进行说明的前提条件，它也符合所有网络企业的利益。自动的数据收集能够实现不仅快速而且高质量的反馈。

在借助少量的额外消耗时，我们还可以将相应的实际库存反馈给数据库。当我们要对来自网络外部的有关交货时间的询问做出快速回答时，就可以利用这一信息。在全网仓储管理的框架内，我们必须将所有的实际库存和半成品向通用数据库进行反馈。只有这样，我们才能为网络的快速反应能力提供遍及全网的实际库存清单（有可能还需要计划好的或者预定的入库和出库时间）和仓库管理情况的数据，后者包含了对物料状态的评估以及库存持续期。

在不持续获取库存状况的情况下，我们也可以快速说明利用现有零部件可以生产哪些产品。因为在仓储体系中并不包含有计划的、强制的行动，而仅涉及带有服务性特征的局部任务，所以为了实现PPS连接，我们需要将这一服务提供给整个网络。我们还可以为这一服务配备售后服务。由此我们还可以提出有关建立超出生产网络的服务网络的问题，但我们不在这里对这一问题进行探讨。

订单调节的另外一个任务就是结合资源计划实现运输手段控制。为了实现这一目标，我们必须就运输期限、运输线路以及运输成本等相关信息进行交流，并采取相应的优化措施。这方面的相关信息也需要提供给全网的数据管理中心。与产能清单中的资源不同，跨企业的运输数据可以作为全新的数据类型进入数据库，它同时也是销售网络的基础。

此外，我们还需要为订单调节提供一个遍及全网的基准化分析。这一分析借助目标设定、控制以及订单分配来得以定义，它的用途不仅在于显示改进潜力，还在于作为跨组织的信息系统在网络伙伴之间起到协同作用。这样的一个基准化分析能为我们提供较高的透明度，以防止在合作关系中出现单方面获益增加的情况。

在实践中，我们在汽车行业中采用的基准化分析系统包括 DFL（福特）、PICOS（欧宝）、Tandem（奔驰）、POZ（宝马）、KVPC（大众/奥迪）和 POLE（保时捷），它们为流程、产品、成本、时间和质量提供参照值。这些参照值会进入数据管理系统。但在我们实际应用的基准化分析中，被关注的不是具有战略重要性的结果值，而是过程值，这些过程值起到的作用往往在于以完全阶层化的方式来对中心企业进行协同。如果在基准化分析中获得的数据超出了已被确定的目标值，那么我们不禁会问，这些数值还具有重要性吗？所以，我们只能借助在数据库中得以考察的数据来布置基准化分析，让它存在于已经提及的协同机制的组件中。我们不需要在订单调节中对它进行特殊考虑。

除了存在于网络企业中的 MES 与应用—分享之间的联系之外，上述订单协同的任务中没有哪一项是全网 PPS 协同必不可少的。它们更多地是起到一些辅助作用，为网络的其他方面（采购、销售以及售后等）创造前提，但却并非纯粹有益，就像对基准化分析所体现出的一样。

表 3.7 再一次总结了对网络中的混合应用—沟通提出的要求。

表 3.7　对战略型生产网络中待开发的协同机制的应用—沟通提出的要求

	PPS 任务	内容上的要求
生产流程计划	销售计划	通过拟订全网内临时的生产计划，连续地提供、传达二级需求
	库存和资源计划	连续传达计划值（不制订过程值），以便实现战略型网络计划
	二级需求测算	以产品清单为基础，连续反馈分散测算到的二级需求、库存和产能，以便在通用数据库中反映相应的、最终的生产计划

（续）

	PPS 任务	内容上的要求
生产流程计划	采购种类划分	通过需求方来连续传达最高价格，签订网络合约的招标活动，同时记录所有报出的价格和计划值实现程度
生产需求计划	批量大小计划	依据库存计划和资源计划得到的批量大小
	时间安排和机器安排计划	遭遇与计划发生偏差，价格出现上下波动时的时间安排计划和机器安排计划，包括反馈出现偏差的时间点
生产控制	购买计划和购买控制	收到偏差反馈后自动进行的成果分配，采用形式包括价格变动或者必要情况下的招标或拍卖
	企业内生产计划和控制	借助发生偏差时的价格变动进行的、分散的、自动的生产计划和控制
订单调节		与个体网络企业中的 MES 之间的联系

来源：作者。

表 3.7 中包含的要求如同对通用数据库提出的要求一样，都对适用范围有一定限制，以便保证在网络中实现目标一致的 PPS 协同。为了开发适用于全网的 PPS 协同机制，表 3.7 中提出的要求必须在内容上和对通用数据库提出的要求一同得以实施（见表 3.6）。

3.5 对协同机制进行的总结

通过混合协同形式以及作为协同媒介的跨组织的信息系统，协同机制被分为通用数据库和应用—沟通。共同的、标准化的数据库包含网络合约中规定的目标值和实时测得的控制值。我们可以利用由上至下以及由下至上的算法对目标值和控制值进行经济的、明确的、可比的描述，还可以将两种算法结合起来，来对这些数值进行可细化的、灵活的表述，从而通过“阶层式”

的方法，或者通过计划机制找到确定这些计划值的具体方法。因此，生产流程计划也属于阶层式管控的因素，包含在应用—沟通当中。

在生产流程计划的末端，随着招标的进行开始了市场化的成果因素。在生产需求计划和控制中，计划值都配有价格以及遭遇变更时的价格波动，因此这些过程中的PPS协同只能通过价格以及与之相关的交互性信息的交流来实现。

对于本章所介绍的PPS协同机制相关要求的制订，我们在表3.8中做了概括性描述，呈现出相关概况，而在表3.6和表3.7中我们则分别对PPS协同机制的内容要求和对应用—沟通的内容要求进行了介绍。

表3.8　关于遍及全网的PPS协同机制的决定因素的概况

混合协同	形式协同	媒介包含的因素	协同机制的任务
阶层式管控	通用数据库	基于束状结构的流程	数据管理
	应用—沟通	基于连续结构的计划	生产流程计划
市场化的成果		基于交互结构的价格	生产需求计划和控制，以及订单调节

来源：作者。

第4章

遍及全网的PPS协同机制

“……通过特殊的方式，可以在负荷和流程时间之间的所谓困境中不再进行非此即彼的抉择，而同样可以实现经济上的最优化。”

接下来我们将对战略型生产网络中的生产计划和控制的协同机制进行介绍。在这一过程中，上一章中提到的各项要求都体现在可实施的解决方案中，其中的核心问题是要得到的协同成果的形式与内容，而并非谁创造了成果或者谁应该分得协同成果的哪一部分。所以我们并不知道行为的发出者，它有可能是中心企业、共同的委员会、一个外部的协同者或者好几个网络企业。

我们在上一章中已经提出，带有跨组织信息系统和混合协同形式的协同机制由两个基础部分组成：一个是共同的、标准化的数据库（参见第4.1节），另一个则是履行了生产计划和生产控制的主要任务的应用—沟通（参见第4.2节）。它是单个网络企业的MES应用之间的沟通，这种沟通和价格与计划这两个协同机制一同发挥作用。

4.1 通用数据库

为了将网络中的PPS行为相互联系起来，我们采用了两种互为补充的算法来得到对协同起支撑作用的目标值和控制值，也就是由上至下法和由下至上法。由上至下法出于经济性方面的考量为整个网络提供较少的目标值（参见4.1.1小节），而个体企业的控制值则是通过由下至上法得到（参见4.1.2小节）。基于此，我们得到了原因—结果这一数学函数关系的两种计算方法的汇总（参见 4.1.3 小节）。

4.1.1　作为目标值的供货灵活性和供货成本

我们为之前定义的战略型生产网络提出了三个战略目标：

- 提高物流系统内的适应能力。这方面主要涉及缩短供应时间，以及在时间、空间和数量方面增强供货灵活性。
- 提高产品经过物流系统过程中产生的价值。这里的核心问题是，如何从时间（准时）、数量（准确无误）和空间（到达正确的地点）这几方面提高物流质量。
- 降低物流成本。为此我们需要在战略型生产网络中实现相对于竞争的物流成本优势。

供货质量是供货灵活性的事后影像（见图 4.1）。供货质量包含了实际的供货时间和供货期限守时性。在生产网络中，供货时间不仅被定义为单个企业的生产运行时间，而且还包括了其他的，尤其是在企业接合面上的供货时间因素，因为这些时间有可能导致订单完成时间显著延长。不过用于产品研发和设计的时间并不属于我们所考虑的供货时间。作为质量偏差度量的供货状态质量可以被理解为供货守时性，因为没有依据约定供货的成果其实就是没有依据约定的日期供货的成果。

供货质量和供货灵活性被总结为供货服务或者物流成果。灵活性是以供货服务需求，也就是客户的需求为导向的，而供货质量则是实现供货灵活性的体现。灵活性帮助我们制订出供货服务目标，质量则监管目标实现的情况。所以供货质量不像供货灵活性那样与给定的目标相对应，而是与目标的实现相对应，后者则通过控制值得以测量。只有当我们汇总了目标值和控制值，并且对目标实现状况进行检测之后，才能回答有关供货质量的问题。欠佳的供货质量会导致更高的供货成本。

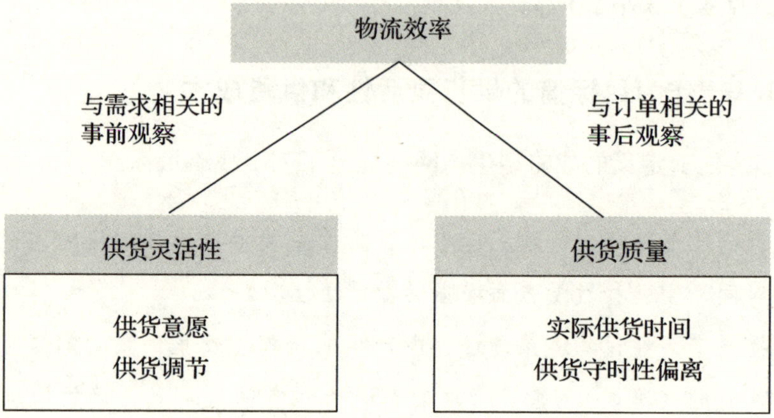

图 4.1　物流成果的层面

来源：作者参照 Großklaus，1996，第 24 页。

战略型网络目标可以被理解为以下对 PPS 有重要意义的目标值：

通过提高供货灵活性来提高销量，灵活性的实现则是通过：

- 提高供货意愿，即愿意缩短事先计划的、平均的供货时间。
- 提高供货适应性，即缩短已经确定的、跟客户有关的供货时间。它和缩短平均供货时间的区别在于，这一变化是以客户提出的产品种类、数量或交付期限改变为基础的。以可被供应的产品种类来体现的供货范围并不属于供货灵活性的考量范畴，因为使用生产计划和生产控制是以商议好的供货清单为前提的。

降低现有产品清单的供货成本，采用的手段有：

- 降低对 PPS 有着重要意义的、待计划的现有供货灵活性的成本，也就是为实现网络的效率而需保留产能的成本。
- 提高供货质量。供货质量即实际的平均供货时间和针对某一具体成果的实际的、个别的供货期限方面的偏差。供货期限偏差产生自产品种类变化、数量变化或者期限变化。实际的、个别的供货时间其实指的是以合格的质量和正确的数量来供应单个产品所需的时间。只有达到了各项参数的产品质量才能得以交付。

由供货灵活性确定的销售额和供货成本之间的比例在下文中被我们称为物流效率。为了之后可以将目标值和控制值聚集在一起，必须将它们放置在数学函数的关系当中（参见 3.4.1 小节），从而也可以为目标值计算出数学函数。

网络可以在最终客户那里提出有关供货灵活性的目标设定，而且并不需要为此获得有关网络本身的深度概况。在这一过程中，供货灵活性可以作为目标值进入网络的通用数据库。接下来，我们要对供货灵活性的组成部分，也就是供货意愿和供货适应性做进一步的说明。

为了将网络计划的产品数量销售出去，需要有一定的供货意愿，也就是被计划的平均供货时间 LZ_g。这一被计划的平均供货时间是将平均流程时间［（见式（2.3）］被网络中某个计划段所有订单的订单时间平均得到的；它其实是一个与被计划的、与个体订单相关的供货时间有关的平均供货时间，即

$$LZ_g(ZAU_i) = \frac{\sum_{i=1}^{n}(LZ_i \cdot ZAU_i)}{\sum_{i=1}^{n} ZAU_i} \tag{4.1}$$

式中　LZ_g——计划的平均供货时间；

LZ_i——（计划的）订单 i 的供货时间；

ZAU_i——订单 i 的订单时间；

i——订单 i；

n——一个计划时段内的订单数量。

缩短计划的平均供货时间 LZ_g 可以降低潜在客户的成本或者提高他们的购买力，因为客户自己也可以更快地供货，所以企业很可能获得更多的订单。较长的供货时间会增大客户面临的变更风险和干扰风险，因为供货时间越长，订购数量涉及的预估性就越强。此外，供货时间较长也意味着每次较大的订货量，这也会加大客户的控制难度。这些都是迄今的经验调查得出的结果。

在此基础上，我们接下来考查有关所有订单的需求会随着计划的平均供货时间的增加而减少这一状况。在正常运行的市场中，不断增加的计划平均

供货时间会形成S形的函数关系。效益理论对此的解释是：缩短相对较长的供货时间会带来相应的效益增长。相反，竞争理论对此的解释则是：在供货时间固定的竞争中，缩短一定的供货时间几乎不会对产品需求造成明显影响，因为只有很少的几个竞争对手会被超越，它同样也几乎不会引起需求增加，因为对供货时间敏感的需求者已经被排除在竞争之外了。依据经验，在汽车行业中得到的、一再重复的S形需求曲线不属于这部分观察范畴。在图4.2中，我们只能看到函数的下端，所以并不能清晰地辨认出典型的S形曲线。

由此也产生了供货意愿函数，它类似于“经典的”价格—销量函数，但却是反向运作的。在供货意愿提高的情况下（计划的供货时间减少），销量会增加，这对应着价格降低引起销量上升。Mossman 和 Morton 以需求量弹性变化这一概念以及销售物流中的经验调查为基础，建立了与产生于20世纪60年代的各种模型相对应的函数。这两位作者提出了带有较低价格弹性和较高供货时间弹性的寡头市场。同样在战略型生产网络中，由于物流具有重要意义，因此也和寡头结构中一样存在较高的供货时间弹性和较低的价格弹性。

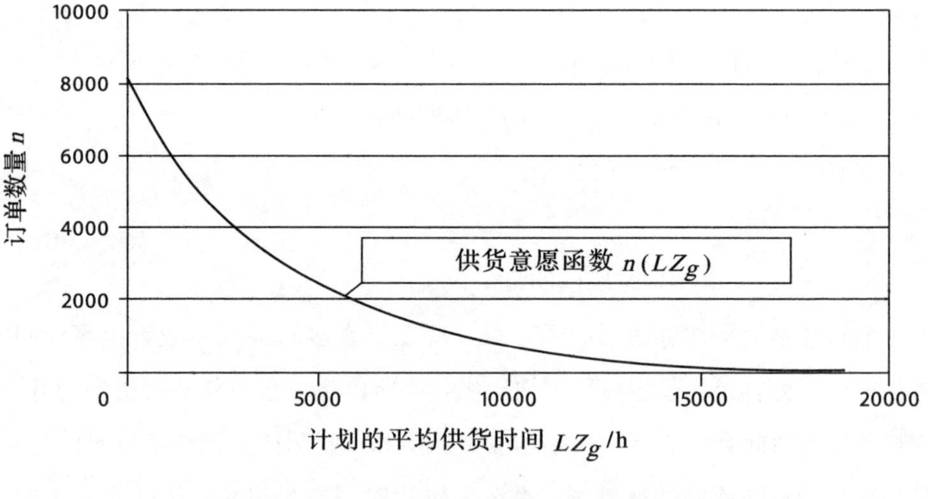

图4.2 供货意愿：计划的平均供货时间和订单数量之间的关系
来源：作者。

网络设定的待实现的供货意愿越低，即计划的平均供货时间 LZg 越短，网络将会收到的订单数就越大（见图4.2）。Ballou 对这一供货意愿函数的公

式进行了扩展，即

$$n(LZ_g) = n_0 \cdot Mk_{LB}^{-a_{LB}\frac{LZ_g}{LZ_{g\cdot K}}} \tag{4.2}$$

式中　n——一个计划时段内的订单数量；

n_0——每个计划时段内在计划的平均供货时间中的订单数；

Mk_{LB}——当 $Mk_{LB} \geqslant 1$ 时，供货意愿的市场常量；

$LZ_{g\cdot K}$——竞争对手的计划平均供货时间；

LZ_g——企业自身的计划平均供货时间；

a_{LB}——供货意愿的比例因素。

计划的平均供货时间对企业得到的订单数有着直接影响，从而也会影响由此获得的销售额。而供货意愿只能体现出计划的平均供货时间对销售额的影响，体现不出供货时间对订单的直接影响。

如果我们设定在计划的供货时间 LZ_g 已经被确定后，改变交货期限的能力能为对应的订单 i 带来价值，那么我们就可以利用一个函数来表示这一供货调整，其中订单 i 的价格 PR_i 与为这一订单计划的供货时间相关。这一计划供货时间内的数量变更或者部件种类变更都意味着对于变更后的新订单交货时间要发生变化。因此，供货调整函数也和供货意愿函数一样有着类似的一个公式。这个价格函数中的一个变量是“市场尺度”，它为正常效率对应的正常价格提供了比较值。不过有一个所有网络成员都认同的问题，那就是市场上的“最佳业务实践”，生产网络中的可变性使得它很难以统一的标准被测算出来。

正如供货意愿在供货时间方面对应着需求量弹性一样，供货调整则在供货时间方面对应着需求的价格弹性。依据经验，价格上浮一般会在 20% ~ 100%。与供货意愿函数类似［见式（4.2）］，我们接下来也会用一个公式来对供货调整函数进行描述，即

$$PR_i(LZ_i) = PR_{i\cdot 0} \cdot Mk_{LA}^{-a_{LA}\frac{LZ_i}{LZ_{i\cdot K}}} \tag{4.3}$$

式中　PR_i——订单 i 的价格；

$PR_{i\cdot 0}$——立即供货时的订单 i 的价格（$LZ_i = 0$）；

Mk_{LA}——当 $Mk_{LA} \geqslant 1$ 时，供货调整的市场常量；

$LZ_{i\cdot K}$——竞争对手对于订单 i 的供货时间；

LZ_i——企业自身对于订单 i 的供货时间；

a_{LA}——供货调整的比例因素。

如果根据个别客户的意愿，在短于平均供货时间的期限内完成供货，那么这个客户就需要为此支付更高的价格。也就是说，在这种情况下，需求方愿意对既定订单上浮价格，以获取更高的供货调整，这一供货调整体现在相对于平均期限更短的供货时间上（见图4.3）。

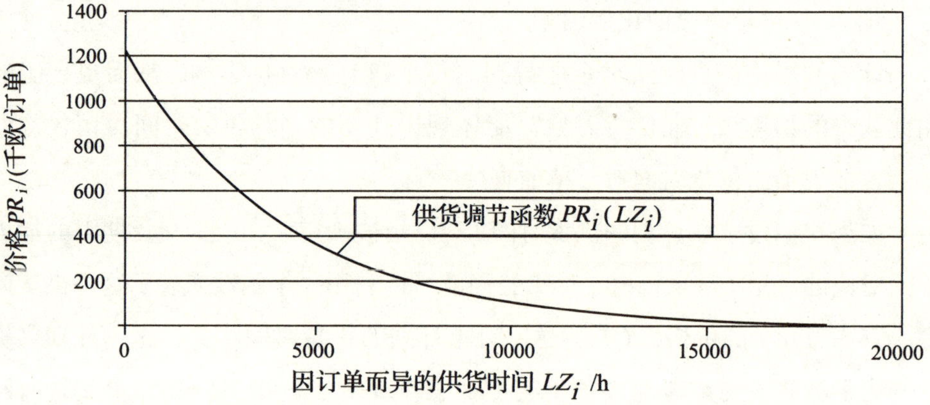

图4.3　供货调节：因订单而异的供货时间和价格之间的图像关系

来源：作者。

网络制订的供货时间越短，越可以获得更高的价格和销售额。这一点既适用于单个订单，也适用于计划中的所有订单的平均值。也就是说，被计划的平均供货时间越短，所有订单的平均价格就可以被定得越高，因此式(4.3）也适用于被计划的平均供货时间，从而得到下面这个含有平均价格的关系，即

$$PR_d(LZ_g) = PR_{d\cdot 0} \cdot Mk_{LA}{}^{-a_{LA}\frac{LZ_g}{LZ_{g\cdot K}}} \tag{4.4}$$

式中　PR_d——每个订单的平均价格；

$PR_{d\cdot 0}$——立即供货时的平均价格（$LZ_g=0$）；

Mk_{LA}——当 $Mk_{LA}\geqslant 1$ 时，供货调整的市场常量；

$LZ_{g\cdot K}$——竞争对手的被计划的平均供货时间或实际平均供货时间；

LZ_g——企业自身的计划平均供货时间或实际平均供货时间；

a_{LA}——供货调整的比例因素。

供货灵活性会产生成本，成本的高低依据物流成果相对应的投入计算得到。这一投入即供货成本。在第 2.3 节中，战略型生产网络的 PPS 协同目标被称为“高效物流的定位”，也就是物理成果和物流成本之间关系的一个定位。我们既可以以物流成果为既定值，也可以以物流成本为既定值，而通过调整另一数值，使它们的比例关系最大化或者最小化。

我们无法通过网络合约来描述全网范围内物流成本的目标设定，因为这个和企业内部流程相关的成本会给网络合约带来相应的协同复杂性。所以对于给定的供货灵活性我们必须力图实现供货成本最低化。对于网络定位有着重要意义的战略目标值为：

- 由供货意愿和供货调整决定的供货灵活性。
- 供货成本，它由实际供货时间、网络的成果、网络内的库存以及与既定交货时间之间的偏差决定。

这两个数值间的比例被视为物流效率的指示器，因为计划的平均供货时间决定了订单数量、平均价格以及销售额。

我们采用的获取这些目标值的由上至下的算法按要求（参见 3.4.1 小节）实现了待确定的目标值和控制值体系的经济性，避免了尤其可能在网络中出现的信息流，同时也与实践中设定的大多数物流目标相吻合。采用与网络相适应的算法来计算具体目标值是确定网络 PPS 目标的前提（参见 2.1.1小节），因为所有下列目标设定既不能与网络的高效物流定位相违背，同时能够通过网络组织得以利用的潜力必须要有相应的可执行性，手段才能发挥出来。

由下至上算法的任务在于，基于我们所讨论的目标值为控制值实现清晰性和可比性，并根据供货成本影响因素确定供货成本。影响因素包括实际供货时间、网络中的库存、网络效率以及与既定供货时间之间的偏差。

4.1.2 时间参数作为控制值

在上述由下至上算法中我们已经说明，由供货时间和供货守时性构成的供货质量需要我们在计算对于 PPS 有着重要意义的控制值时加以考虑。另外，为了计算供货成本，还需要对库存值和产能进行反馈。由于网络的供货时间由各个个体企业中的运行时间决定，所以我们可以通过个体企业的运行时间这一 PPS 参数来对其进行控制。相反，网络供货守时性则与单个企业的守时性相关，并通过单个企业守时性这一 PPS 参数得以体现。因此，控制值由下述生产计划和生产控制中的参数来决定：运行时间、供货守时性、库存和产能利用（参见 2.1.1 小节）。

我们可以把生产网络看作典型的车间生产，于是可以得到非常清晰的，且具有可比性的控制值（参见 3.4.1 小节），即平均流程时间、平均库存以及以负荷为导向的订单投放 BOA 的平均效率，因为 BOA 与我们所考察的生产网络具有类似的使用前提（参见 2.1.3 小节）。对于供货守时性，我们则需要计算出一种新的控制值，借助过程模型可以为类似于以 BOA 来定义的控制值创造基础。

在过程模型中，我们区分出三种不同的过程要素，即生产、运输和仓储。我们可以在不同层面上来理解“生产”“运输”和“仓储”这三个概念：它们可以被用于一台设备、一个企业或者整个网络，我们所做的就是将属于各个要素的参数在更高一级的层面上汇聚成整个工作体系的一个参数。

图 4.4 利用一个简单的实例来说明了用于将生产网络模型化的过程模型。这里的工作体系是某个网络成员的整个企业。但是我们没有以亚琛过程模型为基础，而是结合上述已经介绍过的任务列表，基于与之对应的 PPS 企业类型，选择将 Wiendahl 的过程模型作为基础，因为之后要用到的 BOA 体系中的控制值就是以 Wiendahl 的过程模型为基础的。

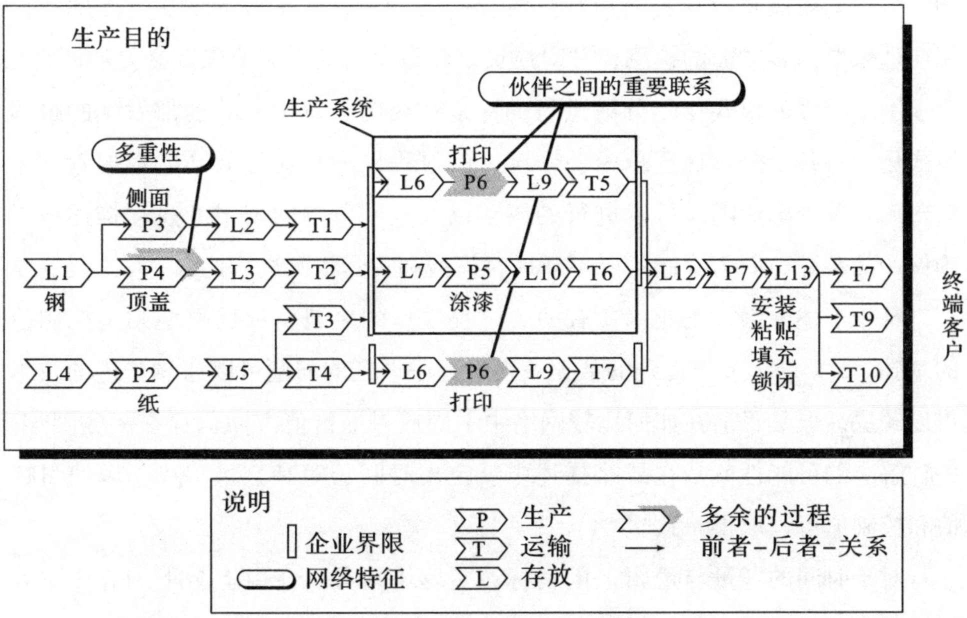

图 4.4　将生产网络模型化的过程模型

来源：作者参照 Wiendahl 等人，1996C，第 39 页；Schmidt，1997，第 31 页。

成果移交的时间以及企业间的界限是在将产品运输到客户的生产地之后得以确定的。因为只有在收到发货订单的情况下才能进行运输，所以由供应商负责的仓储也要计算在内。“运输”这一过程，尤其是在企业界限之间的运输，在这里不被视为物流成果的进一步“生产”，所以运输没有被包含在过程模型中。“检测”却被视为“生产”。

根据需要，我们可以对这三个过程因素进行简化。例如 Wiendahl 在对运行时间这一概念进行定义时，就将生产划分为安装和加工，还把仓储也划分为加工之前和之后的仓储以及有意的仓储。后面的这一区分对于简化的过程要素而言就不再必要，但是安装和加工之间的区分对于批量大小计划却有着非常重要的意义。因此，在批量大小计划中我们会对安装单独加以考虑，而不像通常那样把它当作“生产”的一部分。

因为生产网络的结构随着时间会有所变化，所有我们也需要对过程模型不断加以调整。过程模型的调整需求是由网络的可变性决定的，例如因为新加入网络的成员企业或者因为产品流程中的参与企业采取的变更，因此我们相应地采取内容方面的检测，并对成员之间待交流的控制值采取必要的调整。

网络过程的模式化是分散进行的，是在相应企业中对其内部发生的过程模式化。将各个分过程汇总为一个统一的过程模型是通过共同的数据管理来实现的。单个企业随时可以进行的调整以及全网范围内密集的过程描述可以确保产品跟踪，因为我们可以不断地对模型和实际状况进行比较。

基于上述原因，工业 4.0 有助于过程模型的更新，过程模型则是控制值的基础。3.4.1 小节曾提到的数据获得过程中遇到的问题可以通过先进的技术得以解决，但是目前在如何比较网络中不同成果的价值方面仍存在一些困难。一种解决的可能性就是在战略描述中就定出时间长短和数量多少，以使目标值和控制值可以取得一致。

对于时间的考量与逻辑上的目标设定密不可分。在由上至下的算法中我们已经阐明了供货意愿与供货调整这两个目标值与供货时间之间具有相关性。借助 BOA 体系中使用的参数我们也可以把时间作为控制值。

依据 BOA 体系中的流程，运行时间、供货守时性、库存和产能负荷都被转化为时间值。它们获得了清晰的定义，并在上述过程模型的基础上被构建起来。同时，时间值还可以成为实时估值的标准，只要 1h 的订单时间在库存中或者在成果中具有同等的价值，而且不管作为基础的订单什么时候得以完成。这种同一性和独立性是我们接下来计算目标值和控制值以及在此基础上构建 PPS 协同机制的基础。应用这一协同机制的主要前提就是，在实际应用中，我们确实实现了这些同一性和独立性。

订单时间在不考虑工作体系的情况下描述了产能需求。在这一前提下，我们可以不考虑计划阶段，而通过订单时间确定出可以获得的收益，即

$$
\begin{aligned}
G(ZAU_1,\cdots,ZAU_n) &= \sum_{i=1}^{n} PR_i - \sum_{i=1}^{n} K_i = \sum_{i=1}^{n}\left(\frac{PR_i}{ZAU_i}\cdot ZAU_i\right) - \sum_{i=1}^{n}\left(\frac{K_i}{ZAU_i}\cdot ZAU_i\right) \\
&= \sum_{i=1}^{n}(PRA \cdot ZAU_i) - \sum_{i=1}^{n}(KA \cdot ZAU_i) \\
&= PRA \cdot \sum_{i=1}^{n} ZAU_i - KA \cdot \sum_{i=1}^{n} ZAU_i \qquad (4.5)
\end{aligned}
$$

式中　G——生产网络获得的收益；

PR_i——订单 i 的价格；

K_i——订单 i 的成本；

PRA——订单单位时间的平均价格 $= \frac{PR_i}{ZAU_i} =$ 常量；

KA——订单单位时间的平均成本 $= \frac{K_i}{ZAU_i} =$ 常量；

ZAU_i——订单 i 的订单时间；

i——订单 i；

n——一个计划阶段内订单的数量。

式（4.5）建立在前面提到过的一致性原则和独立性原则基础上，也就是不管应用哪种工作体系，订单时间都可以作为比较不同订单具有的价值的尺度。这也是我们下面阐述的基本依据。在上述前提条件下，我们以订单时间作为通用价值尺度，可以对不同成果进行比较，这也是包含产品种类众多的战略型生产网络所需要的（参见 3.4.1 小节）。订单时间能结合相应订单为实际创造的成果提供替代性衡量尺度（依据前提是固定的生产速度和产能），同样，结合工作体系，它也可以作为衡量产能和库存需求与供应的尺度。

在库存计划和资源计划中，当我们要在产能负荷和库存之间进行衡量时，不同的时间值之间并不存在同等性，所以在库存和效率方面利用订单时间来进行评估是以不同方式进行的。我们并没有假定所有订单的仓储成本和产能成本都和同样的加工时间和安装时间相一致。此外，由于我们之前提到过的在效率计算和成本计算方面的困难，这种利用时间来代替实时值进行计算的方法还存在错误，但是我们在面对网络可变性和灵活性消除瓶颈时，却忽略了这一错误的存在。因此，接下来我们要借助订单时间来对运行时间和交货守时性这两个控制值进行介绍。

网络企业中实际的运行时间是从网络合约中规定的订单放行那一刻开始的，直到产品运输结束到达客户企业。网络合约需要说明订单到达网络和单个企业的订单放行之间允许相差多少时间。

一个特定订单单纯的运行时间［见式（2.3）］包括仓储、生产和运输。这与Wiendahl提出的BOA概念框架内的运行时间的定义相比（见图4.5），有些因素发生了改变。这需要我们在客户发出发货订单前，能将供应商处的产出库存以及跨企业的运输分配给供应商，并且不把这些工作算入“生产”当中。另外，在这里介绍的模型里面，我们把安装和加工视为生产汇总到了订单时间中。

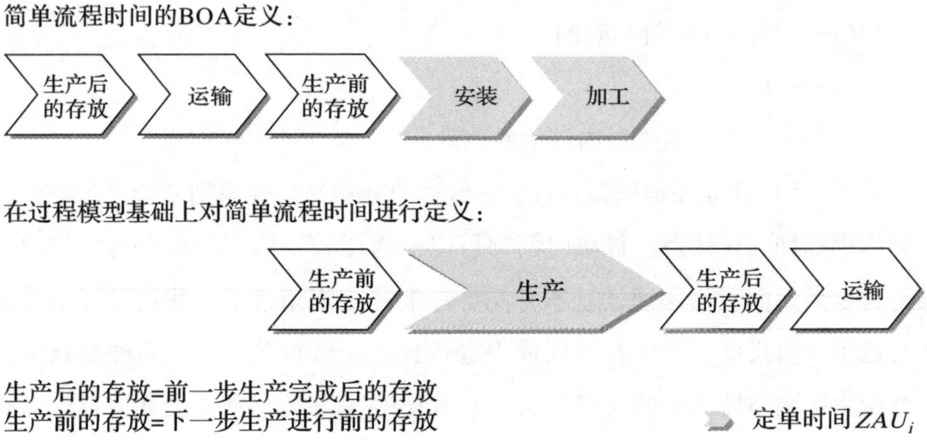

图4.5　以过程模型为基础和以BOA体系为基础的运行时间定义之间的对比

来源：作者。

为了能对不同成果的运行时间进行比较，必须对订单时间加以定量测算，以此来体现产能需求。在BOA体系中，运行时间是依据车间生产的前提条件分别得以计算的（参见2.1.3小节），而在这里，我们采用的则是平均的运行时间。在平均流程时间中，我们不考虑订单数量，而仅考虑在订单时间内测量处的工作（订单时间量），这些工作是由工作体系来完成的。运行时间的平均值在这里被定为运行时间这一控制值，它表明一个订单时间单位（如1h的订单时间）经过特定的工作体系平均需要多长时间［见式（2.3）］。基于这样的前提，我们可以对不同的订单进行聚合。

如同在3.4.1小节中所要求的那样，为了能在生产网络中对控制值进行比较，我们将其放置到了比例关系中，从而得到一个相对的控制值，这一控

制值被称为运行时间等级 DZG。运行时间等级被定义为平均流程时间和平均订单时间的比，即

$$DZG = \frac{MZ_g}{MZAU} \tag{4.6}$$

式中　MZ_g　——平均流程时间；

$MZAU$——平均订单时间。

平均订单时间和平均流程时间都是根据网络中各个企业的情况计算得到的，所以不同企业之间会有所差异。利用运行时间级别，我们可以对各个企业之间的运行时间这一控制值进行比较。

当网络中所有企业的平均订单时间和平均流程时间都已知后，运行时间级别就可以作为衡量企业产出能力的标尺，而不再需要对成本等对竞争有重要影响的信息进行交换。运行时间等级可以表明，平均流程时间是平均订单时间的多少倍。运行时间等级越高说明订单在工作体系中经历的没有创造价值的时间，也就是所谓的过渡时间越长，造成这些过渡时间的原因、它们发生的种类和地点可以借助我们下面将要阐述的交货守时性、库存以及产能等控制值得以考察。从这些控制值中，我们还可以得出与运行时间等级相类似的一些比例关系。

为了确定供货守时性这一控制值，我们对这方面的偏差进行了更仔细的考察。这一偏差有可能是由供货调整有意造成的，也可能由突发干扰导致。之所以会出现有计划的偏差，是因为企业根据客户意愿采取了供货调整，就像之前提到过的要求一样（参见 3.4.2 小节），相对应地，客户要为此支付费用，所以这不能被视为不守时。

非计划的守时性偏差则是由问题部件、订单时间出现的偏差、产出过程中遇到的干扰以及网络企业制订的生产需求计划和控制计划中的不足造成的。这些突发的干扰会给整个网络带来负面影响。

订单时间上出现的偏差以及与之相关的不同批量大小通过运行时间的计算至少可以计划性地应对。问题部件要由供应商来承担责任，所以网络企业只需要对由自身计划和控制失误以及由突发的生产干扰造成的守时性偏差承

担责任。这些干扰通常遵循正态分布，所以我们可以把运行时间的标准偏差作为守时性的基础尺度，当然这只适用于计划失误和控制失误没有系统性出现的情况。

经加权的运行时间的标准偏离描述了被订单时间加权的运行时间相对于平均流程时间的平均偏离［见式（4.7）］。订单的运行时间通过订单时间得以加权，从而利用平均订单时间相除得到被加权的订单的运行时间。这样可以表示出一个计划阶段内的订单时间单位的运行时间发生的偏差。如果我们设定，平均流程时间反映了被计划的运行时间，那么这一偏差就是守时性程度高低的指示器。在不同的工作体系中，这一偏差有着不同的进程，因而被称为工作体系的守时性的“生产特征曲线”，其计算公式为

$$\sigma_g(MZ_g) = \sqrt{\frac{\sum_{i=1}^{n}\left(MZ_g - \frac{Z_i \cdot ZAU_i}{MZAU}\right)^2}{n-1}} \tag{4.7}$$

$$= \sqrt{\frac{n \cdot MZ_g^{\ 2} - 2 \cdot MZ_g \cdot \sum_{i=1}^{n}\left(\frac{Z_i \cdot ZAU_i}{MZAU}\right) + \sum_{i=1}^{n}\left(\frac{Z_i \cdot ZAU_i}{MZAU}\right)^2}{n-1}}$$

$$= \sqrt{\frac{n \cdot MZ_g^{\ 2} - 2 \cdot MZ_g \cdot \sum_{i=1}^{n}\left(\frac{Z_i \cdot ZAU_i}{\frac{\sum_{i=1}^{n} ZAU_i}{n}}\right) + \sum_{i=1}^{n}\left(\frac{Z_i \cdot ZAU_i}{MZAU}\right)^2}{n-1}}$$

$$= \sqrt{\frac{n \cdot MZ_g^{\ 2} - 2 \cdot MZ_g \cdot n \cdot \frac{\sum_{i=1}^{n}(Z_i \cdot ZAU_i)}{\sum_{i=1}^{n} ZAU_i} + \frac{\sum_{i=1}^{n}(Z_i \cdot ZAU_i)^2}{MZAU^2}}{n-1}}$$

$$= \sqrt{\frac{n \cdot MZ_g^{\ 2} - 2 \cdot MZ_g \cdot n \cdot MZ_g + \frac{\sum_{i=1}^{n}(Z_i \cdot ZAU_i)^2}{MZAU^2}}{n-1}}$$

$$= \sqrt{\frac{\dfrac{\sum_{i=1}^{n}(Z_i \cdot ZAU_i)^2}{MZAU^2} - n \cdot {MZ_g}^2}{n-1}}$$

式中　σ_g—— 运行时间 Z_i 被加权的标准偏离；

Z_i—— 订单 i 的运行时间；

ZAU_i—— 订单 i 的订单时间；

MZ_g—— 平均流程时间；

$MZAU$—— 平均订单时间；

n—— 一个计划阶段内的订单数量。

守时等级 TEG 描述了供货准时性，它可以利用 Yu 提出的标准偏离来得以计算，即

$$TEG(MZ_g) = \varphi\left[\frac{TW_+ - MZ_g}{\sigma_g(MZ_g)}\right]$$

$$= \int_{-\infty}^{TW_+} \frac{1}{\sigma_g(MZ_g) \cdot \sqrt{2 \cdot \pi}} e^{-\frac{1}{2}\left[\frac{Z_i - MZ_g}{\sigma_g(MZ_g)}\right]} dZ_i \quad (4.8)$$

式中　TEG ——守时等级；

φ ——标准正常分配的分配功能；

TW_+ ——守时预警上线；

σ_g ——运行时间被加权的标准偏离；

MZ_g ——平均流程时间；

Z_i ——订单 i 的运行时间。

守时等级 TEG 统计出提前或者准时到达客户的订单时间单位数量与计划阶段内全部订单时间单位之间的关系，守时预警线则由实现确定的时限来决定，在这个时限范围内都被视为守时。这个时限范围可以任意地小，在极端情况下守时预警线即是平均流程时间。但在实际中，人们往往会给出一定的范围，例如给出运行时间被加权的标准偏离的 2 倍的时间，从而得到：$TW_+ - MZ_g > 0$。这样我们便可以利用一个相对参数来测算相对于百分之百守时所实现的程度。这一做法类似于运行时间中的做法，在运行时间中，我们也是

利用运行时间等级的倒值来表示创造价值的部分，以及它相对于百分之百的最高价值创造所达到的等级。

订单时间对应的平均库存以及库存等级这两个数值可以被用来对网络企业中的库存进行控制。平均最小库存相当于订单时间内的平均批量大小，而平均库存则相当于一个计划阶段内所有订单时间的平均库存。批量大小可以以最小库存的形式进入网络的通用数据库中。

确定平均最小库存之后就可以得出网络企业中的工作体系各不相同的系统库存的平均库存（$0<t<1$），按照 Nyhuis 和 Wiendahl 的观点，可以用下面的公式来计算：

$$MB(t) = MB_{\min} \cdot [1-(1-\sqrt[4]{t})^4] + MB_{\min} \cdot \alpha \cdot t \qquad (4.9)$$

式中 MB——所有订单时间内的平均库存；

t——选定的系统库存，$0<t<1$；

$MB_{\min}$——所有订单时间内的平均最小库存；

α——企业给定的用于确定库存缓冲的因素。

系统库存 t 是通过经验得到的。如果决定采用特定的系统库存，就意味着放弃实现另外的系统库存。因为要是决定在相应产能和生产速度下采用系统库存 t，就没有可能采用其他库存。因为这里的控制值是事后值，所以并不与网络的可变形相违背。

库存等级［见式（4.10）］表示由计划批量大小规定的平均最小库存的待定倍数。所以借助库存等级这一数值，我们可以从平均库存这一角度对网络成员的产出能力与其他供应商进行比较。如果网络企业的库存等级存在较大差异，我们可以采取库存分析，这一分析不需要在全网范围内进行。

$$BG(MB) = \frac{MB}{MB_{\min}} \qquad (4.10)$$

式中 BG——库存等级；

MB——订单时间中的平均库存；

$MB_{\min}$——订单时间中的平均最小库存。

为了进一步确定产能负荷这一控制值，我们首先要对产出做进一步的考察。平均效率被定义为每个时间间隔的平均工作量。这里的时间间隔的长短是计划阶段的长短。这一计划阶段完成的工作量，是这一阶段内所有订单耗费的总的安装时间和加工时间。工作量是通过安装时间和加工时间来测量得到的。所以对于工作系统的平均效率，存在以下公式：

$$ML(ZAU_1, \cdots, ZAU_n) = \frac{\sum_{i=1}^{n} ZAU_i}{P} \tag{4.11}$$

式中　ML——订单时间中的平均效率；

ZAU_i——订单 i 的订单时间；

n——一个计划阶段内的订单数量；

P——计划阶段的时间长短。

平均效率与产能供应以及产能需求有关。产能供应意味着加工时间内的可被支配的产能，或者不计安装时间的有可能的最大产出。与之相对的是产能需求，这是包含了安装时间的一个因素。如果产能需求小于产能供应，那么产能需求就对应着订单时间中的平均产能。如果在可变的网络中遇到不可预判的瓶颈，就会出现产能需求超过产能供应的状况，并且安装时间也会被视为等待时间。

Nyhuis 和 Wiendahl 提出以式（4.12）来表示在不同的系统状态中，平均效率和可被支配的产能之间的关系：

$$ML(t) = ML_{\max} \cdot [1 - (1 - \sqrt[4]{t})^4] \tag{4.12}$$

式中　ML——订单时间中的平均效率；

t——系统状态，$0 < t < 1$；

$ML_{\max}$——订单时间内可被支配的产能。

产能负荷等级测算的是订单时间内的平均效率和加工时间内可被支配的产能。这些相对的数值也和运行时间等级、守时等级和库存等级一样，可以在不同网络成员之间被比较。

$$KAG(ML) = \frac{ML}{ML_{\max}} \tag{4.13}$$

式中　KAG——产能负荷等级；

ML——订单时间内的平均效率；

ML_{max}——订单时间内可被支配的产能。

综上所述，我们需要借助漏斗模型，并以订单时间为基础得到以下控制值：

- 被加权的平均流程时间（以运行时间等级 DZG 作为相对值）
- 运行时间被加权的标准偏离（以守时等级 TEG 作为相对值）
- 订单时间内的平均库存（以相应的库存等级 BG 作为相对值）
- 订单时间内的平均效率（以产能负荷等级 KAG 作为相对值）

在由下至上法中，我们利用过程模型和作为共同尺度的订单时间确保了控制值的明确性和可比性。而以过程模型为基础的产品跟踪使我们可以确认实际上的交接点，对订单时间中的数值进行测量则可以实现可比性。我们可以对得到的控制值加以标准化应用，相对的等级值则扮演了“产出关键参照值”的角色，在网络内外起到激励作用，而且不会泄露对竞争有重要意义的单个网络企业的信息。

尽管我们不能对控制值之间的关系进行完全量化，但却可以借助上述公式［见式（2.2）、式（4.7）、式（4.9）和式（4.12）］来形成一个包含所有控制值的比较体系：

$$MB(t) = MB_{min} \cdot [1 - (1 - \sqrt[4]{t})^4] + MB_{min} \cdot \alpha \cdot t$$

$$ML(t) = ML_{max} \cdot [1 - (1 - \sqrt[4]{t})^4]$$

$$MZ_g(t) = \frac{MB(t)}{ML(t)} \tag{4.14}$$

$$\sigma_g(MZ_g) = \sqrt{\frac{\dfrac{\sum_{i=1}^{n}(Z_i \cdot ZAU_i)^2}{MZAU^2} - n \cdot MZ_g^{\ 2}}{n-1}}$$

式中　t——系统状态，$0 < t < 1$；

MB——订单时间内的平均库存；

$MB_{\min}$——订单时间内的平均最小库存；

α——企业给定的用于确定库存缓冲的因素；

ML——订单时间内的平均效率；

$ML_{\max}$——订单时间内可支配的产能（产能供应）；

σ_g——被加权的运行时间的标准偏离；

Z_i——订单 i 的运行时间；

ZAU_i——订单 i 的订单时间；

MZ_g——被加权的平均流程时间；

$MZAU$——平均订单时间；

n——一个计划阶段内的订单数量。

利用这个方程组我们可以计算出控制值之间的关系，再利用生产特征曲线将其表示出来。由于我们可以在计划中使用生产特征曲线，再加上其来自于车间生产这一特性，使得生产特征曲线非常适合被用于描述生产网络的控制值。

使用生产特征曲线进行描述时，必须先给定被加权的平均流程时间，这样才能使上述方程式相应地发生变化，进而得到用于生产特征曲线的方程组：

$$MB[MZ_g(t)] = ML(t) \cdot MZ_g(t) = ML_{\max} \cdot [1 - (1 - \sqrt[4]{t})^4] \cdot MZ_g(t)$$

$$ML[MZ_g(t)] = \frac{MB(t)}{MZ_g(t)} = \frac{MB_{\min} \cdot [1 - (1 - \sqrt[4]{t})^4] + MB_{\min} \cdot \alpha \cdot t}{MZ_g(t)}$$

$$\sigma_g[MZ_g(t)] = \sqrt{\frac{\dfrac{\sum_{i=1}^{n}(Z_i \cdot ZAU_i)^2}{MZAU^2} - n \cdot MZ_g(t)^2}{n-1}} \tag{4.15}$$

式中　MB——订单时间内的平均库存；

MB_{min}——订单时间内的平均最小库存；

α——企业给定的用于确定库存缓冲的因素；

ML——订单时间内的平均效率；

ML_{max}——订单时间内可被支配的产能（产能供应）；

σ_g——被加权的运行时间平均偏离；

Z_i——订单 i 的运行时间；

ZAU_i——订单 i 的订单时间；

$MZ_g(t)$——与系统状态 t 相关的被加权的平均流程时间，$0 < t < 1$；

$MZAU$——平均订单时间；

n——一个计划阶段内所有订单的数量。

至少在被描述的、系统状态 t 所对应的变化区域内以及与其相关的平均流程时间 $MZ_g(t)$ 内，生产特征曲线表明了流程计划遇到的困境（见图4.6）。

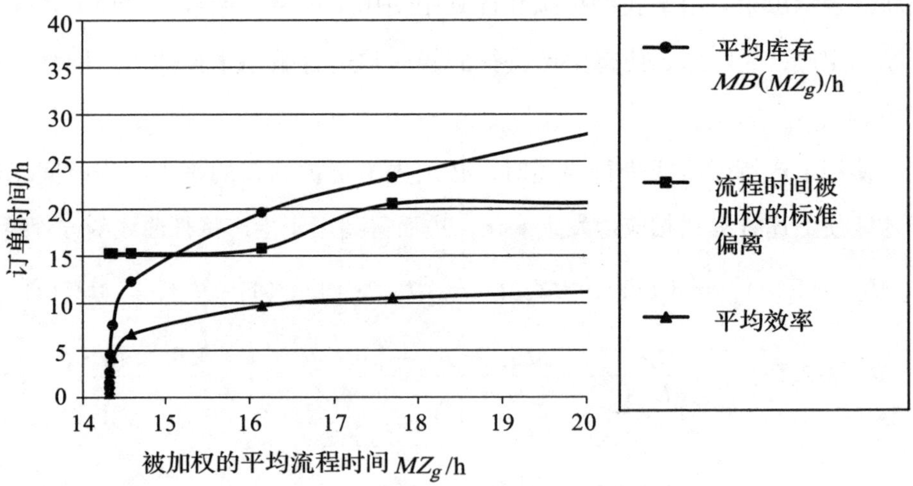

图4.6 作为生产特征曲线的控制值

来源：作者参照 Nyhuis/Wiendahl，1999。

这里显示出的特征是较高的平均效率和较短的、被加权的、平均流程时间之间的关系。此外，平均库存的最小化和被加权的运行时间的标准偏离与平均效率的最大化处于冲突状态。买方市场的出现，以及可售产出受到的限制，使得产出最大化的加权朝着更短的运行时间和库存最小化的方向发展，尤其是在产品种类众多的生产中。

要在满足满产能负荷的情况下实现被加权的平均流程时间最小化，只能在没有安装时间和没有干扰的稳定生产过程中才能做到。如果生产过程完全稳定，那么运行时间不仅保持不变，而且还会最短，产能负荷也不会损失。由此可以得出，一个尽可能均衡的、连续的生产过程是一种最佳状态。但是这种最佳状态在网络中却几乎无法得以实现。尽管我们对库存和产能进行了协同，但仍会不断出现突发干扰。

在网络中可以通过更换供应商来削弱这种干扰，而且我们越是能快速地发现干扰，并快速做出调整或者快速重新分配，那么干扰造成的时间延误就越短。在理想状况下，网络中对干扰的快速应对可以使得网络的产能损失相对于单个企业更小，尽管前者的运行时间短，并且库存量少。因而，网络中的可变性以及多重连接，会使得对平均效率最大化的加权朝着有利于运行时间的方向发展。

因为被加权的平均流程时间是一个具有决定性的数值，所以被选作生产特征曲线的纵坐标。与此同时，仍然存在两个方面之间的冲突关系，一方是运行时间最小化、库存最小化、供货守时性最大化，另一方面则是效率最大化。

4.1.3　目标值和控制值的汇总

有效的控制值与被确定的、普遍的战略目标之间具有因果关系和作用关系，我们可以把它们作为战略目标的具体形式在网络PPS侧面上加以应用。图4.7对迄今已经被确认的数值进行了总结。

为了能将上述目标值和控制值之间的因果关系和作用关系阐述清楚，我们接下来会借助数学函数来说明这种相互关系。

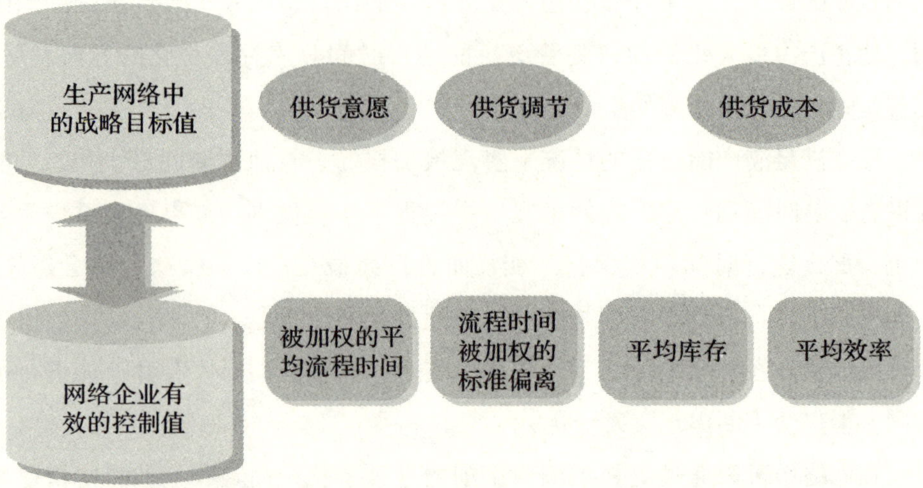

图 4.7　任务：对生产网络的目标值和控制值进行的汇总

来源：作者。

作为供货意愿和供货调节基础的被加权的平均供货时间即是计划供货时间。它产生于网络企业被计划的运行时间，这一形成过程要满足的前提条件是，对于每个网络企业中的每个订单都要顾及以往的被加权的平均流程时间。这其实是一个在计划中相互连接的网络企业创造价值的过程，这些创造价值流程的计划运行时间是由最长的计划供货时间决定的，所以被加权的平均供货时间和运行时间之间存在以下相关性：

$$LZ_g = LZ_{i \cdot Plan} \sum_{j=1}^{k} Z_{i \cdot j \cdot Plan} = \sum_{j=1}^{k} MZ_{g \cdot j} \qquad (4.16)$$

式中　LZ_g——被加权的平均供货时间；

$LZ_{i \cdot Plan}$——网络中订单 i 的计划供货时间；

$Z_{i \cdot j \cdot Plan}$——网络企业中订单 i 的计划运行时间；

$MZ_{g \cdot j}$——网络企业 j 中被加权的平均流程时间；

k——网络企业 j 的数量；

j——要完成订单 i 的网络企业。

作为目标值的供货灵活性与网络企业被加权的平均流程时间之间具有相关性：被加权的平均供货时间越短，同时网络企业中被加权的平均流程时间越短，就能够越早地提升订单的数量，或者提升每个订单的平均价格［见式（4.2）和式（4.4）］。

我们可以采用产能调节、引入小批量、有效的质量保证、避免长久等待以及精准的期限控制等方法来缩短供货时间。生产网络必须要努力解决供货时间较长这一问题，因为在同一时间内，有大量带有不同运行时间的订单在经过网络企业。这种情况很可能造成各个企业之间较长的过渡时间。如果不进行协同，就很容易无法实现被加权的平均供货时间，因为网络企业被加权的平均流程时间与订单实际经历的运行时间并不相符。除此以外，还会出现在介绍连续计划时已经提到过的运行时间并发症（参见2.1.2小节）。为了避免这一情况，我们在对目标值和控制值进行汇总后，会测量网络企业中的运行时间，并将其与计划的供货时间进行比较。

为了从数学角度将供货意愿与控制值联系起来，我们把上述公式用到了式（4.2）中：

$$\left.\begin{aligned} n(LZ_g) &= n_0 \cdot Mk_{LB}{}^{-a_{LB}\frac{LZ_g}{LZ_{g\cdot K}}} \\ LZ_g &= \sum_{j=1}^{k} MZ_{g\cdot j} \end{aligned}\right\} \Rightarrow n(MZ_{g\cdot 1},\cdots,MZ_{g\cdot K}) = n_0 \cdot Mk_{LB}{}^{-a_{LB}\frac{\sum_{j=1}^{k} MZ_{g\cdot j}}{LZ_{g\cdot K}}} \tag{4.17}$$

式中　n——一个计划阶段内订单的数量；

n_0——$LZ_g=0$时，订单的数量；

Mk_{LB}——当$Mk_{LB}\geqslant 1$时，供货意愿的市场常量；

$LZ_{g\cdot K}$——竞争对手的计划平均供货时间或者被加权的平均供货时间；

LZ_g——企业自身计划的平均供货时间或者被加权的平均供货时间；

a_{LB}——供货意愿的比例因素；

$MZ_{g\cdot j}$——网络企业j的被加权的平均流程时间；

k——网络企业j的数量；

j——网络企业。

在供货调整函数中，每个订单的平均价格都是结合网络企业被加权的平均流程时间得以表述的［见式（4.18）］。

$$\left.\begin{aligned} PR_d(LZ_g) &= PR_{d\cdot 0} \cdot Mk_{LA}{}^{-a_{LA}\frac{LZ_g}{LZ_{g\cdot K}}} \\ LZ_g &= \sum_{j=1}^{k} MZ_{g\cdot j} \end{aligned}\right\}$$

$$\Rightarrow PR_d(MZ_{g\cdot 1},\cdots,MZ_{g\cdot K}) = PR_{d\cdot 0} - Mk_{LA}{}^{-a_{LA}\frac{\sum_{j=1}^{k} MZ_{g\cdot j}}{LZ_{g\cdot K}}} \tag{4.18}$$

式中　PR_d——每个订单的平均价格；

$PR_{d\cdot 0}$——当 $LZ_g=0$ 时，每个订单的平均价格；

Mk_{LA}——当 $Mk_{LA}\geqslant 1$ 时，供货意愿的市场常量；

$LZ_{g\cdot K}$——竞争对手被加权的平均供货时间；

LZ_g——企业自身计划的平均供货时间或者被加权的平均供货时间；

a_{LA}——供货意愿的比例因素；

$MZ_{g\cdot j}$——网络企业 j 的被加权的平均流程时间；

k——网络企业 j 的数量；

j——网络企业。

网络的供货成本可以借助仓储利率，并结合已规定的目标值和控制值来得以表达，不过这个过程需要遵循一个假定，那就是不管使用哪种工作体系，订单时间都足以作为比较不同订单所具备价值的尺度，而且批量大小以及安装时间都是通过订单值来得以确定的。

我们是在网络层面上对供货成本进行考察的，并且如同销售额中的数量和价格一样，是通过供货灵活性，同时借助被加权的平均供货时间得到的。如同第3章中的被加权的平均流程时间的生产特征曲线所展示的一样，被加权的流程时间同样也会对下述成本因素产生影响：

- 通过订单时间得以测量的网络的平均效率（简称：网络效率）。
- 通过订单时间得以测量的网络中的平均库存（简称：网络库存）和生产之后的供货守时性方面的负偏差。
- 供货守时性方面的正偏差，即由网络中供货时间的被加权的标准偏离得到的错误数量和由此产生的罚款。

我们可以依照式（4.9）和式（4.12）来确定平均网络库存和平均网络效率。这两个数值还可以依照式（4.15），由被加权的平均供货时间得以确定，或者通过所有平均库存和平均效率计算得到，即

$$NB(LZ_g(t)) = NL_{\max} \cdot [1-(1-\sqrt[4]{t})^4] \cdot LZ_g(t) = \sum_{j=1}^{m} MB_j[MZ_{g \cdot j}(t)]$$

$$NL(LZ_g(t)) = \frac{NB_{\min} \cdot [1-(1-\sqrt[4]{t})^4] + NB_{\min} \cdot \alpha \cdot t}{LZ_g(t)} = \sum_{j=1}^{m} ML_j[MZ_{g \cdot j}(t)] \tag{4.19}$$

式中　NB——用订单时间来表示的平均网络库存；

NL——用订单时间来表示的平均网络效率；

$NB_{\min}$——用订单时间来表示的网络中的平均最小库存；

$NL_{\max}$——用订单时间来表示的网络中的可支配产能；

MB_j——用订单时间来表示的网络企业 j 的平均库存；

ML_j——用订单时间来表示的网络企业 j 的平均效率；

$MZ_{g \cdot j}(t)$——与系统状态相关的网络企业 j 被加权的平均流程时间；

α——用来确定库存缓冲的给定因素；

t——系统状态，$0<t<1$；

m——网络企业的数量。

漏斗公式［见式（2.2）］可以被应用于战略型生产网络。这样，作为工作系统被加权的平均流程时间的被加权平均供货时间即是平均网络库存和平均网络效率做比得到的数值。另外，依据式（4.19），平均网络库存相当于所有平均库存的总和，而平均网络效率则相当于所有平均效率的总和。从式（4.16）还可以得出，所有被加权的平均流程时间的总和体现了被加权的平均供货时间。

由此我们得到下列用于生产网络的漏斗公式：

$$\sum_{j=1}^{k} MZ_{g\cdot j} = LZ_g = \frac{NB(LZ_g)}{NL(LZ_g)} = \frac{\sum_{j=1}^{m} MB_j(MZ_{g\cdot j})}{\sum_{j=1}^{m} ML_j(MZ_{g\cdot j})} \tag{4.20}$$

式中 $MZ_{g\cdot j}$——网络企业 j 被加权的平均流程时间；

k——网络企业的数量；

LZ_g——网络被加权的平均供货时间；

NB——用订单时间来表示的平均网络库存；

NL——用订单时间来表示的平均网络效率；

MB_j——用订单时间来表示的网络企业 j 的平均库存；

ML_j——用订单时间来表示的网络企业 j 的平均效率；

m——网络企业的数量。

依照被加权的流程时间的标准偏离［见式（4.7）］来定义的网络中供货时间的被加权的标准偏离是由网络企业的被加权的标准偏离总和得到的，即

$$\sigma_{g\cdot n}(LZ_g) = \sqrt{\frac{\sum_{i=1}^{n}\left(LZ_g - \frac{LZ_i \cdot ZAU_i}{NZAU}\right)^2}{n-1}}$$

$$= n \cdot \sum_{j=1}^{k} \sigma_{g\cdot j}(MZ_{g\cdot j}) \tag{4.21}$$

式中 $\sigma_{g\cdot n}$——网络中被加权的供货时间标准偏离；

LZ_g——网络中被加权的平均供货时间；

LZ_i——订单 i 的供货时间；

ZAU_i——网络中订单 i 的订单时间；

$NZAU$——网络中的平均订单时间；

n——一个计划阶段内的订单数量；

k——网络企业的数量；

$\sigma_{g\cdot j}$——网络企业 j 中被加权的平均偏离；

$MZ_{g\cdot j}$——网络企业 j 中被加权的平均流程时间。

如果想要实现更高的供货灵活性，依据漏斗公式［式（4.20）］，就需要

在网络平均库存恒定的情况下提高网络的平均效率，也就是对于同样多的待生产件数，需要具备更高的产能供应，这一产能供应与另外的系统状态相吻合。或者说我们要提高的不是平均网络库存，而是更高的产能。基于此，我们在可变的网络中也只能耗时较长地来调整产能。因此，我们必须对较低的负荷和库存造成的劣势进行权衡。

如果不愿意提高可支配产能，那么可以通过降低平均网络库存［见式(4.20)］以及随之产生的平均网络效率的下降［见式（4.19)］，也就是通过降低效率来减少被加权的平均供货时间。由平均供货时间缩短而降低的平均网络效率意味着计划阶段内的效率下降。由于平均供货时间被缩短，我们必须将批量规模调整为更小，从而产生更长的安装时间和更低的效率。批量规模变小会导致机器所用工具的频繁更换，这也有可能引起质量问题。由较小批量导致的较低效率意味着因为丢掉订单和减少销售造成的机会成本［见式(4.2)］，当然我们这里没有考虑因为缩短供货时间而产生的价格优势，而且假定，额外的效率都能够全部销售出去。

下面的公式将会被用来说明我们的结论，即产出的订单，也就是产出的效率，与被分配的订单，即被销售的效率相符。如果我们利用网络中的平均订单时间，也就是平均安装和加工时间来分配产品，那么已完成的订单数量就相当于平均网络效率得到的产品。

$$\left.\begin{aligned} n(LZ_g) &= n_0 \cdot Mk_{LB}{}^{-a_{LB}\frac{LZ_g}{LZ_{g\cdot K}}} \\ \tilde{n}(LZ_g) &= \frac{NL(LZ_g) \cdot P}{NZAU} \end{aligned}\right\} \Rightarrow \text{数据完整性条件}: n(LZ_g) = \tilde{n}(LZ_g) \tag{4.22}$$

式中　n——一个计划阶段中分配的订单数量；

$\tilde{n}$——一个计划阶段中已完成的订单数量；

NL——订单时间内的平均订单效率；

P——计划阶段的长短；

$NZAU$——网络中的平均订单时间；

n_0——当 $LZ_g=0$ 时，订单的数量；

Mk_{LB}——当 $Mk_{LB}\geqslant 1$ 时，供货意愿的市场常量；

$LZ_{g\cdot K}$——竞争对手的计划的平均供货时间或者被加权的平均供货时间；

LZ_g——企业自身计划的平均供货时间或者被加权的平均供货时间；

a_{LB}——供货意愿的比例因素。

产生自供货意愿函数和网络效率的被分配的订单和已完成的订单之间的紧密联系可以在应用—沟通中得到保障。

如果孤立地看效率降低，我们可以以由于被加权的平均供货时间缩短而引起的效率降低造成的相应成本为出发点。丢掉的订单数可以从计划阶段内丢掉的订单时间与网络中平均订单时间之间的商数来得到。失去的订单时间又相当于网络中可支配产能和平均网络效率之间的差异，从而产生效率降低带来的机会成本：

$$K_{NL}(NL) = PR_d \cdot \frac{[NL_{\max} - NL(LZ_g)] \cdot P}{NZAU} \tag{4.23}$$

式中　K_{NL}——网络中效率降低造成的成本；

PR_d——每个订单的平均价格；

$NL_{\max}$——用订单时间来表示的网络中的可支配产能；

NL——用订单时间来表示的平均网络效率；

LZ_g——被加权的平均供货时间；

P——计划阶段的长短；

$NZAU$——网络中的平均订单时间。

尽管当今的趋势是缩短供货时间，减少守时方面的偏离，而且干扰也可以通过网络中的重新计划得以较好控制，我们仍然需要就合理的PPS协同在通过提高供货灵活性实现的销售量增长以及随之缩短的平均供货时间和网络效率降低及其成本之间进行权衡。这一权衡可以在应用—沟通中进行（参见第4.2节）。

对于网络库存的成本，我们通常需要考虑两种相互对立的影响。一方面，由于存在采购费用、仓储费用以及库存可能被废弃的危险，库存会导致供货成本增加。我们进行的模拟调查还表明，较高的平均网络库存还会增加平均供货时间［见式（4.20）］，并进而间接增加被加权的供货时间的标准偏离［见式（4.21）］。我们由此得出，随着库存降低，供货守时性偏离也会减小。因为，当库存减小时，顺序交换对控制产生的影响会相应减小。

另一方面，库存可以减少被加权的平均供货时间。如果我们不是在订单到达以后才开始第一个加工阶段，并且必须完成整个生产过程，而是已经拥有了半成品，并且还必须进行组合、完善或改动等工作，那么被加权的平均时间就会整体缩短，用于生产成品和半成品的流程时间也会缩短。

当中间产品数量相对较少时，或者当我们可以从唯一一个半成品得到大量满足客户特殊需求的成品时，订单 i 的订单时间就可以通过库存得以缩短。这样也可以在一定程度上通过高库存量来解决供货质量问题，因为有问题的产品能够较快地得以更换。与仓储有关的决定是完全由单个的网络企业来承担的，而网络以及对网络有着重要意义的流程时间则开始于仓储层面，所以网络对仓储层面的选择使得供货时间的减少失去了重要性。

当被加权的平均供货时间缩短时，库存引起的问题可能会因为通用数据库中包含的信息而被忽略。当与订单相关的供货时间相对于计划的平均供货时间和实际平均供货时间有所缩短时，我们在计划之后才能获取相关信息，也就是说来不及在计划的平均供货时间中来完成效率的生产（参见4.1.1小节）。较短的被加权的平均供货时间可以作为网络库存的替代品，它可以降低平均网络库存，而且由于时间较短，也使得订单 i 的供货时间在计划之后再次缩短的可能性减小，从而用过程灵活性替代了库存灵活性。

由于被加权的平均供货时间增加而增加的平均网络库存体现了网络中的成本，这一成本主要指的是作为资本约束成本对库存中存在价值进行再投资的可能性。资本约束成本和仓储管理成本会由一个仓储管理主体从外部加以规定，并被看作是被评估的平均网络库存包含的一个因素。根据我们的假设，即库存被均匀地分配到整个网络，我们将库存的一个订单时间单位评估为每个订单时间单位供货成本的一半。为了得到每个订单时间单位的供货成本，需要用在计划阶段内已完成的订单时间单位除以计划阶段内的全部供货成本，从而可以通过下列公式得到网络库存成本：

$$K_{NB}(NB) = \frac{1}{2} \cdot \frac{LK(LZ_g)}{NL(LZ_g) \cdot P} \cdot lz \cdot NB(LZ_g)$$

$$= \frac{1}{2} \cdot \frac{LK(LZ_g)}{P} \cdot lz \cdot LZ_g \quad (4.24)$$

式中 K_{NB}——网络库存的成本；

LK——网络中的总供货成本；

NB——订单时间内的平均网络库存；

NL——用订单时间来表示的平均网络效率；

LZ_g——被加权的平均供货时间；

lz——仓储管理利率；

P——计划阶段的长短。

利用漏斗公式，我们可以像式（4.24）一样来对网络库存的成本加以描述。通过利用总供货成本（网络库存成本是其中一部分），这个方程式可以得到一个循环，这一循环是在一个总函数中对供货成本进行汇总时产生的［见式（4.27）］。

供货守时性偏离取决于能够在多大程度上遵守流程时间，即流程时间出现多大程度的分散，因为实际供货时间就是由流程时间组成的。分散程度其实是供货守时性的指示器（参见4.1.2小节），它通过被加权的供货时间的标准偏离来得以体现。供货时间的标准偏离又和网络企业的流程时间的被加权分散以及网络企业的被加权的平均流程时间长短相关［见式（4.7）］。单个网络企业则可以通过去除较短的流程时间，来降低发生守时性偏离的风险。对于流程时间的掌控不仅可以实现较短的计划平均供货时间，还可以实现较短的被加权的平均供货时间，以及较低的供货守时性偏离（较高的供货质量，参见4.1.1小节）。

如果网络对有问题的供货质量加以惩罚，那么短暂且分散的流程时间就会对供货成本产生正面影响，延迟太长时间的订单则会导致最终实际价格降低。除此之外，延迟供货让客户产生的反应还会给企业带来连带的利润损失，例如回购率的影响、对声誉的影响或者受到合约规定的惩罚。我们在此并没有考虑延迟供货对网络造成的扩散效应，或者因为缺额供货造成的整个网络的利润下降，因为应用—沟通不会允许造成这样的成本（参见3.2.2 小节）。

若我们依照数学定义的相对于计划平均供货时间发生的标准偏离正常地均匀分散，那么延迟的订单会积累起来，使造成整个网络的供货时间标准偏离的平均值增大。供货时间方面的偏差会造成价格下降，这种价格下降会依照供货调节功能进行，因为订单的平均价格也是通过这一功能得以体现的［（见式（4.4）］。因而，延迟交货的订单成本可以依照下式得到：

$$
\begin{aligned}
K_{\sigma_{g\cdot spät}}(\sigma_{g\cdot N}) &= \frac{1}{2}\cdot \tilde{n}\cdot \{PR_d(LZ_g) - PR_d[LZ_g + \sigma_{g\cdot N}(LZ_g]\} \\
&= \frac{1}{2}\cdot \frac{NL(LZ_g)\cdot P}{NZAU}\cdot \{PR_d(LZ_g) - PR_d[LZ_g + \sigma_{g\cdot N}(LZ_g)]\}
\end{aligned}
\tag{4.25}
$$

式中　$K_{\sigma_{g\cdot spät}}$——延迟订单的成本；

$\tilde{n}$——已完成的订单数量；

PR_d——每个订单的平均价格；

NL——订单时间内的平均网络效率；

$NZAU$——网络中的平均订单时间；

P——一个计划阶段的长度；

$\sigma_{g\cdot N}$——网络中被加权的供货时间平均偏离。

供货时间的分散也会造成一半的订单提早完成。提早完成、并且无法根据供货调节被提早交付给终端客户的产品就成为仓库中的库存。由于实际供货时间是围绕计划平均供货时间正常分配地发生分散［见式（4.21）］的，所以任何一个时刻都有一半订单处于库存状态，我们会用已完成的所有订单数量去除这一半订单的总供货成本，来对其进行评估。所以网络中被加权的供货时间平均偏离并不会对提早完成的订单的成本造成直接影响：

$$
K_{\sigma_{g\cdot früh}}(LZ_g) = \frac{1}{2}\cdot \tilde{n}\cdot \frac{LK(LZ_g)}{\tilde{n}}\cdot lz = \frac{1}{2}\cdot LK(LZ_g)\cdot lz \tag{4.26}
$$

式中 $K_{\sigma_{g} \cdot früh}$——提早完成的订单的成本；

$\tilde{n}$——已完成订单的数量；

LK——网络中的总供货成本；

lz——仓储管理利率；

LZ_{g}——被加权的平均供货时间。

如果我们将上述函数［式（4.23）~式（4.26）］总结起来，就可以得到用于整个网络和整个计划阶段的供货成本函数 LK，这一函数和被加权的平均供货时间相关［见式（4.27）］。我们可以利用漏斗公式用被加权的平均供货时间来替代平均网络库存和平均网络效率两者做比得到的系数。

$$
\begin{aligned}
LK(LZ_{g}) &= K_{NL}(NL) + K_{NB}(NB) + K_{\sigma \cdot früh}(LZ_{g}) + K_{\sigma \cdot spät}(\sigma_{g \cdot N}) \\
&= PR_{d}(LZ_{g}) \cdot \frac{[NL_{\max} - NL(LZ_{g})] \cdot P}{NZAU} + \\
&\qquad \frac{1}{2} \cdot \frac{LK(LZ_{g})}{NL(LZ_{g}) \cdot P} \cdot lz \cdot NB(LZ_{g}) + \\
&\qquad \frac{1}{2} \cdot LK(LZ_{g}) \cdot lz + \frac{1}{2} \cdot \frac{NL(LZ_{g}) \cdot P}{NZAU} \cdot \\
&\qquad \{PR_{d}(LZ_{g}) - PR_{d}[LZ_{g} + \sigma_{g \cdot N}(LZ_{g})]\} \\
&= \frac{NL(LZ_{g}) \cdot P}{NZAU} \cdot \left[\frac{NL_{\max}}{NL(LZ_{g})} - 1\right] \cdot PR_{d}(LZ_{g}) + \frac{1}{2} \cdot PR_{d}(LZ_{g}) - \\
&\qquad \frac{1}{2} \cdot PR_{d}[LZ_{g} + \sigma_{g \cdot N}(LZ_{g})] + LK(LZ_{g}) \cdot \frac{lz}{2} \\
&\qquad \cdot \left(\frac{LZ_{g}}{P} + 1\right) \\
&\Rightarrow LK(LZ_{g}) \cdot \left[1 - \frac{lz}{2} \cdot \left(\frac{LZ_{g}}{P} + 1\right)\right] \\
&= \frac{NL(LZ_{g}) \cdot P}{NZAU} \cdot \left[\frac{NL_{\max}}{NL(LZ_{g})} - \frac{1}{2}\right] \cdot PR_{d}(LZ_{g}) - \\
&\qquad \frac{1}{2} \cdot PR_{d}[LZ_{g} + \sigma_{g \cdot N}(LZ_{g})] \Rightarrow LK(LZ_{g})
\end{aligned}
$$

$$= \frac{\frac{NL(LZ_g)\cdot P}{NZAU}\cdot\left[\frac{NL_{\max}}{NL(LZ_g)}-\frac{1}{2}\right]\cdot PR_d(LZ_g)-\frac{1}{2}\cdot PR_d[LZ_g+\sigma_{g\cdot N}(LZ_g)]}{1-\frac{lz}{2}\cdot\left(\frac{LZ_g}{P}+1\right)}$$

(4.27)

式中　LK——网络中的总供货成本；

LZ_g——被加权的平均供货时间；

K_{NL}——网络中一次效率下降的成本；

K_{NB}——网络库存的成本；

$K_{\sigma\cdot spät}$—— 延迟的订单的成本；

$K_{\sigma\cdot früh}$——提早完成的订单的成本；

NL——总订单时间内的平均网络效率；

NB——总订单时间内的平均网络库存；

$\sigma_{g\cdot N}$——网络中被加权的标准偏离；

PR_d——每个订单的平均价格；

P——计划阶段的长度；

lz——仓储管理利率。

生产网络中的供货成本函数在我们的实例中具有最小值（见图 4.8）。

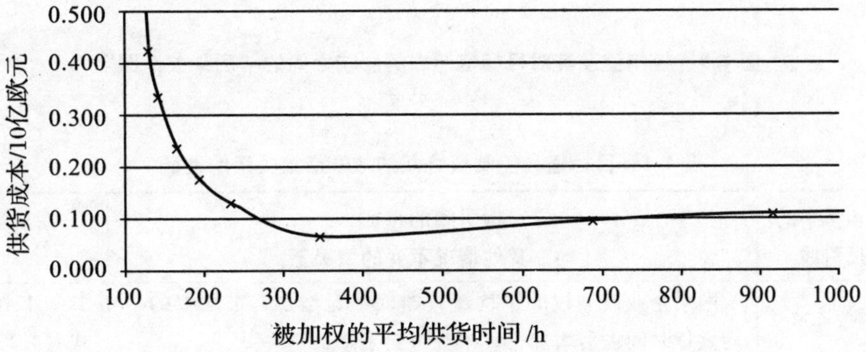

图 4.8　实例：网络中的供货成本

来源：作者。

4.1.4 有关通用数据库的总结

伴随供货成本函数的建立，所有关于已介绍过的因果关系的目标值（见作为总结的图4.9）都以数学函数关系与可操作的控制值联系起来（见表4.1）。如果说目标之间的互补性还比较容易把握的话，那么相互竞争的目标因素之间的冲突则显然不易得到解决。对于相互竞争的目标，它们的实现率具有交互关系。

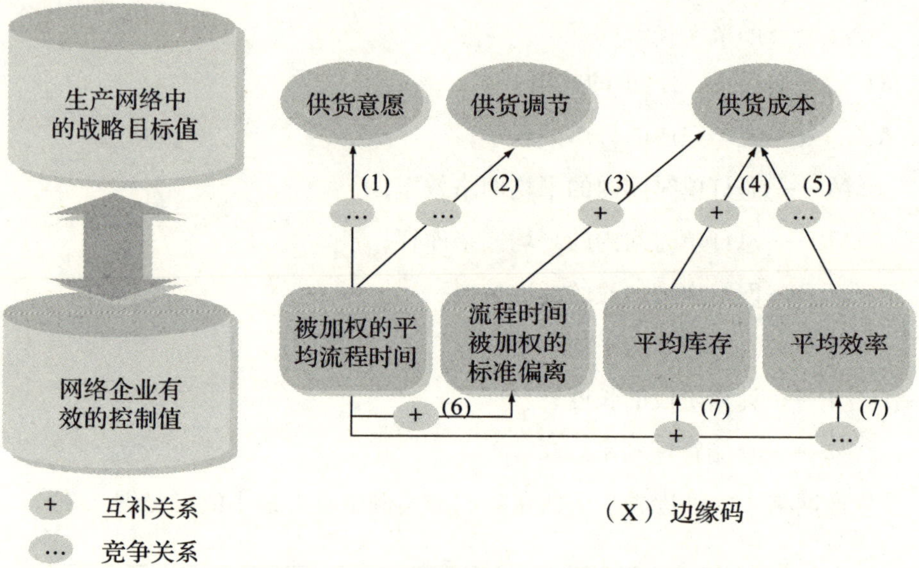

图4.9 控制值及其对目标值造成的影响之间的“因果关系图”

来源：作者。

表4.1 目标值和控制值之间的数学函数关系的特征

图4.9中的指引线	指引线的特征（均在其他情况不变的情况下）	公式
(1)	网络企业被加权的平均流程时间一旦增加，被加权的平均供货时间也会增加，订单数量会下降	式（4.16） 式（4.17）
(2)	网络企业被加权的平均流程时间一旦增加，被加权的平均供货时间也会增加，每个订单的平均价格会降低	式（4.16） 式（4.18）
(3)	网络企业被加权的流程时间的标准偏离一旦增加，供货成本就会随着延迟订单的成本一起增加	式（4.25） 式（4.21）

（续）

图 4.9 中的指引线	指引线的特征参见（均在其他情况不变的情况下）	公式
(4)	网络企业的平均库存一旦增加，供货成本就会随着网络库存的成本一起增加	式（4.24） 式（4.19）
(5)	网络企业中的平均效率一旦增加，并且这一效率能够得以销售，供货成本将会降低	式（4.23） 式（4.19）
(6)	网络企业被加权的平均流程时间一旦增加，网络企业被加权的流程时间的标准偏离也会增加	式（4.7）
(7)	网络企业被加权的平均流程时间一旦增加，平均库存也会增加，或者这个企业的平均效率下降	式（2.2）

来源：作者。

通过由上至下法中的战略观点，我们得出了目标值。这些由供货意愿函数和供货调节函数组成的目标值会以供货灵活性函数的形式进入通用数据库中。两个函数都以被加权的平均供货时间这一独立变量为基础，并由终端客户来决定。但是供货成本却无法一开始就在全网范围内被计算出来，因为供货成本不是由终端客户，而是由网络企业的内部情况决定的。

借助由上至下法以及 BOA 理念，我们可以在通用数据库中采用被清晰定义为可执行性控制值的，针对流程时间、供货守时性、库存和产能负荷的时间参数，生产特征曲线对这些参数进行描述。Wiedahl 认为，特征曲线清晰表明了：

> “……通过特殊的方式，可以在负荷和流程时间之间的所谓困境中不再进行非此即彼的抉择，而同样可以实现经济上的最优化。”

但是应用—沟通中的优化与 Wiendahl 提出的用于供货灵活性的战略行为有所不同。在应用—沟通中我们会用到前面介绍过的目标值与控制值之间的数学函数关系。在第 5 章介绍的实例中，我们通过工业 4.0 框架中的可追溯性来获取目标值和控制值。而在几年前，有关供货意愿、供货调节和供货成本的实时反馈都是不现实的，在十几年前甚至是无法想象的。

借助数学函数对目标值和控制值之间的因果关系进行描述，我们可以对生产流程进行以目标为导向的优化，采用的方法即是制订与目标相符的控制值，从而保证既定目标的实现。为此必须满足的前提条件是，有关流程时间、库存和效率的数据能够实时自动得以计算，从而产生一个可靠的通用数据库。正如物流效率被确定为供货灵活性和供货成本之间的有效关系一样，它在具体情况中首先取决于终端客户制订的供货意愿函数和供货调节函数。

表4.2总结了表3.6中提出的有关数据库的生成和内容方面要求的实现情况。

表4.2　对通用数据库提出的要求的实现情况

数据生成的方法	内容方面的要求	实现方式
通过由上至下法来实现经济性这一要求	用较少的目标值来确定战略定位	供货意愿函数供货调节函数供货成本函数
通过由下至上法来实现明确性和可比性这两个要求	以过程模型为基础为战略型生产网络提供恰当的、可量化的、均匀的控制值	订单时间、流程时间、流程时间等级、库存、库存等级、效率、产能负荷等级、标准偏离和守时性等级
对通用数据库中所用方法的总结，以满足灵活性的要求	可以自由聚合的，或者具有数学函数关系的目标值和控制值组成的体系	生产特征曲线和目标值与控制值之间公式化的关系

来源：作者。

4.2　应用—沟通

在本章中，我们将介绍以数据库为铺垫，各个网络企业之间建立起来的沟通。价格是能够使市场机制正常发挥作用的中心谈判变量。作为供货灵活性基础的被加权的平均供货时间则是附加谈判变量。依据企业内部情况得到的供货成本被视为状态变量，它需要利用应用—沟通来得以确定。在这一过程中，我们必须使供货灵活性和供货成本之间的关系能为网络提供一个物流高效的解决方案。

对于上述谈判变量，我们要求中心企业在生产流程计划中就必须得出供货意愿函数和供货调节函数，并且将这些函数在企业之间确定下来（参见 4.2.1 小节）。在生产需求变化和控制中需要确定供货守时性偏离对应的价格变化（参见 4.2.2 小节）。网络在确定价格变化时必须注意，要通过有效的成果分配方案促成战略目标的实现。

4.2.1　生产流程计划

正如 3.4.2 小节中介绍的那样，生产流程计划的成果需要被写入网络合约。在生产流程计划中，计划期限通常被设定为一年。在我们采用的应用一沟通中，正向计划和逆向计划将被结合起来得以完成（见图 4.10）。

网络的特征在于，并不以仅实现每个企业的利益最大化为目标，而是站在网络整体的角度，力图通过有效的物流定位实现网络整体利益最大化。因此，利用供货意愿函数、供货调节函数以及每个企业自己定义的成本函数，我们可以在生产流程计划中得到整体最优值。

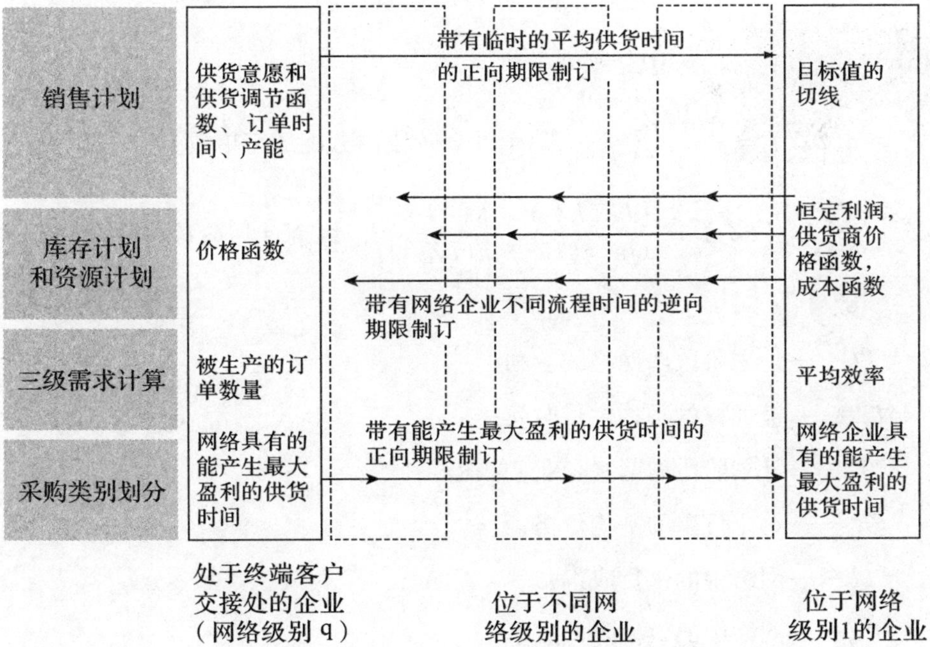

图 4.10　进行方式：如何测算生产网络中带来最大收益的供货时间

来源：作者。

为了得到用于描述不同供货时间对应的网络盈利的盈利函数［见式（4.28）］，我们需要将中心企业每个订单的平均价格、订单数量以及网络的供货成本结合起来加以应用，而订单的平均价格、订单数量和网络的供货成本都与被加权的平均供货时间相关。当已完成的订单数量和被分配的订单数量之间满足一致性条件［见式（4.22）］时，被称为效率减少成本的那部分供货成本已经作为减少的销售额被包含在盈利函数描述销售额的那部分中。待定义的网络企业每个订单的平均成本并不包括网络中涉及的物料，因为这部分成本已经被包含在网络企业先前阶段的成本函数中。

$$
\begin{aligned}
G(LZ_g) &= \sum_{j=1}^{m} G_j(LZ_g) = 销售额(LZ_g) - 成本(LZ_g) \\
&= PR_d(LZ_g)\cdot\min\{n(LZ_g),\tilde{n}(LZ_g)\} - [LK(LZ_g) - K_{NL}(NL)] \\
&= PR_d(LZ_g)\cdot\min\{n(LZ_g),\tilde{n}(LZ_g)\} - \sum_{j=1}^{m} K_{d\cdot j}(LZ_g)\cdot\min\{n(LZ_g),\tilde{n}(LZ_g)\}
\end{aligned}
\tag{4.28}
$$

式中 $n(LZ_g) = n_0 \cdot Mk_{LB}{}^{-a_{LB}\frac{LZ_g}{LZ_{g\cdot K}}}$

$\tilde{n}(LZ_g) = \dfrac{NL(LZ_g)\cdot P}{NZAU}$，每个计划阶段内分配的订单数量；

$\sum_{j=1}^{m} K_{d\cdot j}(LZ_g) = \dfrac{[LK(LZ_g) - K(NL)]}{\min\{n(LZ_g),\tilde{n}(LZ_g)\}}$，每个计划阶段内完成的订单数量；

G——计划阶段内网络的盈利；

LZ_g——被加权的平均供货时间；

G_j——计划阶段内网络企业 j 的盈利；

PR_d——每个订单的平均价格；

LK——网络中的供货成本；

K_{NL}——网络中的效率降低成本；

$K_{d\cdot j}$——网络企业 j 每个订单的平均成本（不包括网络涉及物料的成本）；

m——在计划阶段内参与订单的网络企业数量；

NL——订单时间内的平均网络效率；

P——计划阶段的长度；

$NZAU$——网络中的平均订单时间；

n_0——当 $LZ_g=0$ 时，计划阶段内订单的数量；

Mk_{LB}——当 $Mk_{LB}\geqslant 1$ 时，供货意愿的市场常量；

$LZ_{g\cdot K}$——竞争对手被加权的供货时间；

a_{LB}——供货意愿的比例因素。

在图 4.11 中，我们对销售额函数、成本函数和盈利函数进行了介绍。当盈利达到最大时，就得到了网络的整体最优值。

当供货时间能够使网络获得最大盈利时，网络的体系状态面对变化提高盈利的可能性 G' 几乎为零，而且盈利函数的二阶导数 G'' 为负［见式（4.29）］。

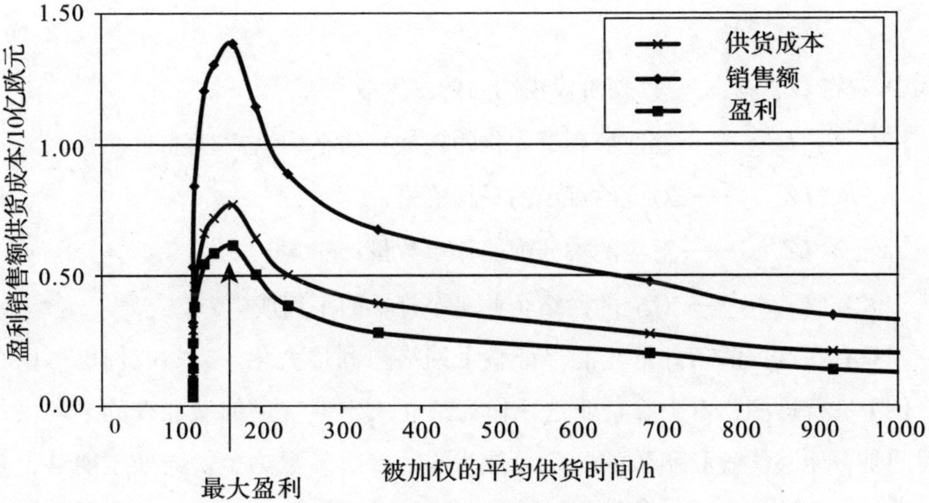

图 4.11　有关生产网络整体最优值的图表性描述

来源：作者。

盈利函数获得最大值需要满足的条件：

$$G'(LZ_g{}^*)=\frac{\delta G(LZ_g{}^*)}{\delta LZ_g}$$

$$=\left[\frac{\delta PR_d(LZ_g{}^*)}{\delta LZ_g}-\frac{\delta\sum_{j=1}^{m}K_{d\cdot j}(LZ_g{}^*)}{\delta LZ_g}\right]\cdot n(LZ_g{}^*)+$$

$$\left[PR_d(LZ_g{}^*)-\sum_{j=1}^{m}K_{d\cdot j}(LZ_g{}^*)\right]\cdot\frac{\delta n(LZ_g{}^*)}{\delta LZ_g}=0$$

$$G''(LZ_g{}^*)=\frac{\delta^2 G(LZ_g{}^*)}{\delta LZ_g{}^2}=\left[\frac{\delta^2 PR_d(LZ_g{}^*)}{\delta LZ_g{}^2}-\frac{\delta^2\sum_{j=1}^{m}K_{d\cdot j}(LZ_g{}^*)}{\delta LZ_g{}^2}\right]\cdot n(LZ_g{}^*)+$$

$$2\cdot\left[\frac{\delta PR_d(LZ_g{}^*)}{\delta LZ_g}-\frac{\delta\sum_{j=1}^{m}K_{d\cdot j}(LZ_g{}^*)}{\delta LZ_g}\right]\cdot\frac{\delta n(LZ_g{}^*)}{\delta LZ_g}+$$

$$\left[PR_d(LZ_g{}^*)-\sum_{j=1}^{m}K_{d\cdot j}(LZ_g{}^*)\right]\cdot\frac{\delta^2 n(LZ_g{}^*)}{\delta LZ_g{}^2}<0 \tag{4.29}$$

式中 $G'(LZ_g{}^*)$——计划阶段内网络的最大盈利；

$LZ_g{}^*$——能使盈利最大化的被加权的平均供货时间；

$PR_d(LZ_g{}^*)$——对应的订单的平均价格；

$n(LZ_g{}^*)$——对应的被分配的订单数量；

$K_{d\cdot j}(LZ_g{}^*)$——对应的网络企业每个订单的平均成本。

只有在这样的条件下才能保证整个网络盈利最大化。当然我们也可以在个例中进行检测，看中心企业选择作为独立决定性变量的被加权的平均供货时间是否能够使盈利函数的一阶导数为零、二阶导数为负。当处于能够带来最大盈利的被加权的平均供货时间时，如果对价格值和成本值提出的特殊要求能够同时得以满足，那么也就实现了网络最大盈利的第二个条件［见式（4.30)］：

1. 每个订单的平均终端客户价格必须高于单个网络企业中每个订单的平均成本。

2. 每个订单的平均成本必须比供货调节函数下降得更快。

3. 不论是供货调节函数还是供货意愿函数，在实现最大盈利的被加权的平均供货时间的关键区域中必须呈现逐渐递减的趋势。

4. 网络中每个订单的平均最高价格必须比网络企业单个订单的平均最高成本下降得更快。

5. 所有订单都必须遵循一致性原则［见式（4.28）和式（4.22）］，并且是在已经满足 $n(LZ_g)<0$（参见4.1.1小节）的情况下。

$$
\left.\begin{array}{l}
PR_d(LZ_g{}^*) > \sum_{j=1}^{m} K_{d\cdot j}(LZ_g{}^*) > 0 \quad \Rightarrow G''(LZ_g{}^*) < 0 \\
\dfrac{\delta PR_d(LZ_g{}^*)}{\delta LZ_g} > \dfrac{\delta \sum_{j=1}^{m} K_{d\cdot j}(LZ_g{}^*)}{\delta LZ_g} \\
\dfrac{\delta^2 PR_d(LZ_g{}^*)}{\delta LZ_g{}^2} < 0, \dfrac{\delta^2 n(LZ_g{}^*)}{\delta LZ_g{}^2} < 0 \\
\dfrac{\delta^2 PR_d(LZ_g{}^*)}{\delta LZ_g{}^2} < \dfrac{\delta^2 \sum_{j=1}^{m} K_{d\cdot j}(LZ_g{}^*)}{\delta LZ_g{}^2} \\
n(LZ_g{}^*) = \dfrac{NL(LZ_g{}^*)\cdot P}{NZAU} = n_0 \cdot Mk_{LB}{}^{-a_{LB}\frac{LZ*_g}{LZ_{g\cdot K}}} \Rightarrow \dfrac{\delta n(LZ_g{}^*)}{\delta LZ_g} < 0
\end{array}\right\} \Rightarrow G'(LZ_g{}^*) < 0 \tag{4.30}
$$

式中　$G(LZ_g{}^*)$——计划阶段内网络的最大盈利；

$LZ_g{}^*$——能使盈利最大化的被加权的平均供货时间；

$PR_d(LZ_g{}^*)$——对应的订单的平均价格；

$n(LZ_g{}^*)$——对应的订单数量；

$K_{d\cdot j}(LZ_g{}^*)$——对应的网络企业每个订单的平均成本；

m——网络企业的数量；

$NL(LZ_g{}^*)$——对应的订单时间内的平均网络效率；

P——计划阶段的长度；

$NZAU$——网络中的平均订单时间；

n_0——当 $LZ_g=0$ 时，计划阶段内的订单数量；

Mk_{LB}——当 $Mk_{LB}\geqslant 1$ 时，供货意愿的市场常量；

$LZ_{g \cdot K}$——竞争对手被加权的平均供货时间；

a_{LB}——供货意愿的比例因素。

当生产流程计划中的上述5个要求得以实现，并且 $G'(LZ_g^*)=0$ 时，就可以确保整个网络的最大化收益，此时也可以形成框架环境，使得式（4.29）中的条件得以实现。为了在计划流程中实现网络优化，需要企业在网络中相互展示成本函数。但是由于信息不对称和单个网络企业的抵触，我们无法做到这一点。

基于上述状况，中心企业便可能会试图决定供应商的利润率，并部分掌握供货企业的领导权。但是理想的管理应该是一个网络，所以这样的做法并非最优的解决方案。此外，中心企业还会给供应商施加较大压力，迫使他们将很大一部分利润转让给中心企业，从而导致无法实现高效的成果分配。汽车行业便是一个很明显的例子。

如果网络成员之间不能相互交换成本函数，从而无法相互了解彼此的盈利和利润率，那么我们只有通过实现单个企业的局部收益最大化和局部认可来实现整体优化和全面认可。

在销售计划中，由于我们会考虑共同资源、多重连接，以及遍及整个网络的各个生产者之间的竞争，所以会将所有的潜在供应商和相关网络成员纳入其中，以实现单个企业中的初级需求计划。

在确定供货意愿函数和供货调节函数的具体细则时，供应商需要利用市场调查和中心企业的计算体系，并了解中心企业对于供货时间的期望，从而预估自身的销售额和成本。在现实生产中，我们是通过对生产网络中的终端客户进行询问来推算出这些函数的。

在销售计划中得以体现的目标函数并不反映整体函数进程，而是仅反映被中心企业认定为是真实的那一部分。这一部分的目标在于将企业自身被加权的平均供货时间与对手进行对比，并确定研发阶段中被加权的平均供货时间的真实水平。

被加权的平均供货时间的真实水平由中心企业在网络金字塔结构中的产能限制（参见 2.2.4 小节）和网络企业的订单时间总数来共同决定，从而确保供货意愿函数和供货调节函数的二阶导数在被选取的部分中为负［见式（4.29）］。

供货意愿函数被节选的部分在图 4.12 中显示出的进程非常接近一条直线，所以函数进程在这里就被简化为直线的形式，这条直线也构成了供货意愿函数被节选部分中某一点上的切线。这一点的位置可以通过竞争对手被加权的平均供货时间或者以往的经验值来确定。在图 4.12 所示的实例中，我们展示了在图 4.2 中被节选的部分，它的平均供货时间是 0～1000h，件数则是 4000～10000。作为范例，我们还假定网络将供应 8000 件货品、平均需要 200h 作为战略目标。在我们描述的节选部分中，用直线来反映的偏离不超过 1%。只有在平均供货时间大于 5000h 的区间范围内，偏离才会超过 5%。这条切向直线的恒定倾斜角度在图 4. 12 中被体现为 Δn（单位是 1/h）。

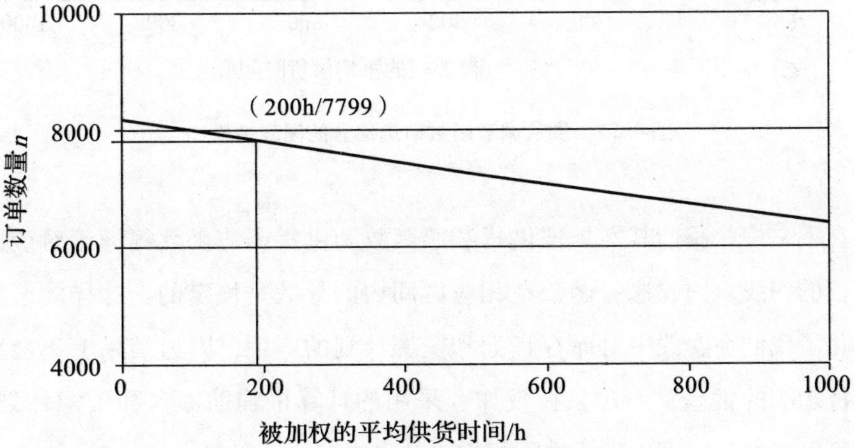

图 4.12　供货意愿函数节选部分的图表性描述

来源：作者。

与供货意愿函数一样，供货调节函数也是被选取一段来得以呈现的（见图 4.13）。这里依然满足了式（4.30）中提出的要求，从而保证了节选部分的二阶导数为负。

供货调节函数的进程在被呈现出来的部分中（见图4.13）通过经过一点的斜向切线被模拟出来，这一点反映的正是当被加权的平均供货时间 $LZ_g=200\ \mathrm{h}$ 时，每个订单的平均价格。利用这一直线而不是真正的函数，可以使平均供货时间为300h时发生的偏离造成的错误大于1%，平均供货时间为6000h时发生的偏离造成的错误大于20%。这条切向直线的恒定倾斜角度在下文中被称为 ΔPR_d（单位是欧元/h）。

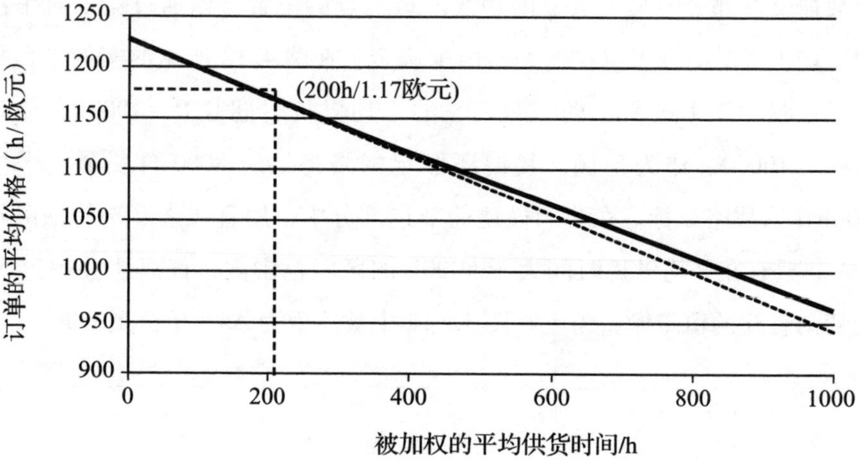

图4.13　供货调节函数节选部分的图表性描述

来源：作者。

在下文中，我们其实是把供货意愿函数和供货调节函数等同于对应区域内它们的切线，因此这一函数在相应区间内的导数是恒定的。这样的假定大大简化了我们在实践中对库存计划和资源计划的应用，因为结果上不会出现有经济影响的偏差。不过，在现如今采用的计算机辅助库存和资源计划中，我们可以通过对以下方程式进行相应改动来取消这一假定。

为了确定目标函数的真实区间，我们需要测算单个网络企业的平均订单时间。进行这一计算的基础便是我们通常在二级需求计划中会用到的网络的产品清单表。我们得到清单表的方法是，让供应商来确定所有订单变量的订单时间（加工和安装时间），并以 q 连续传递给网络层面 $q+1$ 的方式传递给

所有网络层面 $q=1$，…，Q。其中 Q 是中心企业所在层面，在网络的金字塔结构中，这一层面只有它一家企业。

为了计算出网络中的平均订单时间，我们还需要确定临时的生产计划，这个生产计划会由中心企业传达给所有有可能进入网络的企业。另外，这一生产计划所依据的订单数量，正是供货意愿函数的切线经过该函数时交点处对应的订单值（在图4.12中即 $LZ_g=200$ h 处）。

利用这一生产计划我们可以确定有可能进入网络的单个企业的平均订单时间，中心企业还会将这一订单时间汇总为网络的平均订单时间。通过传递（平均）订单时间和潜在网络企业的可支配产能，我们为网络中的通用数据库的建立创造了前提条件。

各个网络企业在相同产出 v 时对应的不同的平均订单时间通过产能加权可以得到针对这一产出的平均值。本来这一订单时间必须根据它在产出中所占比重来得以加权，但我们这里无法实现这一做法，因为这一比重本身就还待定，因此只能依据临时的生产计划比较接近地算出生产网络中的平均订单时间，即

$$NZAU = \sum_{v=1}^{V} MZAU_v = \sum_{v=1}^{V}\sum_{j=1}^{j_v}\left(MZAU_{v\cdot j}\cdot\frac{ML_{\max\cdot v\cdot j}}{\sum_{j=1}^{J_v} ML_{\max\cdot v\cdot j}}\right) \tag{4.31}$$

式中 $NZAU$——网络中的平均订单时间；

$MZAU_{v\cdot j}$——创造产出 v 的企业 j 的平均订单时间；

$ML_{\max\cdot v\cdot j}$——创造产出 v 的企业 j 的可支配产能；

v——生产流程计划包含的效率数量；

j_v——创造产出 v 的企业 j 的数量。

利用潜在供应商就网络层面 q-1 中同一预产出 v 需要的不同平均订单时间，处于网络层面 q 的生产商可以对不同的生产技术进行对比。非常典型的例子便是，供应商为小订单投入更多的订单时间，在此过程中还因为使用了过时的技术而导致更高的安装成本和安装时间。对于较大的订单，供应商反而会采用较少的技术和大量的人员，从而导致较长的加工时间和订单时间。

我们要为客户订单提供网络企业的平均订单时间，单个企业的订单能够形成怎样的批量规模也会在平均订单时间中得以体现。因为这些订单时间是各家企业相互独立计算得出的，所以批量规模并没有在全网的生产路程计划中做到最佳。

供货意愿函数和供货调节函数都是由中心企业在销售计划中得以确定的，并被传达给所有（潜在的）网络企业，但是每个订单的平均成本却有所不同，它是在企业内部的库存计划和资源计划中得以确定的，从而保证可以让网络企业独自来完成盈利计算。库存计划和资源计划虽然是在单个企业中分别进行的，但这一计算过程需要考虑中心企业制订的战略目标函数。

在库存计划和资源计划中，位于网络层面 q 的生产商将用到的函数包括在销售计划中被确定的供货调节函数 $PR_{d \cdot j}$（$LZ_{g \cdot j}$），在网络层面 q-1 中通过生产流程计划得到的供应商的价格函数 $PR_{d \cdot j \cdot q-1}$，企业内部待计算的订单成本函数 $K_{d \cdot j}$，此外还会用到可以计算得出的订单数量。生产商借助这些函数和信息，并结合网络企业被加权的平均供货时间可以得到盈利函数 G_j［见式（4.32)］。需要由生产流程计划在网络层面 q-1 上加以规定的供应商的价格函数其实就是需要被不断向上传递的计划值，借助这一计划值，下一层面的计划才能得以确定。在式（4.32）中，我们总结了网络企业的盈利函数和价格函数：

$$G_j(LZ_{g \cdot j}) = [PR_{d \cdot j}(LZ_{g \cdot j}) \cdot - K_{d \cdot j}(LZ_{g \cdot j}) - PR_{d \cdot q-1 \cdot j}(LZ_{g \cdot j})] \cdot \tilde{n}_j(LZ_{g \cdot j})$$

$$\Rightarrow PR_{d \cdot j}(LZ_{g \cdot j}) = \frac{G_j(LZ_{g \cdot j})}{n_j(LZ_{g \cdot j})} + K_{d \cdot j}(LZ_{g \cdot j}) + PR_{d \cdot q-1 \cdot j}(LZ_{g \cdot j}) \tag{4.32}$$

式中　$LZ_{g \cdot j}$——$MZ_{g \cdot j} + LZ_{g \cdot q-1 \cdot j}$ = 网络企业 j 被加权的平均供货时间；

$MZ_{g \cdot j}$——网络企业 j 被加权的平均流程时间；

$LZ_{g \cdot q-1 \cdot j}$——在 q-1 层面上供应商被加权的平均供货时间；

$G_j(LZ_{g \cdot j})$——网络企业 j 的盈利；

$PR_{d \cdot j}(LZ_{g \cdot j})$——网络企业 j 每个订单的平均价格；

$K_{d \cdot j}(LZ_{g \cdot j})$——网络企业$j$每个订单的平均成本；

$PR_{d \cdot q-1 \cdot j}$——在q-1层面上供应商每个订单的平均价格；

$\tilde{n}_j(LZ_{g \cdot j})$——网络企业$j$产出订单的数量；

q——网络企业j所处的网络层面。

供应商的价格函数是被加权的平均函数，只有借助这一函数才可以得到生产商j要求的订单数量。企业j以这样的方式来看待位于自身之前网络层面的所有供应商之间的总体关系，而并非其与某个供应商之间的关系，这些供应商的价格就相应的平均供货时间而言都已经最低了，并且其订单数量也符合生产商的要求。

为了正确地将单个价格放到汇总的价格函数中，我们会用供应商的平均订单时间来对其每个订单时间单位的价格进行加权。供应商的价格函数首先是结合被加权的平均供货时间得以确定的。因为这一时间不受企业j的平均流程时间的影响，所以$PR_{d \cdot q-1 \cdot j}(LZ_{g \cdot q-1 \cdot j})PR_{d \cdot q-1 \cdot j}(LZ_{g \cdot j})$ 在这里适用。

所以在企业j之前的网络层面q-1上产生了针对企业j的如下供应商—价格函数：

$$\begin{aligned} PR_{d \cdot q-1 \cdot j}(LZ_{g \cdot j}) &= PR_{d \cdot q-1 \cdot j}(LZ_{g \cdot q-1 \cdot j}) \\ &= MZAU_{q-1 \cdot j} \cdot \sum_{h=1}^{H} \frac{PRA_h(LZ_{g \cdot q-1 \cdot j}) \cdot MZAU_h}{\sum_{h=1}^{H} MZAU_h} \end{aligned} \tag{4.33}$$

式中 $PR_{d \cdot q-1 \cdot j}$——位于q-1这一网络层面上的供应商向网络企业j提出的平均价格；

$MZAU_{q-1 \cdot j}$——位于q-1这一网络层面上的供应商向网络企业j提出的平均订单时间；

$MZAU_h$——供应商h的平均订单时间；

$LZ_{g \cdot q-1 \cdot j} = LZ_{g \cdot q \cdot j} - MZ_{g \cdot j}$

——网络企业j的供应商的被加权的平均供货时间；

$LZ_{g \cdot q \cdot j}$——网络企业j被加权的平均供货时间；

$MZ_{g \cdot j}$——网络企业j被加权的平均流程时间；

PRA_h——供应商 h 每个订单时间单位的价格；

H——位于 q-1 这一网络层面上的网络企业 j 涉及的供应商数量；

PRA_h （$LZ_{g \cdot q-1 \cdot j}$） $< PRA_g$ （$LZ_{g \cdot q-1 \cdot j}$）

——对于所有没被纳入价格函数的供应商 g。

通过供应商——价格函数，我们可以得出对于每个假定的平均价格都能得出每个订单时间单位的供应商价格的平均值。但是因为只有一个共同的价格函数，因此所有采用这一函数的供应商都有可能出现偏差。

在库存计划和资源计划中待计算的每个订单的平均成本可以通过四个 PPS 参数和控制值来得以确定，即被加权的平均流程时间、被加权的流程时间的标准偏离、平均库存和平均效率。如 4.1.3 小节中所述，这些数值也决定了规定产能和规定库存的成本。在这里，我们参照供货成本函数制订了每个订单原始的成本函数，但其中并未包括效率降低造成的成本，因为在单个企业的盈利函数中，这一成本已经通过销售额的减少得以体现［见式（4.28）］。

从而得到网络企业中的订单成本函数：

$$K_{d \cdot j}(LZ_{g \cdot j}) = K_{MB \cdot d \cdot j}(MB_j) + K_{\sigma \cdot früh \cdot d \cdot j}(LZ_{g \cdot j}) + K_{\sigma \cdot spät \cdot d \cdot j}(\sigma_{g \cdot j}) \quad (4.34)$$

式中 $K_{d \cdot j}$——网络企业 j 每个订单的平均成本，不包括网络涉及物料的成本；

$LZ_{g \cdot j}$——$MZ_{g \cdot j} + LZ_{g \cdot q-1 \cdot j}$ = 网络企业 j 被加权的平均供货时间；

$LZ_{g \cdot q-1 \cdot j}$——网络企业 j 的供应商被加权的平均供货时间；

$MZ_{g \cdot j}$——网络企业 j 被加权的平均流程时间；

$K_{MB \cdot d \cdot j}$——网络企业 j 平均库存的成本；

MB_j——网络企业 j 的平均库存；

$K_{\sigma \cdot früh \cdot d \cdot j}$——网络企业 j 早到订单的成本；

$\sigma_{g \cdot j}$——网络企业 j 被加权的供货时间的标准偏离；

$K_{\sigma \cdot spät \cdot d \cdot j}$——网络企业 j 迟到订单的成本。

由被加权的平均流程时间增加而引起的网络企业 j 平均库存的增加也会造

成相应成本，因为上述状况导致无法利用库存中所含价值进行再投资，并且还会导致其他可变的仓储管理成本［见网络库存成本公式式（4.24）］。由此还产生了仓储管理利率这一数值。如果我们假设库存在整个生产过程中均匀地得以分配，那么就可以用每个订单自身平均成本的一半和整体平均购买价格来对一个库存单位进行估值［（见式（4.35）和式（4.24）］，从而得到网络企业每个订单的平均库存成本：

$$K_{MB\cdot d\cdot j}(MB_j) = \frac{\left[\frac{K_{d\cdot j}(LZ_{g\cdot j})}{2} + PR_{d\cdot q-1\cdot j}(LZ_{g\cdot j})\right]}{ML_j(LZ_{g\cdot j})\cdot P}\cdot lz\cdot MB_j(LZ_{g\cdot j})$$

$$= \left[\frac{K_{d\cdot j}(LZ_{g\cdot j})}{2} + PR_{d\cdot q-1\cdot j}(LZ_{g\cdot j})\right]\cdot lz\cdot\frac{MZ_{g\cdot j}(LZ_{g\cdot j})}{P} \tag{4.35}$$

式中 $K_{MB\cdot d\cdot j}$——企业 j 中每个订单平均库存的平均成本；

$K_{d\cdot j}$——网络企业 j 每个订单的自身平均总成本；

MB_j——网络企业 j 在订单时间中的平均库存；

lz——仓储管理利率；

ML_j——网络企业 j 在订单时间中的平均效率；

$PR_{d\cdot q-1\cdot j}$——网络企业 j 的供应商就每个订单提出的平均价格；

$MZ_{g\cdot j}$——网络企业 j 被加权的平均流程时间；

P——计划阶段的长短。

我们应该从整个网络的角度来看待库存成本，因为尤其是在企业间的交接处存在巨大的降低库存的可能性。之所以会存在这样的缓冲区域，大多因为生产商希望通过提高终端仓储中的库存来实现被要求的供货服务。如果这些库存的成本超出了额外销售额，那么生产商便为网络的供货服务付出了过高的代价。

在库存成本中，我们还需要考虑早到订单造成的平均成本［见供货成本 LK 公式式（4.26）］。这些无法通过供货调节提早得以交付的早到订单会在终端仓储中形成库存，也无法作为早到物料被交付给网络中的客户。因为从实际流程时间相对于计划的流程时间的正常偏离来看，任何一个时刻都有一半的订单处于库存状态［见式（4.36）］。由此我们可以得到网络企业中早到订单的平均库存成本：

$$K_{\sigma \cdot früh \cdot d \cdot j}(LZ_{g \cdot j}) = \frac{1}{2} \cdot [K_{d \cdot j}(LZ_{g \cdot j}) + PR_{d \cdot q-1 \cdot j}(LZ_{g \cdot j})] \cdot lz \quad (4.36)$$

式中 $K_{\sigma \cdot früh \cdot d \cdot j}$——网络企业 j 中早到订单的库存成本；

$K_{d \cdot j}$——网络企业 j 每个订单的自身平均总成本；

lz——仓储管理利率；

$PR_{d \cdot q-1 \cdot j}$——网络企业 j 的供应商就每个订单提出的价格。

在不考虑客户其他反应的情况下，迟到订单会导致与供货调节函数相符的订单平均价格的下降［见供货成本 LK 公式式（4.25）］。这种给终端客户造成的延迟和价格变动自然会被归咎于对此负有责任的生产商，而且这一延迟和价格变动也和整个网络被加权的平均供货时间有关，从而会对网络企业 j 被加权的供货时间的偏离造成影响，导致一半订单的供货时间被延长。基于供货调节函数，这一供货时间的延长会导致相应的价格降低。在这里，我们简单使用了 ΔPR_d 这一概念，而并非式（4.25）中的 $PR_d(LZ_g) - PR_d[LZ_g + \sigma_{g \cdot j}(LZ_g)]$。$\sigma_{g \cdot j}$ 与网络企业 j 被加权的平均供货时间相关，因为延迟成本在之前的网络层面上是由供应商来承担的，所以我们得到如下的网络企业迟到订单的平均成本：

$$K_{\sigma \cdot spät \cdot d \cdot j}(\sigma_{g \cdot j}) = \frac{1}{2} \cdot \sigma_{g \cdot j}(MZ_{g \cdot j}) \cdot (-\Delta PR_d) \quad (4.37)$$

式中 $K_{\sigma \cdot spät \cdot d \cdot j}$——网络企业 j 迟到订单的平均成本；

$\sigma_{g \cdot j}$——网络企业 j 被加权的供货时间的标准偏离；

ΔPR_d——相关区域内的供货调节引起的价格变化。

与普通生产计划和生产控制一样，网络生产计划和生产控制也需要确保交付时间的不确定性不会在企业间的交接处进一步扩大，以此来保障被要求的供货守时性得以实现。我们可以结合式（4.37）中所描述的降价来保障上述目标的实现，这种降价以供货调节函数为依据，因为这一函数描述了订单在特定时刻在终端客户处的价格。根据这一函数，未按规定时间交付的订单需要被降价处理，价格降低的数额由供货调节函数来确定。

由于不按时供货会面临网络制订的罚款，罚款数额即是终端客户提出的价格下调金额，所以每个网络企业都会尽力做到准时交付。因此其他相关成本，例如合同中规定的罚款，由于客户流失而减少的利润以及其他辐射效应等都不再计入缺额成本的计算当中，也不算作由于缺额而减少的收益。

如果我们把式（4.35）～式（4.37）中的函数总结起来，就可以得到网络企业 j 每个订单的成本函数［见成本函数 LK 公式式（4.27）］。

$$
\begin{aligned}
K_{d\cdot j}(LZ_{g\cdot j}) &= K_{MB\cdot d\cdot j}(MB_j) + K_{\sigma\cdot früh\cdot d\cdot j}(LZ_{g\cdot j}) + K_{\sigma\cdot spät\cdot d\cdot j}(\sigma_{g\cdot j}) \\
&= \left[\frac{K_{d\cdot j}(LZ_{g\cdot j})}{2} + PR_{d\cdot q-1\cdot j}(LZ_{g\cdot j})\right]\cdot lz\cdot\frac{MZ_{g\cdot j}(LZ_{g\cdot j})}{P} + \\
&\quad \frac{1}{2}\cdot\left[K_{d\cdot j}(LZ_{g\cdot j}) + PR_{d\cdot q-1\cdot j}(LZ_{g\cdot j})\right]\cdot lz + \frac{1}{2}\cdot\sigma_{g\cdot j}(MZ_{g\cdot j})\cdot \\
&\quad (-\Delta PR_d) \\
&= \frac{K_{d\cdot j}(LZ_{g\cdot j})\cdot lz\cdot MZ_{g\cdot j}(LZ_{g\cdot j})}{2\cdot P} + \\
&\quad \frac{PR_{d\cdot q-1\cdot j}(LZ_{g\cdot j})\cdot lz\cdot MZ_{g\cdot j}(LZ_{g\cdot j})\cdot 2}{2\cdot P} + \\
&\quad \frac{K_{d\cdot j}(LZ_{g\cdot j})\cdot lz + PR_{d\cdot q-1\cdot j}(LZ_{g\cdot j})\cdot lz}{2} + \frac{\sigma_{g\cdot j}(MZ_{g\cdot j})\cdot(-\Delta PR_d)}{2} \\
&\quad K_{d\cdot j}(LZ_{g\cdot j})\cdot 2 \\
&= K_{d\cdot j}(LZ_{g\cdot j})\cdot lz\cdot\left[\frac{MZ_{g\cdot j}(LZ_{g\cdot j})}{P}+1\right] + PR_{d\cdot q-1\cdot j}(LZ_{g\cdot j})\cdot lz\cdot \\
&\quad \left[2\cdot\frac{MZ_{g\cdot j}(LZ_{g\cdot j})}{P}+1\right] + \sigma_{g\cdot j}(MZ_{g\cdot j})\cdot(-\Delta PR_d)K_{d\cdot j}(LZ_{g\cdot j}) \\
&= \frac{PR_{d\cdot q-1\cdot j}(LZ_{g\cdot j})\cdot lz\cdot\left[2\cdot\frac{MZ_{g\cdot j}(LZ_{g\cdot j})}{P}+1\right] + \sigma_{g\cdot j}(MZ_{g\cdot j})\cdot(-\Delta PR_d)}{2 - lz\cdot\left[\frac{MZ_{g\cdot j}(LZ_{g\cdot j})}{P}+1\right]}
\end{aligned}
\tag{4.38}
$$

式中 $K_{d\cdot j}$——网络企业 j 每个订单的自身平均总成本；

$LZ_{g\cdot j}$——$MZ_{g\cdot j}+LZ_{g\cdot q-1\cdot j}$，网络企业 j 被加权的平均供货时间；

$LZ_{g\cdot q-1\cdot j}$——网络企业 j 的供应商被加权的平均供货时间；

$MZ_{g\cdot j}$——网络企业 j 的供应商被加权的平均流程时间；

$K_{MB\cdot d\cdot j}$——网络企业 j 的平均库存的平均成本；

$K_{\sigma\cdot früh\cdot d\cdot j}$——网络企业 j 早到订单的平均成本；

$K_{\sigma\cdot spät\cdot d\cdot j}$——网络企业 j 迟到订单的平均成本；

lz——仓储管理利率；

$PR_{d\cdot q-1\cdot j}$——网络企业 j 的供应商就每个订单提出的平均价格；

$\sigma_{g\cdot j}$——网络企业 j 被加权的供货时间的标准偏离；

ΔPR_d—— 相关区域内的供货调节引起的价格变化。

在图4.14所示的实例中，成本函数体现出类似于一条直线的进程。

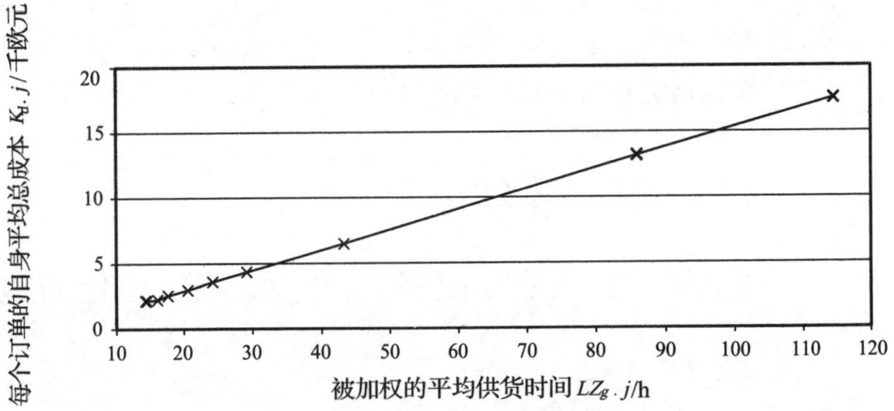

图4.14 网络企业中每个订单的自身成本函数

来源：作者。

对于网络企业 j 被加权的平均流程时间，在相应给定的平均订单时间中只有一个可被完成的订单数量，这一数量是由与被加权的平均流程时间相关的平均效率［见式（4.15）］来决定的。

$$\tilde{n}_j(MZ_{g\cdot j}) = \frac{ML_j(MZ_{g\cdot j})\cdot P}{MZAU_j} \tag{4.39}$$

式中　$\tilde{n}_j\ (MZ_{g\cdot j})$ ——网络企业 j 在计划阶段 P 内完成的订单数量；

$MZAU_j$——网络企业 j 的平均订单时间；

ML_j——网络企业 j 的平均效率；

$MZ_{g\cdot j}$——网络企业 j 被加权的平均流程时间；

P——计划阶段的长度。

为了能够实现式（4.30）描述的最佳系统状态，必须借助订货成本函数对 Wiedahl 提出的有关单个企业最佳系统状态的算法加以调整，以使整个网络以及所有网络企业的盈利最大化，或者至少保持不变。

为此必须制订行为准则，即所有网络层面上的所有网络企业在选择每个订单的平均价格时，必须要让这一价格体现出每个订单的自身平均成本、供应商就每个订单提出的平均价格，即物料成本，以及由已完成的订单数量均分的恒定收益增长。据此，我们得出网络企业中的价格函数如下：

$$PR_{d\cdot q\cdot j}(LZ_{g\cdot j}) = K_{d\cdot j}(LZ_{g\cdot j}) + PR_{d\cdot q-1\cdot j}(LZ_{g\cdot j}) + \frac{G_j}{\tilde{n}_j(MZ_{g\cdot j})} \tag{4.40}$$

式中　G_j——网络企业 j 的恒定收益；

$LZ_{g\cdot j}$——网络企业 j 被加权的平均供货时间；

$PR_{d\cdot q\cdot j}\ (LZ_{g\cdot j})$——位于网络层面 q 的网络企业 j 每个订单的平均价格；

$PR_{d\cdot q-1\cdot j}\ (LZ_{g\cdot j})$——网络企业 j 的供应商对每个订单提出的平均价格；

$K_{d\cdot j}\ (LZ_{g\cdot j})$——网络企业 j 每个订单的平均成本；

$\tilde{n}_j\ (MZ_{g\cdot j})$——网络企业 j 计划阶段内完成的订单数量；

q——网络企业所在的网络层面。

如要确保单个企业的恒定收益和整个网络的盈利最大化，就必须要求处于网络层面 q 的每个网络企业 j 如式（4.40）要求的那样选择价格函数，以使供货时间对应的盈利保持不变。在考虑自身成本函数的情况下，只有位于最后一级网络层面 Q 的中心企业会力图在尽可能短的供货时间内获得较高的订单数量，并且通过供货调节函数获得一个较高的价格，从而使其盈利最大化。

1. 当 $q < Q$ 且 $j < m$ 时，均有

$$G_{q\cdot j}(LZ_{g\cdot q\cdot j}) = \overline{G_{q\cdot j}}$$

$$\Rightarrow G'_{q\cdot j}(LZ_g{}^*) = \frac{\delta G_{q\cdot j}(LZ_g{}^*)}{\delta LZ_g}$$

$$= 0 \wedge G''_{q\cdot j}(LZ_g{}^*) = \frac{\delta^2 G_{q\cdot j}(LZ_g{}^*)}{\delta LZ_g{}^2} = 0$$

2. 对于位于网络层面 Q 的中心企业，有

$$G'_{Q\cdot m}(LZ_g{}^*) = \frac{\delta G_{Q\cdot m}(LZ_g{}^*)}{\delta LZ_g} = 0 \wedge G''_{Q\cdot m}(LZ_g{}^*) = \frac{\delta^2 G_{Q\cdot m}(LZ_g{}^*)}{\delta LZ_g{}^2} < 0$$

从以上 1 和 2 两种情形中我们可以得到：当单个企业同时实现最优化时，网络的最优化也便得以实现：

$$G'(LZ_g{}^*) = \frac{\delta G(LZ_g{}^*)}{\delta LZ_g} = \frac{\sum_{j=1}^{m} \delta G_{q\cdot j}(LZ_g{}^*)}{\delta LZ_g} = 0$$

$$G''(LZ_g{}^*) = \frac{\delta^2 G_{Q\cdot m}(LZ_g{}^*)}{\delta LZ_g{}^2} = \frac{\sum_{j=1}^{m} \delta^2 G_{q\cdot j}(LZ_g{}^*)}{\delta LZ_g} < 0 \qquad (4.41)$$

式中 q——网络层面；

j——网络企业；

m——位于终端客户交接处的中心企业；

$G_{q\cdot j}$——位于网络层面 q 的网络企业的恒定盈利；

$LZ_{g\cdot q\cdot j}$——位于网络层面 q 的网络企业被加权的平均供货时间；

$G(LZ_g{}^*)$——网络的最大盈利；

$LZ_g{}^*$——能实现最大盈利的被加权的平均供货时间。

为了确定式（4.40）中的价格函数，必须找到被加权的平均流程时间，这一时间和待找到的剩余供货时间一起汇合成为价格函数中待被提供的供货时间。这一被用于确定供货时间的条件产生自式（4.38）中描述的价格函数：

$$PR_{d\cdot q\cdot j}(MZ_{g\cdot j}, LZ_{g\cdot q-1\cdot j}) = \frac{G_j}{\tilde{n}_j(MZ_{g\cdot j})} + K_{d\cdot j}(MZ_{g\cdot j}, LZ_{g\cdot q-1\cdot j}) + PR_{d\cdot q-1\cdot j}(LZ_{g\cdot q-1\cdot j})$$

$$= \frac{G_j}{\tilde{n}_j(MZ_{g\cdot j})} + PR_{d\cdot q-1\cdot j}(LZ_{g\cdot j}) \cdot$$

$$\left\{\frac{lz\cdot\left[2\cdot\frac{MZ_{g\cdot j}(LZ_{g\cdot j})}{P}+1\right]+\sigma_{g\cdot j}(MZ_{g\cdot j})\cdot(-\Delta PR_d)}{2-lz\cdot\left[\frac{MZ_{g\cdot j}(LZ_{g\cdot j})}{P}+1\right]}+1\right\}\tag{4.42}$$

式中　$LZ_{g\cdot j}$——$MZ_{g\cdot j}+LZ_{g\cdot q-1\cdot j}$，网络企业 j 被加权的平均供货时间；

$MZ_{g\cdot j}$——网络企业 j 被加权的平均流程时间；

$LZ_{g\cdot q-1\cdot j}$——网络企业 j 的供应商被加权的平均供货时间；

G_j——网络企业的恒定盈利；

$\tilde{n}_j\ (MZ_{g\cdot j})$——计划阶段内网络企业完成的订单数量；

$\sigma_{g\cdot j}$——网络企业 j 被加权的流程时间的标准偏离；

$K_{d\cdot j}$——网络企业 j 每个订单的平均成本；

$PR_{d\cdot q-1\cdot j}$——网络企业 j 的供应商提出的每个订单的平均价格；

ΔPR_d——L 相关区域内的供货调节引起的价格变化；

lz——仓库管理利率。

由此产生的价格函数在图 4.15 中得到一个最小值。

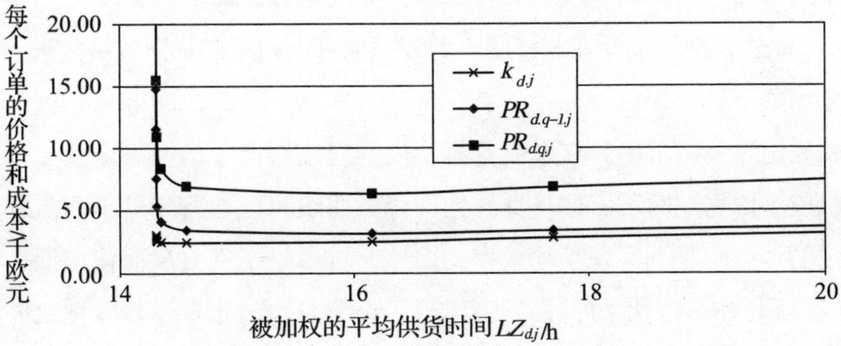

图 4.15　网络企业的价格和成本函数

来源：作者。

正如式（4.40）所建议的一样，如果价格函数得出最小值，那么网络企业在遭遇供货时间延长时就不必提高价格了。如果客户给予生产商的时间比后者实现最低价格的时间更长，那么生产商可以相应地延迟启动生产，实际上进行的是一种逆向定时。

与被加权的平均供货时间相关的价格函数被用于计算网络企业在库存计划和资源计划中需要确定的数值，这一数值也会被用于采购分配中。利用价格函数，我们可以计算出每个被加权的平均供货时间对应的能使盈利最大化的价格。这里我们根据实际情况放弃了成本函数和价格函数中的一些部分，这些部分对于获得盈利会造成负面影响。

基于不同的产能、库存成本和安装成本以及供应商各不相同的价格函数，位于网络层面 q 的生产商的价格函数也不尽相同。它们会受既定盈利对应的平均流程时间和供应商对于不同供货时间提出的价格的影响。在采购类型分配中，价格函数会连同订单时间内对应的相关产出信息一起被提供给客户。

在盈利恒定的情况下，网络企业完全可以将真实的价格函数对外公布。在这一过程中，每个网络企业都清楚在销售计划中被定为供货意愿函数和供货调节函数真实部分的切线，遵照这些切线交点，企业可以实现盈利最大化。因此每个网络企业都非常清楚，自身被加权的平均流程时间越短，进入网络的机会就越大。为了提供更强的刺激，我们还可以不硬性制订价格函数，而认为价格函数和供货调节函数有着相同的曲线进程，即 $PR_{d\cdot j}'(LZ_{g\cdot j}) = PR_d'(LZ_g)$。此外，网络企业在制订成本函数时也可以利用供货调节函数来计算迟到订单的成本。

在确定二级需求中的订单数量时，位于网络层面 q 的网络企业会以既定产能供应为依据。网络依据自身的生产特征曲线只能在既定的平均流程时间和既定的平均库存下实现平均效率。因此，对每一个网络层面使用漏斗公式［式（2.2）］和一致性条件［式（4.22）］时，订单数量和平均效率之间都存在以下关系：

$$n(LZ_g) = \sum_{j=1}^{J_q} \tilde{n}_{q\cdot j}(MZ_{g\cdot q\cdot j}) = \sum_{j=1}^{J_q} \frac{ML_{q\cdot j}(MZ_{g\cdot q\cdot j}) \cdot P}{MZAU_{q\cdot j}} \tag{4.43}$$

式中 $n(LZ_g)$——计划阶段内网络中的总订单数量；

LZ_g——被加权的平均供货时间；

$\tilde{n}_{q\cdot j}(MZ_{g\cdot q\cdot j})$——位于网络层面 q 的网络企业 j 已完成的订单数量；

$MZAU_{q\cdot j}$——位于网络层面 q 的网络企业 j 的平均订单时间；

$ML_{q\cdot j}$——位于网络层面 q 的网络企业 j 的平均效率；

$MZ_{g\cdot q\cdot j}$——位于网络层面 q 的网络企业 j 被加权的平均流程时间；

J_q——位于网络层面 q 的网络企业的数量；

P——计划阶段的长度。

生产商在网络层面 q 上必须确保有足够多的供应商来完成他的订单。如果生产商完成的订单多于他能在网络内部销售的订单，那么我们可以认为，在网络外部他可以以类似的价格将订单销售出去，由此也产生了网络的可变性（参见 2.2.1 小节）。但是这种销售可能性并不适用于中心企业，因为它是依据供货意愿函数来面对市场的。当然，我们这里依然设定网络拥有 2.2.3 小节中所描述的金字塔结构，其中的中心企业构成了金字塔顶端，在水平层面上中心企业没有其他任何合作关系。也就是说中心企业占据的是网络中的最后一个层面。

与生产商相关的供货意愿函数会被连续地传递给相应的客户，这样客户才能确保面对任何一个平均供货时间都有足够多的供应商可以选择，让他们进入网络帮助实现自身需求。我们还可以为每个有可能的平均供货时间和其相应的订单数量制订明确的生产计划。

当我们在采购类别划分中确定了二级需求之后，可以确定具体的供货数量、供货价格和供货时间。为了确定这些数值，我们会采用相应的算法，这个算法会考虑网络中的战略目标函数，还会利用库存计划和资源计划中的价格函数以及二级需求计算中的生产计划，从而帮助单个企业实现局部最优化。

就像在招标中规定的一样，网络企业会在采购种类分配中首先定出他愿意支付给位于前一网络层面的供应商的最高平均价格。当位于网络层面 q 的网络企业必须放弃盈利时，最高价格函数便得以实现。

$$
\begin{aligned}
G_{j\cdot 0} &= [PR_{d\cdot j}(MZ_{g\cdot j}, LZ_{g\cdot q-1\cdot j}) - K_{d\cdot j}(MZ_{g\cdot j}, LZ_{g\cdot q-1\cdot j}) - PR_{d\cdot q-1\cdot j\cdot \max}(LZ_{g\cdot q-1\cdot j})] \\
&\quad \cdot \tilde{n}_j(LZ_{g\cdot j}) = 0 \Rightarrow PR_{d\cdot q-1\cdot j\cdot \max}(LZ_{g\cdot q-1\cdot j}) \\
&= PR_{d\cdot j}(MZ_{g\cdot j}, LZ_{g\cdot q-1\cdot j}) - K_{d\cdot j}(MZ_{g\cdot j}, LZ_{g\cdot q-1\cdot j}) \\
&\Rightarrow \frac{\delta PR_{d\cdot q-1\cdot j\cdot \max}(LZ_{g\cdot q-1\cdot j})}{\delta MZ_{g\cdot j}}
\end{aligned}
$$

$$= \frac{\delta PR_{d\cdot j}(MZ_{g\cdot j}, LZ_{g\cdot q-1\cdot j})}{\delta MZ_{g\cdot j}} - \frac{\delta K_{d\cdot j}(MZ_{g\cdot j}, LZ_{g\cdot q-1\cdot j})}{\delta MZ_{g\cdot j}} \tag{4.44}$$

式中　$G_{j\cdot 0}=0$——网络企业的零盈利；

$LZ_{g\cdot j}$——$MZ_{g\cdot j}+LZ_{g\cdot q-1\cdot j}$，网络企业$j$被加权的平均供货时间；

$LZ_{g\cdot q-1\cdot j}$——网络企业j的供应商的剩余供货时间；

$MZ_{g\cdot j}$——网络企业j被加权的平均流程时间；

$PR_{d\cdot q-1\cdot j\cdot \max}$——网络企业$j$的供应商每个订单的平均最高价格；

$PR_{d\cdot j}$——网络企业j每个订单的平均价格；

$K_{d\cdot j}$——网络企业j每个订单的平均成本；

q——网络企业j所在的网络层面；

$\tilde{n}_j\ (LZ_{g\cdot j})$——网络企业$j$已完成的订单数量。

从位于与终端客户交接处的企业开始，网络中的每个生产商都会规定他愿意为既定供货时间支付的最高价格函数。从式（4.44）可以看出，最高价格函数出现的地方，生产者都既无盈利也无损失（$G_{j\cdot 0}=0$）。

利用最高价格函数，我们可以传达对其有效的平均剩余供货时间、订单数量、订单时间以及订单调节函数的倾斜度。这也就意味着，位于与终端客户交接处的企业必须首先确定最高价格函数。

我们还利用其他方法来估算最高价格，例如借助经验值或者借助供应商就销售计划中的订单时间提供的信息，即被不同供应商平均的订单时间。这一平均值被需求者用来当作对其自身适用的订单时间的成本率，以得到一个有可能的最高价格的近似值。另外一种确定最高价格的方法则是规定生产商在计划阶段内想要实现的盈利。

我们可以利用前一网络层面的平均订单时间来解释最高价格函数，以使供应商了解相应的平均供货时间对应的最高价格，并且能用每个被提出的效率对应的价格与最高价格进行比较，从而得到用订单时间表示的网络企业为其供应商制订的价格函数。

$$PRA_{q-1\cdot j}(LZ_{g\cdot q-1\cdot j}) = \frac{PR_{d\cdot q-1\cdot j}(LZ_{g\cdot q-1\cdot j})}{\sum_{h=1}^{q-1} MZAU_h} \tag{4.45}$$

式中　$PRA_{q-1\cdot j}$——网络企业 j 的供应商为每个订单时间单位提出的平均价格；

$LZ_{g\cdot q-1\cdot j}$——网络企业 j 的供应商被加权的平均供货时间；

$PR_{d\cdot q-1\cdot j}$——网络企业 j 的供应商为每个订单提出的平均价格；

$MZAU_h$——网络层面 h 的平均订单时间；

q——网络企业 j 所在的网络层面。

供应商会为网络企业 j 提供供应商—价格函数，同时还会提供有关待完成的订单数量和订单时间的信息。这一价格函数是依据式（4.45）中的规定得到的。位于网络层面 q 的生产商 j 会选取最好的报价，并以签订合约的方式将供应商纳入网络当中。被接纳的供应商的报价不允许超出最高价格函数。

此外，被选中的供应商要能在既定剩余供货时间中以最低的价格提供必要的供货数量。被选中的供应商 h 和没有被接纳的供应商 k 之间必须满足式（4.46）中的条件。

$$PRA_{q-1\cdot h}(LZ_{g\cdot q-1\cdot j}) < PRA_{q-1\cdot k}(LZ_{g\cdot q-1\cdot j}) \leqslant PRA_{q-1\cdot j\cdot \max}(LZ_{g\cdot q-1\cdot j})$$

$$\sum_{h=1}^{H_j} \tilde{n}_h(LZ_{g\cdot q-1\cdot j}) = n_j(LZ_{g\cdot q-1\cdot j}) \tag{4.46}$$

式中　$PRA_{q-1\cdot j\cdot \max}$——由 j 规定的每个订单时间单位的最高价格函数；

$LZ_{g\cdot q-1\cdot j}$——$LZ_{g\cdot q\cdot j}-MZ_{g\cdot j}$，生产商 j 的剩余供货时间；

$PRA_{q-1\cdot h}$——被接纳的供应商 h 的每个订单时间单位的价格函数；

$PRA_{q-1\cdot k}$——没被接纳的供应商 k 的每个订单时间单位的价格函数；

$\tilde{n}_h$——供应商提供的订单数量；

n_j——生产商 j 要求的订单数量；

k——被生产商 j 拒绝的供应商；

h——被生产商 j 接纳的供应商；

H_j——被生产商 j 接纳的供应商数量。

这里我们遵循的前提条件是，在网络中始终存在足够多的可以完成供货量的供应商。此外，我们还可以将其他供应商引入网络当中，虽然我们不与这些供应商签订供货数量，但在生产需求计划和控制中一旦发生干扰，我们可以考虑这些供应商。

因为对于中心企业而言，盈利并不恒定，我们在为企业确定最合理的供货时间时，必须使企业获得最大盈利。由于中心企业的价格函数是通过供货调节函数和供货意愿函数提供的销售可能性来得以确定的，所以整个网络中的最优平均供货时间也同时得以确定。此外，整个网络的订单数量也通过与$MZ^*_{g\cdot m}$相关的平均效率函数得以确定。

在进行盈利比较时我们必须注意一致性条件［见式（4.22）］，这一条件可以利用自身效率将网络订单数量限制在已完成的订单数量上，或者利用供货意愿函数将订单数量限制在已交付的订单上。基于此，我们可以得到中心企业的最佳供货时间：

$$n(LZ_g{}^*) > \tilde{n}(MZ_{g\cdot m}{}^*) \Rightarrow G_m(LZ_g{}^*)$$
$$= [PR_d(LZ_g{}^*) - K_{d\cdot m}(LZ_g{}^*) - PR_{d\cdot Q-1\cdot m}(LZ_g{}^*)] \cdot \tilde{n}(MZ_{g\cdot m}{}^*)$$
$$n(LZ_g{}^*) < \tilde{n}(MZ_{g\cdot m}{}^*) \Rightarrow G_m(LZ_g{}^*)$$
$$= [PR_d(LZ_g{}^*) - K_{d\cdot m}(LZ_g{}^*) - PR_{d\cdot Q-1\cdot m}(LZ_g{}^*)] \cdot n(LZ_g{}^*) \quad (4.47)$$

式中　$n(LZ_g{}^*)$——$n_0 \cdot Mk_{LB}{}^{-a_{LB}\frac{LZ_g}{LZ_{g\cdot K}}}$，企业 m 已交付的订单数量；

$\tilde{n}(MZ_{g\cdot m}{}^*)$——$\frac{ML(MZ_{g\cdot m}{}^*) \cdot P}{MZAU_m}$，企业 m 已完成的订单数量；

$LZ_g{}^*$——$LZ_{g\cdot Q-1\cdot m}{}^* + MZ_{g\cdot m}{}^*$，能带来最大盈利的平均供货时间；

$LZ_{g\cdot Q-1\cdot m}{}^*$——能带来最大盈利的网络剩余供货时间；

$MZ^*_{g\cdot m}$——能带来最大盈利的中心企业的平均流程时间；

m——位于终端客户交接点的中心企业；

$MZAU_m$——中心企业 m 的平均供货时间；

G_m——网络企业 m 的盈利；

PR_d——供货意愿函数；

$K_{d \cdot m}$——企业 m 每个订单的平均成本；

$PR_{d \cdot Q-1 \cdot m}$——企业 m 的供应商每个订单的平均价格。

中心企业的盈利对于 $LZ_g{}^*$ 而言是正值，这一点可以通过最高价格函数得以确保［见式（4.44）］，从而可以在规定条件下在单个网络企业内实现最优化。如果在满足最优化的同时，单个企业还实现了盈利最大化，就像我们在中心企业处看到的一样，那么我们便实现了整个网络的最优化，因为式(4.41)中的条件都得到了满足。在具体情况下，我们还需要检验式（4.29）或者式（4.30）中的要求是否已被满足。

在总体的生产流程计划过程中，我们并不需要涉及单个网络企业相对于网络伙伴的盈利。这样可以减小盈利向中心企业集中的风险，但同时又顾及到了终端客户在供货时间方面的愿望。在汽车行业中，虽然生产商会给供应商规定供货时间，但是终端客户在供货意愿和供货调节方面的愿望并不能理想地得以实现。供货意愿和供货调节并不以终端客户为导向得以优化，而是以中心企业为导向。我们可以通过对逆向定时中的供货时间进行考虑（见图4.10）来提高缩短流程时间的可能性。

借助上述方法，我们可以防止能够导致效率不确定性的负面因素（隐性特征，见图3.3）产生影响。上述生产流程计划有助于参与企业之间开展合作，因为中心企业要求达到的平均供货时间对于整个网络而言是最优的。如果为了更短的平均供货时间，即更高的物流效率，而使最高价格超过了网络企业的最高成本，那么中心企业就会放弃这个更短的平均供货时间，或者在自身生产中寻找缩短供货时间的方法，在这一过程中也会形成另外一种系统状态。

4.2.2　利用价格来进行的生产需求计划和生产需求控制

网络合约会对订单数量以及这一数量的所有可能变量所需的订单时间做出规定。待付价格将由流程时间和供货时间来决定。单个企业的供货调节函数和价格函数也被相应调整，从而不再以每个订单，而是以每小时的订单时间来对单个网络企业产生影响［见式（4.45)］，以便我们能够对网络的不同效率进行比较，实现物流高效的成果分配。不过要让这一分配效率真正发挥作用，必须要求订单的订单时间能够真实反映订单的经济价值。

在生产需求计划和控制当中已经存在具体订单，而且这些订单已经得以分配。我们在这里利用单个企业的供货调节函数和价格函数来为企业规定其决策过程，但并不是决策本身。以归因原则为依据的成果控制和成果分配方案有助于协同实现高效分配，这种协同是以分散方式在相应的网络企业的生产需求计划和控制中得以完成的（参见 3.2.1 和 3.2.2 小节）。

在生产需求计划中，由于连续性计划的自身特征，批量规模计划无法在网络内部以最优方式得以实现。而在交货期限计划和机器占用计划中，车间生产中的随机干扰导致出现新的决策过程，这一决策过程会受到网络合约中规定的价格上浮以及价格下调的影响。

只要不同的批量大小会给生产商带来不同的成本，那么批量规模计划就会发挥作用。太大的批量会造成附加库存成本和过长的流程时间带来的成本，太小的批量则会造成附加安装时间，并从而导致更长的订单时间和更高的产能需求，以及效率降低引起的成本。

之前，订单规模都是通过中心企业的计划以及它对订单规模的预测确定的。这主要基于两个原因：一是位于终端客户交接处的中心企业能够最准确地估计与客户相关的各种不同订单的频率；二是因为这样可以让中心企业将终端客户的全部订单汇总成为它认为有效的订单规模和批量规模，因为中心企业位于价值创造链的末端，涉及最昂贵的物料和最复杂的机器，所以也具备最高的库存成本和安装成本。在这样的背景之下，全网范围内过大的批量规模几乎成为不可能，随之出现的趋势是日益减小的批量规模。

由中心企业制订的批量规模以订单的形式被传达给供应商，后者又会根据自身情况来对订单进行不同规划。但是由于连续性计划的自身特征，我们无法在全网范围内实现最优批量规模。如果批量规模能和供货时间一样可以在谈判之后被写入网络合约，那么也能实现最优化，而且能够较下列描述更好地在成果分配中应对计划中的错误。

实际的批量规模是由订单时间来体现的。因此，平均订单时间也体现了平均批量规模。由批量规模引起的最小库存可以反映出订单变化和批量规模变化造成的影响，与此相对应，有下列关系成立：

$$MZ_g(t) = \frac{MB(t)}{ML}$$

$$MB_{\min} = MZAU + \frac{\sigma_{ZAU}^2}{MZAU} = \frac{\sum_{i=1}^{n}(ZAU_i \cdot ZAU_i)}{\sum_{i=1}^{n} ZAU_i}$$

$$MB(t) = MB_{\min} \cdot [1 - (1 - \sqrt[4]{t})^4] + MB_{\min} \cdot \alpha \cdot t \tag{4.48}$$

$$ML(t) = ML_{\max} \cdot [1 - (1 - \sqrt[4]{t})^4]$$

$$\sigma_g(MZ_g) = \sqrt{\frac{\frac{\sum_{i=1}^{n}(Z_i \cdot ZAU_i)^2}{MZAU^2} - n \cdot MZ_g^{\ 2}}{n-1}}$$

式中 $MB_{\min}$——由批量规模引起的平均最小库存；

$MB(t)$——平均库存；

t——系统状态，$0 < t < 1$；

α——由企业给定的、用于决定库存缓冲的因素；

$ML_{\max}$——订单时间内的可支配产能；

σ_g——流程时间被加权的标准偏离；

Z_i——订单的流程时间；

ZAU_i——订单的订单时间；

$MZAU$——平均订单时间；

MZ_g——被加权的平均流程时间；

σ_{ZAU}——订单时间的标准偏离；

n——计划阶段内的订单数量。

如果计划阶段内订单的实际平均订单时间与客户计划的由批量规模引起的平均最小库存以及在网络合约中计划的平均订单时间发生了偏离，那么依照式（4.48），会出现以下情况：

- 在平均订单时间较短的情况下会引起较低的平均库存、较短的平均流程时间，以及较短的被加权的平均供货时间。
- 在平均订单时间较长的情况下会引起较高的平均库存、较长的平均流程时间，以及较长的被加权的平均供货时间。
- 伴随订单时间发生分散，流程时间被加权的标准偏离也会相应地发生改变。

平均订单时间的改变会引起平均库存和被加权的平均流程时间发生变化。但是平均效率却不会有所改变，因为可支配产能没有发生改变，且不受平均订单时间的影响［见式（4.48)］。

在批量计划中，一旦具体订单已经存在，那么计划上的不确定性就可被成果分配抵消。因为网络合约中拟订的通用数据库通过流程时间等级［*DZG*，见式（4.6)］对平均订单时间和被加权的平均流程时间之间的关系进行了说明，生产商就必须对平均流程时间上出现的偏离作为计划错误给予承认。数据库同样还对库存等级［*BG*，见式（4.10)］做出了规定。如果我们在网络合约中规定了每个订单时间对应的仓储管理成本，就可以在计划阶段结束时对成本加以计算［见式（4.35)］，生产商和供应商还可以根据平均订单时间是否发生了增减来给予补偿。

订单时间相对于计划发生的偏离不但会引起平均流程时间以及平均库存的改变，还会引起交付守时性偏离发生改变。在计划阶段结束时，我们会对订单时间实际发生的偏离进行测算，还会借助价格函数和对库存等级以及流程时间等级进行的描述来对供应商加以调整，使其仍然置身于与变化了的库存等级相符的系统状态中进行生产［见式（4.10)］。对于增加的成本，企业也会相应得到补偿，因为在效率大幅提升的情况下，企业会相应地获得回报。

如果由于订单时间发生较小偏差而出现了较低成本，供应商就得向生产商提供高出后者支付价格的成果。

除了计划中的错误，供应商也可能因为生产过程中出现的干扰而与约定的批量大小发生偏差。如果供应商没能通过顺序延迟、加工等方法来实现原本约定的批量规模，那么这对于购买企业来说首先意味着附加库存成本或者安装成本。因为购买方只对计划的数量进行支付，所以附加库存成本只能由供应商自身以及责任者自身来承担。

批量规模太小时，会有部分订单时间单位延迟到达客户处。这些订单时间单位在供应商处有着较长的流程时间，也因而导致更长的供货时间。相对于平均供货时间的守时性偏离 $TA_i > 0$，会在终端客户处导致较低的价格，而价格的高低则根据式（4.49）中采用订单时间到位进行计算的供货调节函数来得到。

$$PRA(LZ_g) = \frac{PR_d(LZ_g)}{NZAU} = \frac{PR_{d \cdot 0} \cdot Mk_{LA}^{-a_{LA}\frac{LZ_g}{LZ_{g \cdot K}}}}{NZAU} \tag{4.49}$$

式中　PRA——每个订单时间单位的平均价格；

$NZAU$——网络的平均订单时间；

PR_d——每个订单的平均价格；

$PR_{d \cdot 0}$——立即供货（$LZ_g = 0$）时的平均价格；

Mk_{LA}——当 $Mk_{LA} \geqslant 1$ 时，供货调节对应的市场常量；

$LZ_{g \cdot K}$——竞争对手计划的平均供货时间或者被加权的平均供货时间；

LZ_g——企业自身计划的平均供货时间或者被加权的平均供货时间；

a_{LA}——供货调节的比例因素。

供应商会向生产商支付价格差，以使后者可以弥补自身和客户增加的成本。这部分成本之所以能通过较低的价格得以弥补，是因为我们遵循了价格调节函数，通过这一函数我们可以知晓供货时间延长会给终端客户和生产商造成多大成本。对于交付期限计划和机器占用率计划中出现的守时性偏离，我们也采取了类似的处理方式。

在生产需求计划中的交付期限计划和机器占用率计划中，我们会对计划的订单时间再一次进行检查。如果预定情况与计划之间发生了偏差，那么终端客户必须对借助订单时间来表示的守时性偏离加以注意。

如果位于网络层面 q-1 的供应商确定自己无法实现现有订单的既定供货时间，他会在生产需求计划中说明这一点，那么他会得到比守时交付状态下偏低的一个价格。罚金的额度由每个订单时间单位对应的计划价格和因为守时性偏离降低的价格之间的差异来决定，这个差异还会分别乘以相关订单的订单时间。通过上述方式，生产商 j 可以弥补由于供应商供货时间延长而导致的自身损失和客户的损失。

当对守时性偏离处以的罚金高于供应商必须承担的损失时，就会出现另外的供应商 k 来代替原先的供应商 h。而生产需求计划中的新一次的订单分配必须满足下列条件：

$$
\begin{aligned}
&[PRA(LZ_g) - PRA(LZ_g + TA_{i\cdot h})] \cdot ZAU_i > \\
&[PRA_{q-1\cdot h}(LZ_{g\cdot q-1}) + PRA_{q-1\cdot k}(LZ_{g\cdot q-1}) - PRA_{q-1\cdot h}(LZ_{g\cdot q-1})] \cdot ZAU_i \\
&\Rightarrow PRA(LZ_g) - PRA(LZ_g + TA_{i\cdot h}) > PRA_{q-1\cdot k}(LZ_{g\cdot q-1})
\end{aligned}
\tag{4.50}
$$

式中 LZ_g——网络中既定的供货时间；

$LZ_{g\cdot q-1}$——q-1 这一网络层面上的既定供货时间；

$PRA_{q-1\cdot h}$——供应商 h 提出的每个订单时间单位的价格；

$PRA_{q-1\cdot k}$——供应商 k 提出的每个订单时间单位的价格；

$TA_{i\cdot h}$——供应商 h 对于订单 i 出现的守时性偏离；

ZAU_i——订单 i 的订单时间。

供应商越早汇报守时性偏离，就越有可能以其他方式来销售订单，他需要承担的只是支付供应商 k 的报价和自身报价之间的差额。由于生产需求计划相应机制的存在，双方的干扰都能及时得以汇报，从而防止了隐性信息的产生（见图 3.3）。基于这一机制，供应商不再担心会遭受高额的合约罚款，也不用担心在生产商处会出现名誉损失。此外，我们还能发现，网络中的多重联系有利于供应商自身的利益，这种联系有助于供应商实现替代供货。

式（4.50）中的条件也必须能适用于生产商一方的供货时间缩短。在这种情况下，生产事故必须承担供货时间缩短造成的成本，所以生产商也会有意愿及时汇报所采取的调节措施，并与供应商建立起多重联系。

如果供应商或者生产商在生产控制阶段才汇报供货时间延迟或供货时间缩短，我们便可以引入其他的供应商，但是新引入的供应商必须遵照最初与原供应商约定的供货期限进行供货。

让另外的供应商 k 代替与被加权的平均供货时间出现偏离的供应商 h 进入 q-1 层面，必须满足的条件是，因守时性偏离产生的罚金要高于供应商 h 因为失去订单而面临的损失。也就是说，我们要在生产控制中重新分配订单，必须满足以下条件：

$$
\begin{aligned}
&[PRA(LZ_g) - PRA(LZ_g + TA_{i\cdot 1})] \cdot ZAU_i > \\
&PRA_{q-1\cdot h}(LZ_{g\cdot q-1}) + [PRA_{q-1\cdot k}(LZ_{g\cdot q-1}) - PRA_{q-1\cdot h}(LZ_{g\cdot q-1})] + \\
&(PRA(LZ_g) - PRA(LZ_g + TA_{i\cdot 2})) \cdot ZAU_i \\
&\Rightarrow PRA(LZ_g + TA_{i\cdot 1}) + PRA_{q-1\cdot k}(LZ_{g\cdot q-1}) < PRA(LZ_g + TA_{i\cdot 2}) \qquad (4.51)
\end{aligned}
$$

式中　LZ_g——网络中的既定供货时间；

$LZ_{g\cdot q-1}$——$q-1$ 这一网络层面上的既定供货时间；

$PRA_{q-1\cdot h}$——供应商 h 提出的每个订单时间单位的价格；

$PRA_{q-1\cdot k}$——供应商 k 提出的每个订单时间单位的价格；

$TA_{i\cdot 1}$——供应商 h 对于订单 i 出现的守时性偏离；

$TA_{i\cdot 2}$——供应商 k 对于订单 i 出现的供货期限缩短；

ZAU_i——订单 i 的订单时间。

供应商 h 越早在生产控制或者生产需求计划中汇报守时性偏离，他就越有可能不必为供货调节支付全价，同时还可以避免隐性信息的产生（参见第 3.2 节）。这一做法也能帮助我们更快地发现错误，会比采用纠错措施更有效地维系生产过程的正常运行。正如在生产需求计划中一样，式（4.51）中的条件在这里也同样适用于生产商。

在生产控制中，我们要求实现符合工业 4.0 标准的严格的自动化过程(参见3.4.2 小节)。例如可以在生产控制层面上参照质量调节卡片建立带有警戒值和干预极限的交付时间调节卡片，并让它们借助预警系统来发挥连续监控的作用。

图 4.16 便展示了这一控制系统的图形状态。

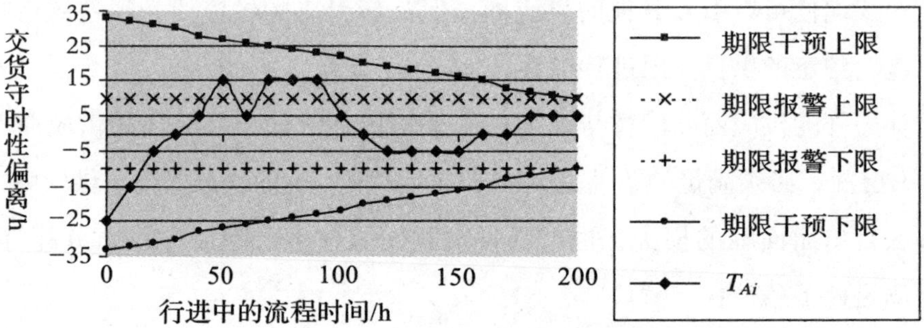

图 4.16 生产控制中的交付时间调节卡片

来源：Dombrowski，1992，第 85 页及之后数页。

交付时间调节卡片可以持续测量实际交付时间相对于计划的平均交付时间发生的偏离。如果这里的偏离超过了报警上限［见式（4.8）]，那么供应商和生产商就可以根据自己的预判，对订单进行重新分配，而这一分配需要满足式（4.50）和式（ 4.51）中提出的要求。

交付时间干预上限和下限的设定要能满足在流程时间中的任何一个时刻，交付时间干预界限都与待完成的订单时间相符。如果一个订单超出或者低于这一界限，那就表明无法在被加权的平均流程时间之内完成这一订单。除非在达到警戒值时，对订单进行了重新分配。当交付时间偏离达到交付时间干预的上限或者下限时，要么需要对订单进行重新分配，要么需要根据偏离的程度处以相应的罚款。

为了清楚地阐述带有上述解决方案的订单调节方式，我们将引入两个实例，这两个实例简单说明了订单调节在分散的 MES 之间起到的连接作用。同时，我们还将对采用了看板管理和 BOA 系统的 PPS 协同机制的应用进行介绍。

看板这种用于网络企业的分配方式作为一种以库存为导向的方法尤其适用于分配带有较高创造值的成果。带有高创造值的成果意味着具有一定战略重要性，而这种战略重要性正是我们在战略生产网络中所期待的（参见 2.2.4 小节）。所以，我们往往会在战略型生产网络的成员中使用看板。

我们在应用 PPS 协同机制时并不排除使用诸如看板一类的拉动原理，而且还能为使用这些原理创造前提条件。在汽车行业中，我们可以跨组织地针对客户需求采用看板原理。这一点是通过生产商相对于供应商的优势地位得以实现的，若不在计划阶段中采用协同机制，那么就会导致图 3.3 中所说的因信息不对称而引起的代理行为。

PPS 协同机制描述的是待交换的信息，我们可以在信息流层面为已有的看板系统的建设使用这些信息，从而实现拉动原理的优势。引入看板机制往往以成果系统的重组为前提，我们可以借助这一重组来实施 PPS 协同机制。同时还可以获得待交换的信息，并建立起通用数据库。通过利用看板过程中发生的重组，出现了各种过程模型，它们都可以追溯到 4.1.2 小节中介绍的过程模型。

借助共同措施、生产流程计划中的合约约定，以及看板控制中的拉动原理，我们可以在库存计划和资源计划允许的范围内放弃仓库存货。而以商品分配中心的形式直接存在于商品使用地的缓冲区便足以发挥类似作用，从而使信息代替了库存，并通过将供应商与协同机制相连在全网范围内降低了物流成本。使用看板管理后，分配结果也得到了改进，因为需求会以合适的看板形式趋于平缓，从而稳定生产系统。应用一沟通中的生产需求计划和生产需求控制通过管控实现了匹配，并在此基础上完成了成果分配。

我们还可以利用上述用于系统设计的生产流程计划和生产需求计划以及生产需求控制来对看板管理加以补充。

在第二个例子中，我们将介绍利用了 BOS 体系的订单调节。BOA 经常被用于车间生产，也很适合被中小型企业用在战略型的生产网络中（参见 2.1.3

小节）。由于 BOA 采用的协同机制的控制值是从别处获取的，所以可以确保在数据层面上，协同机制与单个企业中的 MES 体系之间存在兼容性。不过正如 4.2.1 小节中所述，BOA 体系的控制机制在进行目标设定时，也必须以依靠供货意愿函数和供货调节函数得到的目标为导向。

我们最初在企业内部给 BOA 体系设定交付期限界限时，依据的原则是要使网络企业能依据规定的流程时间来进行生产。在 BOA 体系中，交付期限界限的作用在于激活生产需求计划，使其能够适应不同的产能需求。不满负荷会导致流程时间低于计划时间，从而使订单提早交付，较低的交付期限界限则可以避免这一情况的发生。而临时的超负荷则会导致大量交付期限延误。较高的交付期限界限可以使产能负荷趋于平缓，也能够在一定程度上避免出现上述状况。交付期限界限的提升也会导致产能负荷增大。当交付期限界限增大时，交付期限的负偏离会减小。较强的、短暂的、临时性超负荷类似于较弱的、时间较长的超负荷，但是由于超负荷持续时间较短，我们能够通过提高交付期限界限较好地使产能负荷趋于平缓。如果遭遇持续的超负荷，BOA 体系会将负荷后延，那么延迟的时间会随着计划阶段的增长而持续增加。在这种情况下就必须实施框架合约变更和新的生产流程计划，以便及时了解状况，并采取措施重新实现产能供应和产能需求间的同步，为此可采用的手段包括对附加产能进行投资或者重新分配订单。在遇到干扰的情况下，系统也会相应地做出反应，但不会影响 BOA 体系的功效。

负荷界限不能被持续更改，它由仓储管理来确定。产能负荷和流程时间的长短则已经在生产流程计划中借助生产特征曲线得以确认（参见 4.1.2 小节）。只有在已经出现干扰的情况下，在生产需求计划中确定遭遇瓶颈的生产小组才是有意义的，然后我们会结合较高的库存和较长的生产时间来为这一小组设定一个较高的、跟系统相关的负荷界限。为了防止负荷界限在生产需求计划中遭遇调节困难，我们需要在供货期限计划中结合计划平均流程时间来减小与系统相关的负荷界限，并随之采取新的机器占用率。

通过在企业内部对供货期限界限和负荷界限进行调节，我们可以将组织内部利用 BOA 进行的生产需求计划和生产需求控制与跨企业的应用—沟通联系起来。企业内部的 BOA 数据甚至是通用数据库中包含的数值的子集。

4.2.3　关于应用—沟通的总结

表 4.3 总结了表 3.7 中对 PPS—应用—沟通所提要求的实现情况。

表 4.3　应用—沟通满足要求的情况

PPS 任务	内容方面的要求	实现手段
生产流程计划 销售计划	通过制订遍及网络的、临时的生产计划，连续传达二级计划	为临时计划的订单计算平均订单时间及其分散情况
库存计划 和资源计划 确定二级需求	为实现战略型网络目标而连续传达计划值，连续反馈分散测得的二级需求、库存和产能。这种反馈以带有可自聚合的效率的产品清单为基础，旨在在通用数据库中形成相应的、最终有效的生产计划	确定平均订单时间和订单数量对应的价格函数
采购类别分配	通过需求方来持续传达最高价格，举行能够签订网络合约的招标，同时记录下所有报价和计划值实现等级	确定和传达最高价格函数，举行招标，并结合价格函数、订单数量、相对控制值和平均订单时间签订网络合约
生产需求计划 批量规模计划	根据库存计划和资源计划中的规定来确定批量规模	计算网络企业中的实际平均订单时间，对网络企业间交流过程中的计划偏离实施（经济）平衡
交货期限计划 和机器占用计划	带有价格浮动的、分散的交货期限计划和机器占用计划，同时考虑了汇报偏离的时刻	在开始执行订单之前对计划偏离实施的（经济）平衡，并且可能对订单进行重新分配
生产控制 采购计划和控制	当发现与计划值发生偏离时，自动实施成果分配，采用形式为价格上浮或下调，还有可能采用拍卖或招标	在订单执行过程中对计划偏离实施的（经济）平衡，并且可能对订单进行重新分配

（续）

PPS 任务	内容方面的要求	实现手段
生产计划和控制	伴随价格浮动的、分散的、自动化的生产计划和控制，同时考虑了汇报计划值发生偏离的时间	交货时间调节卡片
订单调节	与各企业中的 MES 的联系	在 BOA 和看板管理中进行的质量调查

来源：作者。

4.3 将协同机制作为工业 4.0 的解决方案

如上所述，应用沟通和通用数据库满足了数据可用性和与工业 4.0 相符的沟通。我们需要将实际生产中的改变与理想中的计划值进行对比。

前面介绍的机制以压缩的方式体现了战略型生产网络中的 PPS 任务，并以简化的方式对其进行协同。我们还会借助过程模型和以此为基础的、相对的、可被灵活应用的控制值将在协同机制中被交换的信息（见图 4.17）清晰并可比地纳入通用数据库当中。我们将目标值简化为三个则有助于更好地实现经济性。

通过利用战略型生产网络中的沟通，我们可以避免单个企业中出现的集中化以及市场中存在的信息不对称。在签订网络合约之前，购买方会规定供货意愿函数、供货调节函数和临时的生产计划，供应商会将其中包含的数量要求、类别要求以及批量规模要求转换为订单时间，并针对得到的订单时间在招标中确定相应的价格和供货时间。如果在生产需求计划或者生产控制过程中，需求方或者供应方对供货时间或者供货数量进行了改动，那么会依据供货调节函数产生相应的价格变化。

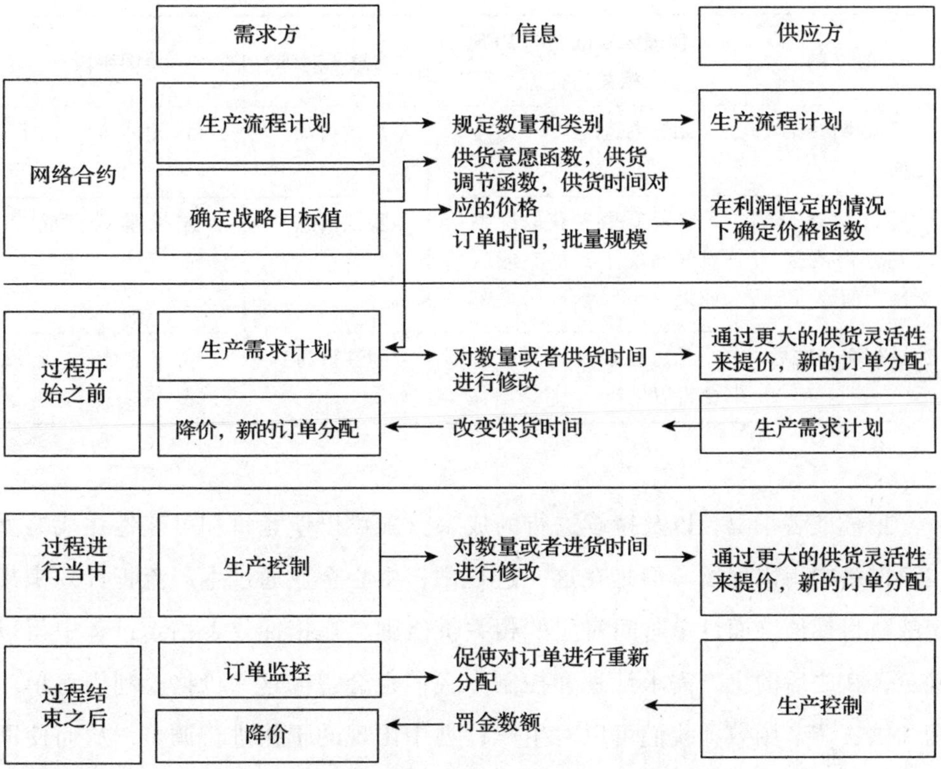

图4.17　对协同机制内部被交换的信息进行的总结

来源：作者。

相对于其他现有方案，这种信息交换的特征在于，生产商并不能对供应方的生产进行直接干预，供应方也不必提供有关自身价格和盈利的信息，从而可以避免出现集中化，因此也不会出现将协同任务完全交付给生产网络中的中心企业这一现象。

尽管没有对有关成本和盈利的信息进行交流，但是协同机制仍然能够有效避免因信息不对称引起的单方面盈利增长，因为我们事先规定了目标值，举行了招标或者拍卖，并借助控制值对成果进行监控，还可以持续地对成果进行重新分配（见表4.4）。

表 4.4　有关处理生产网络中的与 PPS 相关的信息不对称的协同图表

时　刻	代理人采取的与 PPS 相关的行为	信息不对称	协同手段
签订网络合约之前	无法创造成果	隐性特征	目标值招标，拍卖
签订网络合约之后，但在进行交易之前	在没有事先获取网络信息的情况下，更改或取消成果	隐性信息	成果监控，成果分配
进行交易之后	无法被观察到的成果不会得以生产	隐性行为	成果监控，成果分配

来源：作者。

招标或者拍卖，以及持续进行的成果分配可以使竞争和可变性在战略型生产网络中得以保留。但是在这一过程中，中心企业通过生产流程计划来规定战略目标值，而订单时间对应的相关价格则会在招标或者拍卖过程中得以确定，在之后的生产需求计划和控制中我们也会遵循这一价格。利用订单时间和供货调节函数，我们可以对生产计划中出现的干扰进行调节，从而使网络伙伴之间不断地相互适应。

除了上述要求外，协同机制还具有前面已经描述过的诸多限制，包括未实现网络最佳化的批量规模，私下协商和垄断导致的市场功能失效，无法依据经验来确定供货意愿和供货调节，订单时间仅是经济评估方面上的一个相似值以及生产计划的临时性。尽管如此，协同机制仍然必须满足下述条件，那就是能保证随时进行产品跟踪，也就是随时可以对订单进行认定，就像工业 4.0 普遍要求的那样。在接下来的实例中，我们会对这一产品跟踪进行介绍，协同机制对于产品跟踪的应用必须保证产生的收益高于投入的成本。

第 5 章

工业 4.0 在电子产业中的应用

在为协同机制提供的应用实例中，我们无法为工业4.0的实施介绍一个通用方案，因为不同行业和企业内部具备的不同框架条件需要不同的战略。不过下述实例体现了工业4.0的三个维度：

- 网络之间进行的水平协同，我们已在前面章节对此进行了理论介绍，这种协同是连续并自动地跟踪订单（产品跟踪）所必需的。
- 利用自动化体系和软件体系开展的纵向融合。
- 涵盖了价值创造链和自身商业模式的工程可用性，这是我们所找到的技术解决方案的示范性成果。

电子产业在德国涉及84.1万名就业人员，是德国第二大经济行业，在与工业4.0相关性最强的三大行业中，电子产业名列第二，仅次于机械制造业，紧随其后的则是汽车产业。除了机械制造业以外，电子产业被认为是能够利用工业4.0产生最大创造潜力的行业，因为它作为安装者和生产者能在工程和生产中实现水平和纵向的融合。但是如何让电子行业中的创造潜力得以发挥，目前还没有找到答案。

与汽车行业一样，电子行业中也经常存在战略型生产网络（如芯片生产商）。这一行业很适合被用来作为范例，因为随着终端产品中电子部件的数量和复杂性日益增加，对产品及其部件进行跟踪也变得日益重要。

我们采用了商业过程分析和环境分析的方式（第5.1节）来对应用范例中的框架条件进行介绍。其他步骤则以软件工程中的主要行为为导向：

1. 说明与分析（第5.2节）

2. 涉及与实施（第5.3节）

3. 测试与融合（第5.4节）

在第5.2节中，我们除了进行说明之外，还会对对象和IT设施进行分析，这一分析将以理论知识为依据，并结合实践经验勾画出解决方案。在说明部分，我们选取了适用于产品跟踪的系统，从而也确定了分析对象和力图要实现的目标。IT设施规定了软件的函数，这些函数会借助每个过程中待传递的数据和与整个系统的链接来发挥作用。我们也由此得到了用户使用案例。我们还借助成本—收益—分析来对特征的作用进行了验证，从而使商业案例得到完善。

在第5.3节中，我们以易福门这家公司的产品为例介绍了原型及其实施。第5.4节中的技术评估则介绍了针对方案融合的必要检测。

5.1　易福门（ifm）企业集团中的框架条件

易福门企业集团有五千余名员工，“为全球十多万客户研发和生产自动化技术”，它也是电子产业中的一员。易福门生产的八千余种传感器、网络和控制器被广泛用于机械制造、技术制造与加工、汽车行业和视频行业。

该集团成立于1969年，由Gerd Marhofer在埃森组建的部分负责销售和行政管理，由Robert Buck在博登湖组建的部分负责研发和生产。1981年在克雷斯布恩成立的易福门有限责任公司是ifm electronic gmbh的全资子公司。易福门有限责任公司的大部分机器都是自行研发和生产的。

该公司的产品包括用于移动生产机器的控制器和用于总线接口系统传感器接口的设备。在生产出的五十余万件设备中，有近百分之五属于安全技术和潜在爆炸环境中使用的产品，这样的产品在生产和物流跟踪方面都有着特殊要求。安全技术的生产商有义务采取恰当方式来避免危险，尤其是当产品不能满足特殊的要求时。恰当的方式包括：

> “……从市场召回不合格产品，对用户提出警告，召回已经供应给用户的产品……”。

安全技术对产品的可追溯性有着特别高的要求。只有当我们能够准确地判定错误原因，并能清晰地判定被涉及的产品和相关客户时，才能最有效地采取召回措施。

此外，易福门有限责任公司的产品一半以上被用于机械制造领域，这一领域非常重视零部件的质量和已供应零部件的可检测性。而在有着更广泛客户群体的汽车行业和食品行业也同样如此，在这两个行业，召回发生的频率日益增大。另外，电子报废规则也强制电子设备生产商承担产品报废成本。这一明确的规定是相应计算体系的基础。

在描述生产的应用流程时，我们介绍了ifm集团内部完整的产品诞生过程，包括从货物进厂至到达客户，以及相关的IT系统、数据库和相关文件（见表5.1）。

在ifm的15万个不同产品清单位置中，货物进厂是对物料追溯至关重要的一个过程。进厂的物料一般需要人工登记，并记录下仓储位置。尤其是在C部件中特别容易出现错误，以致在易福门有限责任公司内部每周会因为库存不足发生两到三次生产中断。因为我们很难在生产过程中减少订单，所以不得不接受等待时间和生产延时。根据估算，每发生一次这样的状况，会造成三台设备生产的损失，无论是因为重新寻找其他订单需要耗费这么长的时间，还是因为客户由于供货时限的延误而产生不满。

电路板上的部件通常都在位于组件压辊的外包带上。生产商会在组件压辊外贴上相应的标签，上面标有生产商信息、压辊包含的组件数量、湿度等级等。在货物进厂时，物料除了生产商标签以外还会附加一个带有压辊ID和编码的标签，从而借助批号为每个组件建立起物料可追溯性，当然前提是进行人工录入或者用手持扫描仪进行登记时没有发生错误。在现有的操作方式中，错误率为1.5%左右，这也给易福门造成每年约1.5%或者说7500台设备的成果损失。

在部件压辊进入投料机之前还会再次进行检验，确认压辊是否得到订单许可。如果得到正面反馈，则会给压辊相应的订单号。通过这样的方式，易福门有限责任公司的压辊每年只被更换一到两次。不过因为序列号仅在期间检查时才被确认，所以并没有按照用途来对压辊进行分类。

表5.1　生产及物流阶段的相关过程、获得的数据以及IT系统

过程	识别与数据	存储媒介	软件	伴随文档
商品入库（ifm……）	物料件数，工作计划，加工辅助手段，MSL（潮湿敏感度等级）等	中心服务器	ERP（SAP）	
商品入库检测（……）	利用代码对部件进行识别	中心服务器	QASQ-it（与客户相关）	
安装SMT（三班制）	被使用过的部件，利润率，错误等级，空气温度/湿度，焊膏，序列号	机器上的局部硬盘	BRV（与客户相关）	
ICT（100%部件检测），还可进行启动加载或过程封锁	批次的订单号，物品代码，反馈码，批量规模（SAP：处理单位号），错误图，微控制器识别	机器上的局部硬盘	Access-数据库	订单文件夹，安全设备：旅行文件，序列号-控制-表格
THT（通孔技术），选择性焊接设备（两班制或三班制），部分采用人工方式	报错，日期，订单号，焊接数量（ASCII），需要为焊接提供物品代码	机器上的局部硬盘	操作系统W-XP	订单文件夹
中期检测/100%功能检测	批号，过程特征，通电，利用微控制器进行识读/利用工维码进行明确识别，使用固件，通过JTAG获取信息	机器上的局部硬盘	结果数据库（由易福门企业中间层提供）	订单文件夹

（续）

过程	识别与数据	存储媒介	软件	伴随文档
安装	加工辅助手段，工具，外壳上的二维码，工件架上的ID-标签	机器上的局部硬盘		订单文件夹
人工方式进行的100%最终检测	密封性，自我监测，询问：自动化的i.0.-Box开放，通过与客户相关的参数设定	机器上的局部硬盘	为安全设备提供的LN-数据库，ERP	订单文件夹
商品出库，包括检测和包装	客户号	中心服务器	ERP	供货单
重新包装（ifm……），检查数量和完整性，虚拟转运仓库	带有运货架上的反馈码的生产汇报，GPA-码（代码和有关件数的记载）会被提供给处理单位	中心服务器	MZK（与客户相关）	供货单
位于斯特勒和埃森的物流仓库，包装，发送到非欧盟国家，安全技术	产品盒上的代码，手持扫描仪，客户包装箱代码	中心服务器	ERP，仓库管理程序，LN-数据库，安全设备	分销商名单，供货单

来源：作者参照Banzhaf，2012，第33页；ifm electronic gmbh有限责任公司，1999，第32页。

如果在订单进行过程中更换压辊，也就是两个组件压辊被连接在一起，则无法在新的压辊上准确判定更换位置。所以ZVEI建议彻底避免结合，以确保组件的可追溯性。

表面组装技术的负荷和之后的组件检测的负荷可达80%～90%。尽管在ICT中就已经测得一次通过率为97%，但部件组却要在中期检测中经过通孔技术之后由序列号来进行辨认。为已被辨认的产品提供的固件是由人工选择决定的，因此选择过程中不可避免地存在错误。中期检测中的一次通过率为95%～97%。

在使用SAP系统之前，易福门有限责任公司中的生产流程记录从可追溯性角度来看并没有被相互联系起来。例如我们无法获知，某一时刻是依据了怎样的检测和工作指令来对订单进行检测和操作的。人工记录被收录到相应订单的文件夹中，这些纸质文档也会在生产过程中一直跟随订单，但是它们不能自动更新到实时状态。只有部件清单、设计图样和ATEX文件夹可以自动进行更新。但是工作计划、工作指令、ATEX/安全设备、纸质文档、生产辅助工具、物料加工规则、检测方案、检测指令、检测建议、检测说明、质量参数等信息都无法自动更新。

2013年引入的SAP系统在很大程度上解决了文档可追溯性方面的问题。我们可以利用这一系统制订工作计划，并在计划中将生产工具、NC程序、文档（如订单相关文件等）和图样保存下来。这些生产辅助资料可以借助SAP更改功能集中地通过历史记录或者借助特定条件得以更改。SAP文档管理系统让我们可以按照工作流程来对检测规则进行归类。另外，因为我们本来就可以对文档使用提供证明，所以这一点并不被视为产品跟踪的局部目标。

对于有些产品，我们为可追溯性提供了二维码（Data-Matrix-Code ECC200）。若没有二维码，则序列号只有在中期检测时才会被完整读出，因为完整读出序列码相当烦琐。微控制器的序列码如果被完整识读，也只会发生一次，其他时候都是利用订单文件夹来进行识别的。如果在第一次功能检测中（或者在之前进行的ICT中）发现了错误，我们就可以借助生产订单号和SAP在工作计划中确认出所有被使用的机器、制造辅助工具、检测程序、图样以及图片文档等，因为工作计划是和生产订单号相连的，从而至少可以使借助工作计划的订单号对应的相应加工过程具有可追溯性。在THT和中期检测之后进行的人工组装工作，例如包装和货物出厂，则没有和微控制器的识别功能相连。这些信息只有通过相关的订单文件夹得以识别。订单文件（部件清单和经过完整填写的、并经由工组长检查的工作计划）会和SAP进行关联，并得以扫描，以电子文档方式得以保留。

在人工操作的100%最后检测中，如今已能实现94%～95%的一次通过率。运转测试则仅被用于R360控制器和少部分客户有特殊需求的产品中。在检测过程中，产品会被连接电压，并持续工作一段时间，例如24h。此外，产品还可能被置于模拟的外部环境中，例如较大的湿度和较高的温度中。在此之前，产品不能有任何损坏。

依照总体统计，易福门有限责任公司的产品一次通过率达到了88%。这样的一次通过率意味着有12%的产品会被淘汰。此外，我们无法估算每件产品接受检测的次数以及检测耗费的成本，尤其是当产品并未被淘汰，而只是接受了检修的情况下。

如果需要提供一个和客户相关的参数，我们就会在最终检测中来进行设定，因为这一参数设定需要连接应用程序接口和电源。这也就意味着，客户数据必须在公司内部就与序列号产生关联。这样的做法与现有做法相比要耗费更多的成本，所以针对个别客户的参数设定往往会遭到生产商拒绝。

对于安全设备而言，对其生产进行识别的操作方式非常烦琐。在ICT系统规定了序列号之后，我们必须在“序列号控制表格”中为每台设备手写记录下它的每个生产步骤。在每一次检测中，我们都必须对设备进行100%检测。如果产品在此之后出现问题，就必须报废，因为它们被贴有安全代码，无法进行修理。在生产结束时，安全设备会被贴上“序列码激光牌”。在外包装上，还需要以人工方式贴上同样的序列码。生产结束后，我们需要对控制表格进行检查，并将设备录入到所谓的安全数据库中。

由于易福门有限责任公司的中心仓库在埃森，而所有产品的生产地却在博登湖，因而产生了很高的物流成本，而且在这一过程中还必须对产品进行多次识别确认。因为在产品到达位于埃森的中心仓库之前，会在位于特南的中心出厂点由工人打开包装，以对其完整性进行检查。在博登湖至特南路段的运输中，易福门有限责任公司会用到70~100辆货车和1万个红色或者黑色的大箱子。在特南，所有产品被从箱子中取出，再被重新打包为处理单位（“香蕉箱”），处理单位外部还会被贴上产品序号和数量。最多装有四种不同产品的集装箱会配有一张供货单，特南和斯特勒之间的物流会用到3000个集装箱。

在斯特勒的代销仓库（见图5.1）中，产品被放进大小合适的盒子内，同时，仓储位置和产品箱的代码会由手持扫描仪得以校正（见图5.2）。在特南，箱子外粘贴的产品数量不再重新接受检验，因此标记数量和实际数量之间大约存在2%的误差，但是这一误差对后续流程影响不大，所以能被接受。

图5.1 位于斯特勒的物流仓库、代销仓库

来源：ifm electronic gmbh。

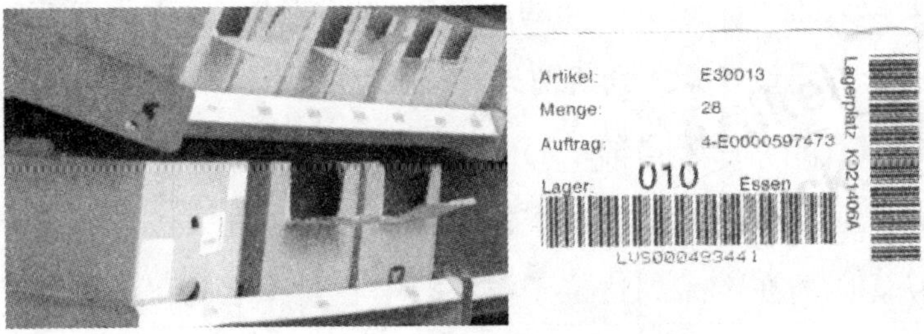

图 5.2　产品外盒上的标签

来源：ifm electronic gmbh和作者拍摄的照片。

为了在斯特勒对待发送货物进行装配，我们首先根据发货规模选择了较小的、成本为18欧分的箱子或者大一些的、成本为1欧元的箱子来重新打包产品（700个箱子装满度为75%，对应大约19.1台设备）。

在每个箱子的边角处有两张标签，上面显示的是箱子序号对应的代码，这一代码也出现在代销清单上。箱子上的代码会自动地在每个区域得以识读，以确定箱子是否需要20个代销区域中某一区域代理的产品。该区域货架上的盒子（见图5.3）也会在系统中得以存留。平均看来，一个箱子需要经过两个区域。

图 5.3　带有滑轨的代销货架和箱子传输带
（右侧：普通货架）

来源：ifm electronic gmbh。

在代销区域中，总共有11名代销商借助代销清单来对供货情况进行汇总，供货信息包括供货单和提供给客户的箱子编号。代销商会利用手持扫描仪将清单上的产品代码与包装盒的代码进行对比。他可以通过代销清单上标记的缩写来检验装在箱子中的被选产品的正确性。

这一人工操作过程完全有可能出现错误。为了避免客户得到不完整的或者有偏差的供货，我们必须对箱内产品再次进行检验。在货物打包完毕后，我们将用精确到0.1g的秤对其进行称量，再用称量结果与箱子的净重做比较。这一净重是在打包之前用相同的秤称量得到的。尽管如此，每年仍然会有700次错误供货（0.1%），这意味着25万欧元的经济成本，此外当然还会引起客户的不满。

在斯特勒仓库还会为安全技术进行一个特殊流程，以确保产品的可追溯性。即依照代销清单将所有设备从货架上取出，再将产品的订单号、客户号和序列号人工录入到数据库中。录入之后会交给客户一个凭据，这一凭据会提醒客户，他需要对产品由此之后的可追溯性承担责任。尽管做了这些工作，也无法始终保证完整的信息记录。以埃森为出发点，有将近25%的产品销售到欧盟以外的地方，这些产品会从分公司的过渡仓库再被发送到世界各地。易福门的销售分公司，也就是位于欧盟之外的、埃森和客户之间的中间站，需要接着负责从斯特勒发出的产品的记录工作，但从组织上看，他们往往不具备这样的能力。所以当产品到达客户手中时，只能通过类别牌来进行识别。可是在工业应用中，类别牌经过数年的时间往往会被严重损坏。

我们仔细观察上述整个价值创造链，便不难发现，对于安全技术而言，人工操作过程所占比例很大，这会导致较高的错误率，进而要求较高的、并且尽可能自动化的成像质量，才能避免进一步产生干扰值。利用硬件技术进行的识别目前并没有在所有生产过程实施，而仅局限于五个生产过程（ICT，中期检测、末端检测、货品出厂和斯特勒仓库），这种识别往往还依靠人工操作，所以不仅烦琐，还难以避免错误。这些依靠人工操作的过程恰恰是RFID这一高度自动化的识别方式非常适用的地方。

易福门有限责任公司内部的IT基础设施在很大程度上依靠自己的软件解决方案，这些解决方案并不能满足实现高成像质量的要求。易福门现有的软件应用有各种不同来源，其中一大部分来自公司内部，甚至有一部分是专门为某一机器开发的，并不具有通用性。过程数据仅被收录在检验设备中，而且还使用了各种不同的存储媒介，所以目前无法通过一个软件集中地来获取可追溯性数据。

“每种类型的追溯都必须依靠手动操作。”

因为机器之间缺乏相互沟通，在加工过程开始之前无法调阅待加工的单位的状态，所以无法实施过程封锁。要想调阅状态，必须先让待加工的单位具有可识别性。部件组则是在中期检测之后才能被识别的。有错误的单位不具备二维码，因而不会被进一步加工，而会被直接淘汰。如果这一错误产生于某个问题部件，我们也无法为后续部件组实施过程封锁，或者仅能比较滞后地利用人工方式来进行过程封锁。

尽管使用了 SAP 系统，但是易福门有限责任公司现在使用的用于记录单个生产或者个性化生产的人工识别方法耗费的成本也非常之高。易福门有限责任公司有大约 4% 的产品属于个性化定制，这部分产品却占了几乎 10% 的销售额，因为这些产品往往属于高价产品。如果能从软件和硬件方面对这部分产品实现自动识别，便能获得很高的利润。

我们所考察的实例，即易福门有限责任公司是一家内部网络中的企业。易福门集团则可被视为一个类似于战略型生产网络的内部网络，因为网络中生产企业的数量可变，而且它们在内部和外部都有多重连接关系，因此相对于生产需求计划、生产需求控制和订单调节，它们具有分散的决策结构。

ifm electronic gmbh 作为中心企业会制订战略目标。易福门集团对物流提出的战略要求是，98% 的供货在全球范围内能在 4 天之内进行。而对于卖出的上千万个传感器和系统，是以平均 15 台的供货规模被发送给不同客户的，4 天时间的供货要求对企业来说无疑非常之高。利用前几章介绍的协同机制，不但可以测算出实现这一要求需要付出的成本，还可以对生产过程进行优化。

前几章介绍的协同机制可被用于产品跟踪，而生产过程优化之后产生的“革命性”潜能以及为客户带来的附加价值还需要在应用过程中得以证明。

5.2　有关 CPPS 的说明和分析

我们通常认为，工业 4.0 和利用了必要的产品跟踪和产品识别的环境（参见第 2.1.1 小节）一般使用的是信息物理生产系统（CPPS），并且具有下述特性：

- 利用传感技术（和与之相连的识别系统）直接接收订单。
- 以依据应用沟通中规定算法得到的数值为基础，可以在物理世界和数码世界之间建立互动。这一互动是由参与者来实施的。
- 通过数据处理部件可以使工作系统相互联系起来，进而可以随处获取数据和虚拟生产过程成像服务。
- 借助多模式的人机交互实现分散的、各不相同的、细化的沟通与调节。可以利用市场化的、分散的调节来对企业实施的集中调节加以补充，就像应用—沟通所要求的那样。

识别系统之类的传感技术由易福门集团自行生产。如果我们将传感技术，即机器的“感觉器官”与 RFID 之类的自动识别联系起来，就形成了虚拟生产的图像或者物联网（IoT），也就是应用案例中的“智能”传感器。

所有工业应用中的识别系统都有两个组成部分，即硬件部分的传感器和促动器以及数据处理和人机交互的软件部分。为了确保工业应用中的产品跟踪，不仅会用识别系统（硬件）录入产品相关信息，还会用 IT 系统（软件）对这些信息进行处理。

“RFID 项目成果的关键始终在于结合使用恰当的软件和硬件，并利用正确的 RFID 数据存储器”。

我们会在第 5.2.1 和 5.2.2 小节中对硬件以及相关软件进行介绍，然后会在第 5.2.3 小节中就易福门有限责任公司的特殊解决方案进行成本—收益分析和经济性分析。

5.2.1 借助 RFID 来实现的产品跟踪的硬件解决方案

对于经历了生产和物流两个过程的产品而言，我们对其进行的识别从根本上将可以分为以下几种类别（见表5.2）。

表5.2 识别方法

识别方法	识读系统	每个识读系统的成本	每个识读过程的长短	每个商标的成本	信息成分/可读性
质量	称	5千欧元 p.a.	4s	0.00 欧元	-/-
明码文本	人工	5万欧元 p.a.	4s	<0.01 欧元	-/-
生产印章	人工	5万欧元 p.a.	4s	<0.01 欧元	-/-
1D 代码	（手持）扫描仪	200 欧元 p.a.	4s	<0.01 欧元	-/0%
2D 代码，例如 ECC200	图片处理系统	300 欧元 p.a.	4s	<0.01 欧元	当现损坏时+/当平面出现最大的25%损坏
RFID 组件（PCB-Tag）	天线	100 欧元 p.a.	0.5s	>0.07 欧元	++/40年质保

来源：参见意法半导体公司，2012A；Ten Hompel 等人，2008，第75页，第84页。

易福门有限责任公司使用如此众多的识别方法，就已经说明成本高昂的重复记录以及信息链中的媒介缺口，导致的结果便是过程进度缓慢，不具有透明性且有较高的出错率。如果我们将生产过程看作调节对象，那么就无法及时且自动地对机器停产、质量浮动及需求波动等持续出现的干扰因素进行调节，尤其是像易福门有限责任公司这样在测量技术和调节技术领域非常专业的企业，对生产流程往往需要提出这样的要求，因为调节过程中的每一次人工中断都会导致延迟和更多的干扰因素。如果我们要将人工拟订的商标和自动化统计进行对比，就必须先对调节过程中的干扰因素进行考察。

易福门有限责任公司使用的最不准确的识别方法就是计数控制中的重量

法。因为设备的重量会发生变动，所以对重量进行比较，结果非常不准确。所以我们一般向欧盟外部发货时会基于海关程序采用这一方法，在欧盟内部，只有当箱子的实际质量与标准质量间的偏差达到15g时，才会采用计数控制。

这种偏差会涉及所有被称量箱子的三分之一（三千个箱子中的一千个）。95%的经过计数控制的箱子是被正确打包的。因此，重量控制不但耗时，而且耗费人力，这个费时费力的过程又往往给计数控制带来瓶颈。易福门有限责任公司总共安排7个人来负责欧盟外部的计数控制，而特殊秤这一个工具本身就造成了约百万欧元的资金投入。

明码文本和生产印章与计数控制一样，也需要依靠人工进行识读，因此也是费时费力且容易出错的识别方法。从20世纪80年代起，生产商开始使用代码，以便在生产过程之初就对电路板进行标记。因为代码本身被印在纸质标签上，标签再被粘贴在电路板上，所以这一操作既简单又经济。代码包含的信息往往是序列号。借助这一信息我们可以进入数据库，数据库中存储了有关电路板或者设备的所有信息。

由于代码在标签上占用的面积不小，所以印刷密度并不大。我们可以借助扫描仪来识读代码。因为扫描仪需要和标签有光学上的接触，所以无法进入设备内部进行识读，迫使我们再次使用生产印章、明码文本或者称重法等识别方法。此外，采用扫描仪的识读过程也比较费时，因为我们必须将电路板置于合适的位置，以使扫描仪可以接触到标签。如果标签在生产过程中被损坏，或者因为污迹而变得模糊，那么代码就很可能无法被识读。

过去几年中，我们也引入了二维码，即使当25%的面积受污染或磨损时，这种代码依然能够被完整识读。此外，这种代码的信息密度也高于一维码。不过二维码在电路板上占用的面积也越来越大，易福门有限责任公司现在也还是使用借助镊子的人工方式将其附加在电路板上。

用于识读二维码的扫描仪对分辨率要求很高，有时甚至因为扫描仪的过高成本使得二维码相对于一维码的优势不是那么明显。不过所有光学识读法都存在一个问题，那便是当电路板被设备包裹之后，如果不打开设备，便无法通过识读标签来进行识别，也就无法实现产品跟踪。如要准确进行光学识读，需要耗费大量时间，可以实现 80% ~90% 的准确率，即 10% ~20% 的错误率。然后会用人工方式对错误加以修订，这也会延长识读过程。对大多数二维码进行的人工识读都无法做到实时性。

RFID 相对于前面介绍的光学识读法有着突出的优势。早在 20 世纪 30 年代的时候，RFID 这种以无线电波为基础的自动化识别和数据收集法便被研发出来用于一个军事项目，当时的主要目的是用来识别飞机。从 20 世纪 60 年代起，这一技术被用于入口检测，从 1978 年起则被用于动物标记。早在那个时候，我们就不光可以借助 RFID 来对动物进行识别，还可以通过在动物身上安装传感器来监控动物的体温和饲养情况。由此可见，RFID 和传感技术之间有着密切的关联。从 1988 年起，由于市场需求大增，RFID 技术开始被用于工业领域。

在工业应用中，RFID 技术主要被用于物流（约占 40% 的应用）和生产过程（24%）。RFID 的优势在于能够在较短时间内识别更多的信息，而且不需要光学连接，还可以通过过程优化来实现灵活性，此外也能为客户在使用设备的过程中提供服务。

RFID 系统的硬件组成主要包括传输器和识读器，这两部分需要在波段上相互吻合。相对于条形码和二维码而言，RFID 传输器能够接收更多的，并且可变的信息。标签可以被视为电子标志牌，上面包含有生产商数据、产品类别或者订单号、生产日期等信息。对于安装了电路板的产品，我们可以借助随时可变的识别来对其进行更改，甚至是在生产过程当中对其进行更改。此外，我们对已有标志牌进行改动的可能性也比条形码或者二维码的可能性大很多，因为条形码或二维码往往被固定在电路板上，无法改动，而序列码则存在于 RFID 标签中，可以和相关数据一起被改动。

RFID 系统与条形码或者二维码之间的另一个不同之处在于，RFID 系统不需要与被识读物品之间建立光学联系。所以只要安装了 RFID 部件的产品从一开始直到生产过程中都很容易被识别。由于使用 RFID 系统不需要对设备进行其他识别，从而可以节省时间、物料，并减少错误的产生。即使对于被污染、有损坏的外包装，我们依然可以对产品进行识别。因为传输器在外部设备的保护下可以免于受到机械外压，从而使得识别基础不被破坏或被复制，这样也可以防止盗版。传输器配备有特有的序列码，我们可以在设备内部将条形码移去，但会造成一定损坏。

主要因为能够大量节省时间，所以RFID识读过程相对于其他识别方法更加经济，RFID标签的识读率也明显高于其他光学识读标记。此外，RFID识别方法只在最小的区域范围内要求精准的实施。精准实施意味着较小的灵活性带来的成本，例如在对电路板上的代码进行识读时，我们必须要求摄像头不断重新对准另一块电路板上的代码，非常耗时耗力。

因为我们是在物料流动过程中来进行RFID识读的，所以可以同时完成大量的识别，并自动产生从流动物料中得到的数据组。当然使用RFID技术需要满足的一个前提是，我们在生产过程中就已经为产品配备了识读器。对于不同的生产机器和不同的生产过程，我们可以采用不同的配备方式。不过一般说来，识读器最好是位于尽可能接近生产工具或者生产机器的地方，这样便于操作安装。

不同识别系统要求的识读时间长短也各不相同，这个时间过程不仅包括识读本身，还包括找寻待识别对象的过程、对识读结果进行记录的过程以及对错误进行更改的过程。相对于人工识别而言，RFID识别的错误率明显降低。例如在盘点过程中已经实现了99%的准确率，从而使得库存短缺的状况得到了60% ~80%的改善。利用RFID标签，我们不通过人工手段就能从大量订单中选取合适的生产订单，就像给MES或者ERP系统反馈生产信息一样，生产订单会与所在地和下一流程进行联系，生产机器会在下一个工作流程开始之前判断正确的订单是否已经到达，从而理想地实现产品跟踪。

在代码识别法中，如果光学识别因为外部部件阻挡无法进行，那么还需要以其他方式进行识别，再次造成耗时。因为对安全设备的识别进行记录比较费时，所以我们根据在物流过程中的测量，将安全设备的识读时间设定为

2min。但是当产品数量增加时，有可能需要增加人手。与此不同，RFID 这种自动化的识别方式所需的识别时间大大缩短，对于一般设备只需要 0.5s 的识别时间。

与其他识别方法相比，利用 RFID 进行识别的成本可以忽略不计。如果想要利用产品跟踪实现更高的一次通过率，我们经常使用上述五种识读方法。不过总体来看，出于成本原因，还是更推荐使用 RFID 来进行识别。

在对各种识别方法进行比较时，需要考虑每年的盘点及其成本。在斯特勒，每年会对三分之一的产品，即 115 万台设备进行抽样检查，为此需要投入 440 个工时。不过易福门有限责任公司生产的设备仅占 ifm electronic gmbh 生产设备的 10%，所以斯特勒的盘点成本仅占总成本的 10%。ifm electronic gmbh 的盘点还另外需要 360 个工时用于人工清点所有设备以及 A、B 部件。在特南进行的盘点也需要差不多相同的工时。使用 RFID 技术后，用于盘点方面的时间能节省 75% ~92%。

尽管 RFID 技术具有很多优势，但是它并不能完全代替二维码或者条形码。将 RFID 技术和其他识别技术相结合可能很有意义，但我们在此并不会就此进行论述。重要的是，只有在普通的整体系统中才能利用低成本的 RFID 技术获得直接收效，也就是说，要求所有经过价值创造链的产品都具有 RFID 设备。因为安全设备经历的是一个特殊的生产过程，所以它涉及的是一个自身封闭的整体系统。要在斯特勒仓库对所有过程降低成本，那么就要求所有设备都得配备 RFID 传输器，而不仅是由易福门有限责任公司生产的产品。

在有关 RFID 硬件的讨论中，决定性的因素是传输器的种类和波段。接下来，我们将就这一组成部件进行讨论，并分析安装在待识别对象上的 RFID 组件的特征。

> “在 RFID 系统中，标签是身份和有可能的其他信息的载体，它是 RFID 系统中最基本的元素”。

传输器至少包括一盒微型芯片（配有 CPU、RAM、ROM 和 EEPROM 或

FRAM的RFID芯片）和用于接收和释放波段的天线，我们会将传输器安装在待识别对象上。这个对象有可能是工件架，也有可能是外包装或者产品本身。为传输器选择何种载体对于成本有着至关重要的影响，但是我们不会首先考虑这一因素，而是以产品跟踪这一目标为导向。

通常来说，在工业生产中被用于产品跟踪的RFID传输器是全自动地与产品相连的，并且无法被取下。在易福门有限责任公司中，因为工件架很少被使用，而且在生产和物流环节中经常需要更换包装，所以为工件架或者包装安装RFID传输器的意义并不大。因为我们是以单独的方式对产品进行操作的，所以只有采用昂贵的人工方式在生产过程中进行新的识别或者计数控制。

在我们决定将传输器直接安装在产品上或者产品内部之后，就需要在“开放回路”和“封闭回路”之间进行选择。在封闭回路中，当产品离开企业时，我们会将安装在它上面的传输器取下。而在开放回路中，传输器会一直跟随产品，直至它寿命终结。在开放回路中，传输器无法被重复使用，所以我们购置非常多的传输器，这笔投入并不能被视为投资，而是物料成本的增加。因此，我们通常会选择封闭回路。当然，由于传输器之类的电子器件日趋小型化，开放回路的成本也会逐渐降低。

我们应该尽可能早地将传输器安装在价值载体上。易福门有限责任公司也和大多数自动化行业一样，将电路板作为载体，因为产品外壳通常只具有机械作用，软件也仅是在研发阶段耗费高成本，但在大量复制阶段却不会造成高成本。

在表5.3中，我们对制造产品所使用物料的成本和识别进行了介绍。实际上，电路板就是价值载体和身份载体。将RFID部件作为传输器最大的好处是可以用自动化的安装方法来代替手动安装法。易福门有限责任公司生产的所有产品都具有硬质的电路板，而在易福门其他公司中通常使用的是电路片。所以易福门有限责任公司生产的所有产品都可以在生产过程中以自动化方式安装传输器。这也与工业4.0和物流网的要求相符。

表 5.3　对易福门有限责任公司所使用的物料进行识别

物　料	成　本	识别	被使用的平面
电路板（2～12 层）不带零部件，通常可被使用 4 次	60～80 欧元	在电路板双面标有明码文本	不具备可被使用的平面
外壳部分（50% 塑料，50% 金属），顶部，底部等，物料组	1～5 欧元	生产商给的生产印章（日期码），用单独的铸造印章标明物料组	在材料表面不会消失
安装在物料卷或物料带上的 SMD 组件	0.01～100 欧元	批号，MSL 水平，组件编号	条形码或二维码
微型控制器	10～40 欧元	序列号，日期编码	生产商在控制器中进行存储
软件	10～10000 欧元	版本号（通常在完整安装之后）	易福门有限责任公司在控制器中进行的存储
电路板，组件	60～1000 欧元	生产日期和订单号	大于 10mm × 10mm 的标签，或者附加的生产订单，在组件储存区域进行的存储
产品和产品包装	100 ～ 1000 欧元	订单号	订单文件夹中附带文件上的明码文本和代码
红色/黑色箱子	1 欧元	产品号	带有明码文本和代码的标签
“香蕉箱”	1 欧元	产品号和件数	带有明码文本和代码的标签
斯特勒仓库中的箱子	/	产品号	带有明码文本和代码的标签
产品货箱	18 欧分或 1 欧元	货箱号	两个带有利用“角点标记”生成的代码的标签

来源：作者。

将传输器作为部件的优势在于，我们可以利用“自然连接”随时对电路板加以操控。在整个生产过程以及产品的寿命周期内，RFID都起到了与产品之间进行连接的作用。与产品之间的“自然连接”和智能的传感器不但适用于工业4.0，还适用于ZVEI得出的电子行业中出现的自动化趋势，这一趋势将会为客户带来更大的益处：功能上的安全性、个人安全性和全球化。

- 安全性：用RFID连接来代替原来与设备之间的机械连接可以提高功能安全性。机械的连接方式会造成裂口，并导致非密闭性和其他的机械损坏。RFID则不会造成类似问题。当然如果有需要，我们可以用RFID和机械方式相结合来与产品建立连接。我们还可以将利用RFID连接的自动化安全切断作为机械式切断的补充。也可以利用完善的可追溯性来获取产品持久性方面的信息，也能更准确地确定产品寿命周期内的功能安全性。
- 在安全性范畴内，防盗版以及防病毒等话题也变得日益重要。例如我们利用RFID技术能够比用光学方法更好地识别盗版。这对于部件销售和产品追责都有着重要意义。我们可以利用RFID连接来对产品上的许可标记进行检验。利用RFID还能有效防止机器或设备的盗版，因为我们无法用机械方法来制造RFID认证。因为RFID并不与网络建立直接连接，所以也为自动化软件提供了更大的防病毒可能性。
- 全球化缩短了创新进程，也使用于硬件的原料日益昂贵，RFID可以帮助我们应对这些问题。通过RFID建立的与设备间的连接可以为环境软件带来更大的可变性，减少硬件的复杂性。日益缩短的创新过程使软件成了自动化产业中具有区分功能的因素。软件成了关键的竞争优势，因为它能帮助实现更短的创新周期，并为产品提供更大的灵活性。对于客户而言，（与语言相关的）有关软件的应用须知和智能终端产品变得越来越重要，但是我们并不希望客户自己来进行无需语言的编程，而且在一些国家根本不具备相应的培训水平。越来越多的电子技术的相关知识被软件应用的相关知识和对计算机和智能手机的日常使用所替代。相对于编程而言，测量、参数设定、绘图、升级等软件功能变得更加重要。我们也可以借助软件，实现操作上的语言本地化。通过与因特网的连接，我们可以直接网上购物或者见到虚拟商品。借助RFID还可以实现远程编程、维护、建立数据库和自动化的错误分析。

综上所述，RFID连接可以为客户带来附加用途。为了实现这一“自然连接”，我们需要在电路板上为天线和芯片提供空间。如果想要在自动化工业和电子工业的部分领域使用RFID，就必须满足很高的要求：

“对于物流而言，完全不必考虑数据载体的大小，因为电子产业都是在毫米范畴内来计量的。”

随着微电子部件日益缩小化的趋势，RFID芯片占用的面积比现在使用的标签更小。天线会和RFID芯片一起被植入电路板或者设备外壳中，在此之前需要将天线和芯片黏合在一起。Würth利用折叠技术发现了自用方法，可以让天线占用尽可能少的位置，即在电路板中安装灵活的卷状结构，这样可以包裹任意多的层数，还可以承受高电压。

即使在电路板没有连接电源的情况下，传输器也要能够工作，这样才能随时对它进行识读。我们可以安装附加电池来得到移动的传输器，它可以实现较大的识读距离，也可以存储更多数据。从技术和价格上看，移动的传输器类似于无线电波、WLAN或者蓝牙这一类无线电技术的应用。我们以“低功耗蓝牙”的方式提供了一种无线电技术，它与移动传输器的使用相类似（见表5.4）。

表5.4　蓝牙与NFC之间的简单对比

参数	低功耗蓝牙带	有被动传输器的NFC
数据传输率	<1Mbit/s	<848 Kbit/s
涵盖范围	<10～250m	<1m
电流需求	>15mA	<15～150 μA，最大6 mA
建立连接所需时间	3～5ms	0.1ms
成本	30欧分/设备	10欧分/设备

来源：作者依据connectblue，2012；Finkenzeller，2012，第189页；意法半导体公司，2012B，第45页，第117页；意法半导体公司，2012A，第11页。

通过这一简单对比，我们不难看出，NFC仅在适度距离上存在劣势。借助NFC传输器和电子设备与微型控制器之间的联系，我们也可以将RFID用于传感器和智能手机之间的沟通，就像蓝牙一样。使用者在智能手机方面的知识可用于为设备制订参数。NFC明显偏小的识读距离能够在工业应用中实现更高的安全性。

但是只有当NFC依照标准被植入智能手机中时，这个蓝牙与FRID之间的对比才成立。早在2012年，就已经有11%的已售智能手机配备了NFC（前一年是4%）。2016年这一比例上升至44%。另外还可以为非NFC智能手机提供NFC转接器（见图5.4）。

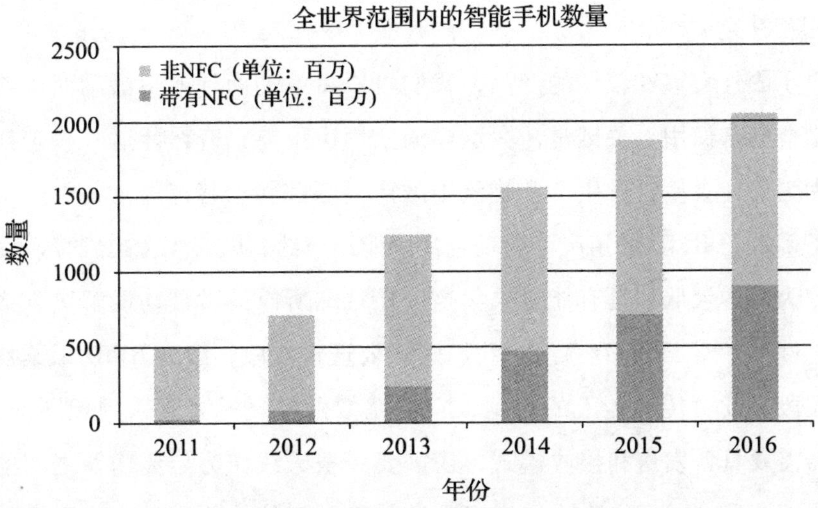

图5.4　关于NFC的市场预测

来源：作者参照IDC，RFID概况，2012，第38页及下页；Elektronikpraxis，14.12.2012。

对于低功耗蓝牙和可移动传输器，我们需要在电路板上另外安装电池，这样才可以使连接在没接电源的情况下也能正常工作。当然使用电池也会造成成本，并占用空间。而且这一成本在未来几年内很难大幅下降，因为与每年5%的微型信息机能效增幅相比，电池的能效增幅还非常缓慢。如果我们因为这一原因就放弃为电路板安装电池，那么当识读距离较大或者存储空间较大时，传输器就很难正常工作。

被动型传输器具备的传输能力偏低，并且只能借助识读器来实现传输功效，识读器同样需要耗费能量。不过采用这一方式能耗较少，屏蔽问题较少，方法的安全性也更高，使用成本更低。这一被动的、低能耗的解决方案甚至还能实现“能量采集”。借助“能量采集”，我们可以通过 RFID 连接从外部收集能量，而不必为电路板连接电源。这使得我们在没有固定电源时也可以使用电路板，而且在电能需求很低的情况下，我们甚至可以放弃电源连接，从而也避免了因为机械连接造成的磨损风险和密封性欠佳的风险。客户无须再配备昂贵的电源连接，他们还可以使用无线电传感器，这种传感器不需要太多能耗就能传输测量值。RFID 和其他的无线电技术也并不相互排斥，反而可以相互补充。

对于固件转移性较低的产品，我们可以将活动商标或半活动商标与被动商标结合起来使用。关键是，在这样的应用中不能只有蓝牙这一种选择可能性，因为那样会使自身生产和物流中的产品跟踪无法普遍有效。不过要在所有设备都配备 RFID 的情况下实现直接的能源节约，就必须考虑到普遍性。

因为成本较低和具有能量采集这一特征，所以通常被动性解决方案都是有针对性的。对于 RFID 系统，我们还需要选定波段，因为 RFID 识读器需要借助波段来读写传输器上的数据，它们就像标签一样需要采用相同的波段。识读器需要具备发送和接收模式，还需要一根天线作为与传输器之间的连接组件。识读器上的天线大小决定了电路板上的天线大小，波段决定了可能的识读距离。RFID 识读器的主要任务是生成发射信号、接收和过滤回应信号，并对这些数据进行加工，再传输给相连软件。

《工业、科学和医学》一书对 RFID 系统做了如下规定：长波范围 135 kHz（LF），短波范围 13.56 MHz（HF），欧洲内部的超短波范围 868 MHz，美国的超短波范围则为 915 MHz。不同波段范围的不同特征也使得它们具有不同的适用领域。接下来我们会对不同波段的优点和缺点进行比较，并介绍易福门识读器的特征。

除了表 5.5 中提及的以及下述讨论的标准以外，波段选择还取决于市场上是否存在以及存在哪种适用于自动装配的 RFID 部件。生产这一类 RFID 芯片的厂家有 NXP、Infineon、Inside Secure 和 Legic。接下来我们将举例介绍市场上现有的一些有关传输器的解决方案，并将它们与易福门识读器结合起来进行考察，另外还会介绍智能手机这一类的已被广泛应用的识读器。

表 5.5　易福门的 RFID 识读器天线

易福门识读器特征	LF ANT512	HF ANT513	UHF ANT820（中波段）	UHF ANT830（宽波段）
天线尺寸/mm	40×40	40×40	156×126	270×271
穿透性	++	+	-	-
导向效果（远场开口角）	-		100°	70°
最大识读距离/cm	6		200	1000
数据率（通过速度，m/s）	<0.5	<1.0	>50	
表面反射（金属）	无反射，但在磁场内会加强或变弱，导致回放波段失调		在金属表面产生反射、干扰等，涡流电损失，回放波段失调	
价格	165.50 欧元	174.50 欧元	340.60 欧元	361.20 欧元
被动式传输器的特征	LF	HF	UHF	
能源供应及需求	被动	被动和半主动	被动和主动，高能源需求，无法进行能源采集	
集体识读特征	没有被实现	100 件以内有可能	500 件以内有可能	

来源：作者参照 Kern，2006，第 41 页，图 4.3；Mayer，2010，第 37 页；Rhensius/Dünnebacke，2010，第 24 页；Finkenzeller，2012，第 27 页及之后数页；易福门有限责任公司的数据，2011D；易福门有限责任公司，2010；易福门有限责任公司，2011C，附录 X。

低频波段需要较大的天线面积和较多的能量，才能在要求范围内完整识读 RFID 组件相应的识读距离，RFID 组件则被安装在设备内部。与传输器中要求更大的天线面积不同，汽车行业已经可以用纯铁天线和芯片作为 RFID 组件来实现半米的有效距离。早在2000年就已经出现一种与电子设备的微型控制机相连的长波段解决方案，借助这一方案我们可以利用与设备间建立的自然连接来进行数据交换。不过ATMEL现在已经不再提供这种方案。

相对于高频波段，低频波段的数据传输率较低，数据通过速度也较慢，所以低频波段在未来的应用会主要局限于安装和物流方面。集体识读还未在低频波段得以实现，也就是无法一次性对多台设备进行识读。不过这样也不会产生重复识读的风险。

一般来说，在有效距离较短的情况下，如果主要考虑安全因素，那么就适合使用低频波段，此时并不追求价值上的其他应用。而产品跟踪则以可追溯性的直接或间接用途为主要目标。此外我们还会研究高频波段能在多大程度上实现这一点。

在高频范围内，NXP和索尼公司研发出了NFC这一全球通用的、用于无线交换数据的传输标准，尤其是以智能手机为工具。ISO/IEC 14443规定了10cm的最大识读距离和424 Kbit/s的最大数据传输率，以图在较短的距离内实现更可靠的识别。ISO/IEC 15693规定识读距离最大为1m。

NFC和相关的高频波段为我们提供了不同于其他波段解决方案的附加用途。如果能把手机作为RFID识读器来进行使用，那么这种人工进行的识读过程就非常节约成本。通过标准的NFC连接，工人可以不借助特殊的识读器调取传输器上的信息。不过最突出的优点还在于，客户通过手机就可以对安装了NFC的ifm设备进行操作，从而可以在产品的整个寿命周期内获取来自于或被提供给传感器的信息。所以，NFC很好地满足了快速灵活地获取数据的标准连接应该具备的条件，这也是在工业4.0框架内对智能产品提出的要求。

要与ifm设备之间进行数据交换，首先要求ifm产品的微型控制器必须安装通过可被描述的存储器和连接安装上NFC传输器。借助NFC标准，STMicroelectronics公司就提供了一种带有4～64 KbitEEPROM的RFID芯片以及用于微型控制器的数据总线12C。前提条件依然是ifm设备内配有微型控制器或者ASIC，易福门有限责任公司生产的所有产品都满足这一条件。在设备的微型控制器和RFID芯片连接之后，就可以根据客户的特殊需求来进行参数设定，当然在此之前需要在设备内配置电路板。借助智能手机可以对设备上的数据进行调整（设定、升级等）或者将设备上的数据记录下来。设备自身可以判断它是否被安装在正确的位置上，然后才会开始工作。如果与客户的芯片之间的连接具备相应储存空间，数据记录也可以持续进行，从而可以更快地在设备中发现错误。

固件往往是造成召回或者投诉的问题所在。召回成本主要来自于拜访客户的旅途费用，因为解决问题的应用工程师必须在设备安装地实地处理问题。借助RFID连接，客户自己就可以更换固件。除了操作指南之外，生产商同样可以以App的形式向客户提供合适的问题诊断应用程序。诊断和替换部件的订购都可以随之借助标签识读来进行。此外，我们还可以帮助客户实现自动化盘点或者对生产中断自动报警。最后，当产品达到寿命周期终点时，我们可以利用之前记录的信息对其进行报废处理。这一做法能给客户带来附加益处，也为企业创造了额外盈利来源。一旦传输器与易福门设备的微型控制机产生连接，它便成了与设备相连的沟通连接。传感器中与微型控制器相连的RFID芯片以及与智能手机相连的RFID芯片都具有沟通能力，还能为客户带来实际效用。由此也形成了传感器的一个竞争优势：

“好产品要能沟通。”

金属会在高频波段中造成混乱，从而给识读距离带来干扰。如果要将上述易福门有限责任公司使用的方案推广到整个易福门集团中，技术外壳对于传感器而言将会起到非常重要的作用。在易福门集团中，尤其是在负责生产流化传感技术的子公司ifm prover gmbh中，存在很多金属外壳，它们被用在特定的行业，如食品工业中。靠近金属的传输器会受到金属的干扰，造成可识读范围大大减小。环境中的金属还会减弱磁场流，从而降低连接，这也会造成识读距离减小。为了解决这一问题，我们可以采用纯铁天线或者让设备直接与芯片产生联系。这也需要对每台设备进行相应研发，也会造成较高的成本。

易福门有限责任公司生产的产品只有控制器是坚固的金属设备。在进行样品研发时，我们考虑的则是集团生产的大部分产品，所以我们选择了一个塑料材质的设备作为样本。接下来我们会对使用智能手机带来的巨大优势与高频波段相对于超高频具有的劣势进行比较，并探讨在这一波段范围内与金属控制器建立连接的可能性。

对于超高波段，有一系列的传输器解决方案。超高波段通常使用的天线是波段长的一半，也就是大于17cm。在超高波段中，我们一般认为，电路板上会失去宝贵的空间。这里我们提出的用RFID组件作为传输器的实例是Murata与Kathrein一起研究出的解决方案，这一方案可以帮助节约空间，并且已经被施耐德电器这家自动化行业中的公司用来完成产品跟踪。

由Murata研发的Magicstrap模块包括原本的RFID芯片和外壳。天线面积的一部分就是电路板上的以LTCC为基础的一层金属片。由于偶极天线的对称结构，它在垂直于中点的地方会有一个潜在平面。这一潜在平面可以被一个膨胀的、能导电的平面所代替，在这里我们采用的是电路板，天线的主要功能并不会因此改变。本来要流向偶极天线所缺少的那一半的电流也因此流向了能导电的平面。因为在RFID模式中，电路板被当作偶极天线的一部分，所以电路板在导电面上的面积并不像在NFC解决方案中那么重要，但是电路板的面积却很重要。易福门集团的很多产品都不具备导电面，而只有电路板，电路板并不满足Murata提出的最小长度应为6cm的要求，所以我们在这里必须使用另外一种解决方案。

Murata解决方案包含的RFID芯片面积为3.2 mm×1.6 mm×0.55mm，正好与起识别作用的二维码面积相当，是非常小的一个陶质阻力或者电容器，因此芯片所占面积不再构成大的障碍。模块的体积也可以在多层产品中被忽略。在这些产品中，RFID芯片并不位于导电面的表面，这也有利于防止盗版。

在将Magicstrap-RFID芯片安装在电路板上时，我们采用了电感耦合的连接方式，这种方式不需要与天线产生直接连接，而只需要在天线上放置1mm左右的粘胶或者胶带。空气中的超高频波段由电路板平面来接收，天线结构则决定了RFID组件的频宽和带通。天线过滤装置、天线的阻抗调整开关以及ESD保护装置（10 kV/m）都安装在模块中550 μm厚的LTCC基座上。采用Murata解决方案的电路板开发费用明显低于前一章介绍的NFC解决方案。如果更换电路板供应商，会对电路板基座材料的特性造成影响，意味着新的供应商有可能使得开关的准确性降低，从而产生相应的成本。

因为Murata解决方案已经经过成功实施，所以利用天线进行识读的准确性完全可靠。同时，我们也可以利用带有较短有效距离的识读器来对传输器进行单独识读。但是因为天线连接和表面反射，超高频波段会使无线电模板在一定程度上发生扭曲，所以必须使用大量昂贵的超高频波段天线，并对它们进行准确安装，以防出现错误，还要对天线获得的结果进行相互检查。在高频环境中，我们只需注意，由于传输器定位的不确定性，被安装的天线也会具有不同的定位。

因为技术底座上传输器具有偶极，每一次反射都会造成抵消或者增强效果，所以我们几乎无法测算电磁耦合发挥的作用。为了解决这一问题，我们可以用特定材料来隔绝传输器，或者把传输器调制到错误的频段上，从而使频段因为载体有误不会产生抵消效果。此外，我们还可以利用两次或多次共振来应对这一问题，具体做法便是，将金属外壳的一部分作为天线来使用，不过这样又会像在高频环境中一样，造成新的研发费用。

借助Murata技术，我们可以采用最小的天线实现超过50cm的有效距离，并且可以实现集体识读。当电路板长度为10cm左右时，利用上述介绍的UHF解决方案可以实现3.6m的有效距离。利用易福门有限责任公司生产的UHF天线也可以实现较远的识读有效距离和集体识读（见表5.5）。UHF技术带来的更远的有效距离的优势是至关重要的，因为我们在NFC解决方案测试中得出，高频环境中的有效距离无法在设备外部完成识读。不过在超高频环境中，我们必须考虑被浇注设备的吸收效果。

易福门有限责任公司生产的位置传感器（约占总销售额的一半）中许多设备都会被浇注。被浇注的设备会在超高频环境中产生吸收作用，这一点构成了将易福门有限责任公司的解决方案推广到整个集团的一大困难。对于硅和聚氨酯而言，吸收系数为0.3～0.5cm^{-1}。这意味着，超过2.5cm之后可能产生37%的吸收效果。而在高频解决方案中不存在这一问题。

UHF具备的更远的有效距离和更好的集体识读尤其对于物流而言有着明显优势。一般来说，高频系统的识别率是每秒10～30RFID传输器，超高频系统的识别率是每秒100～500RFID，具体数值还和数据传输率、防冲突算法、传输器上的序列号长度以及再校准耗费时间相关。对于已经在斯特勒被打包在一个包裹中的设备，我们可以更快地，并且在更大的有效距离内进行识读。

对于已经在斯特勒仓库被打包的包裹，我们可以一次性完整地进行照射，尽管有可能因为定位因素和表面反射存在大约2%的识读偏差。超高频环境中的这一偏差使得我们必须另外再进行计数控制，所以不会造成可持续影响。根据防误防错理念，物流方面采用的解决方案更应该关注如何从货架上取出正确的产品，而不是最终对产品进行正确打包。而要做到正确地取出产品，并不一定需要UHF所具备的较远有效距离和集体识读的性能。我们也可以采用高频天线结构，它可以在代销仓库的火车站被安装在包装箱上。

要想在Murata方案中实现NFC中的与微型控制器和存储能力之间的联系，必须使用采用NXP半导体做成的RFID芯片。UCODE + I2C就是这样的芯片，它带有3328 Kbit EEPROM和连续的数据总线，和RFID连接一样，我们可以对它进行开关操作。根据生产商提供的信息，这种芯片目前没能投入实际应用。Impinj借助Monza X-2K和X-8K芯片实施了类似的解决方案。

从实际效果来看，超高频波段并不一定优于高频波段，因为它与智能手机不具备兼容性，与微型控制器之间缺少连接，还带有吸收效果和表面反射，从而导致识读不确定，电路板在面积上也有最小值的要求，而且还对电路板生产商有很强的依赖性。它的优势在于更高的数据传输率、更大的识读有效距离和较低的研发成本，因此在使用Murata解决方案时，我们必须从投入—

产出的角度（参见5.2.3小节）对上述优缺点进行衡量。

总体说来，最理想的产品跟踪解决方案是采用一个RFID组件，让其从一开始就延续整个价值创造链来对产品进行识别，具体做法是将这个组件安装在产品的电路板上。另外一个重要因素则是，当这一组件与微型控制器相连，并与智能手机之类的标准化终端设备一同被使用时，它还可以为客户带来附加益处。我们从投入—产出的角度对NFC解决方案和UHF解决方案进行了充分的对比。正如5.2.3小节中所描述的那样，正因为客户得到的附加益处非常巨大，所以我们选择与微型控制器建立连接。为了对投入—产出分析中的分摊作用进行全面考察，我们在下一节中将首先对相关软件进行介绍。

5.2.2　工业4.0协同机制的软件功能

“RFID解决方案的效用在很大程度上取决于被使用的软件。一般来说，在相关过程中已经存在搭建好的IT基础设施。”

RFID系统在融入这一基础设施的过程中，往往需要耗费大量成本，才能使信息进入相关数据库或者ERP系统的事件检测器。因此，软件对于工业4.0的成功实现有着十分重要的意义。RFID识读器当然也包括传感器和机器：

> “……生成生产数据，这些数据会被评估、检测和记录。它们也要求获取信息和参数，借助这些信息和参数我们才能对机器进行操控。此外，还必须不断地将来自于机器的生产数据传递给生产数据库，或者根据机器的需求从生产数据库中提取数据传递给机器。”

因此，软件需要具备一些特征。

RFID系统以下述功能为特征，这些功能需要软件系统的支持：

- 能对传输器进行电子识别，并在生产过程中对数据进行无连接传输。
- 可以发出调取信息的指令，被标记对象只有在收到来自于识读器以及与之相关的软件发出的命令时，才会传输数据。

在IOS系统中，除了通用数据库我们还需要关注如何确立数据交换标准。为此，我们一方面需要由代理或者服务者来进行与企业相关的说明工作，另一方面需要为协同机制中规定的数据提供统一的格式。对于识别和流程，我们已经借助EDI和XML建立了可以用来被参照的标准。

接下来会确定，该采用哪些用于识别的代码系统来将标签上的哪些数据收录到通用数据库中。同时还会确定，在流程中的哪个时刻利用软件发出指令。我们将这些流程作为在易福门有限责任公司实现RFID跟踪的实际案例来进行描述。

代码系统被用于进行标记和识别。它们可以作为序列码来对单个产品进行识别或者作为批号来标记特定的批次。序列号能够实现清晰的可追溯性，而批号只能表示在同一条件下生产出的产品的数量。易福门有限责任公司目前使用的批号相对于序列号而言，在更大范围内引起了因质量问题的召回。根据易福门有限责任公司的统计，大约每三年就会发生一次召回，造成的最大损失约为10万欧元。因此，每年因召回造成的损失约为3万欧元。如果采用序列号，则可以避免这部分损失。

我们可以推断，实际的召回成本远远高于这个数值，但是企业内进行的生产清算却使得这部分损失并不透明。例如易福门有限责任公司在比利时的分公司就遇到这样一个案例，这家公司需要对客户的140台移动控制器进行拆卸，然后再重新组装，否则就无法判断那些已经被组装但不能被看见的设备中哪些是问题设备。如果采用了RFID连接和完善的产品跟踪，就只需要提供很少量的替换设备，客户也只需要对很少的设备进行拆卸。而客户因为停产遭受的损失以及易福门有限责任公司为此遭受的形象损失无疑大大超出上述实际的损失金额。

易福门有限责任公司使用的批号与订单或者事件相关（天数批次、周批次、月批次等，参见表5.3）。但是批号缺少时间基准，而时间基准是进行协同和过程封闭所必要的信息。带有时间基准的序列号则可以在目前88%的基础上将一次通过率大幅提高，但这也会造成更大的数据量。不过由于存储器的价格日益降低，这一因素从长远来看影响很小。由于对每个单位的序列号进行识读会占用大量时间，所以当生产进程有可能出现延迟时，我们会放弃使用序列号，而对批号进行识读。但 RFID 却不存在这种情况。因为借助 RFID 进行的识读不但自动化、快速，而且成本低廉，所以会为电路板优先选择序列号。

序列号是由 MES 或者 ERP 系统依据两个不同体系给定的：

- 没有表述功能的、纯粹用于识别的连续数码。
- 有表述功能的数码，其中的数字代表着生产车间、生产日期、订单号和/或序列号。

这两者的结合体是传输器的通用识别码（UID）。这个识别码可以根据易福门产品做相应改动，依据 GSI，会在识别码中收录以下内容：

- 全球定位码（GLN），用于在全球范围内清楚地确定生产地。
- 全球贸易项目代码（GTIN），用于确定产品在贸易方面的相关信息。
- 系列货运包装箱代码（SSCC），用于确定产品的物流信息，这是对产品的生产过程和物流过程中的入库、出库、转移等步骤进行记录的前提条件。

一种连续的、不具备表述性的代码被作为序列码添加进来。但是易福门有限责任公司目前没有得到 GSI 官方认证的代码，所以我们可以认为，ifm 基本上是自由选择序列码。但是得到官方认证的代码，将来会是 ifm 开展国际业务不可或缺的。

在 ifm 进行的产品跟踪，单个产品从生产之初到生产流程结束都使用同一个序列码——Jiehe1 序列码。我们还可以为协同机制获取很多信息，它们将和序列码一起构成数据组。在此基础上，ZVEI 依据生产跟踪的定义对生产跟踪可被调用结果做了如下定义：

- 产品可追溯性和物料可追溯性：通过输入序列码可以得到所有生产流程、相关工作站的情况以及组成部件的所有批号。
- 检测可追溯性和过程可追溯性：通过输入序列码可以得到有关过程特征和检测特征，以及其他相关数据的信息。
- 外部可追溯性：通过输入序列码可以获得客户相关数据。我们可以在价值创造链中的任意时刻找到序列码对应的客户。为了实现这一点，就要求不但存储有关物料和生产过程的信息，还必须存储接受者的有关信息。

在表5.6中，我们根据协同机制和对产品跟踪所下的定义，就如何在数据库中拟订有关生产和物流的数据给出了一些建议。

表5.6　过程步骤和电路板标签上有可能标注的信息

过程	步骤进入数据库的新信息 （包括可被查证的特征、关键的过程值和后续加工）
商品入库	n/a
商品入库检测	n/a
从这一时刻开始的具有SMT功能的RFID芯片	时间印章、产品号、序列号、客户号和订单号 附加：被使用的自动置放机和回流炉，将物料批次按序列号分类
ICT	附加：通过检测是/否
THT	附加：被使用过的工作站（人工或者自动）
功能测试	附加：通过检测是/否，固件版本号
终端安装	附加：被使用的工位
最终检测	附加：通过测试是/否
商品出库	附加：存储日期
重新包装	附加：每个产品号的数量信息
物流	附加：发货日期以及对日期值最终存档

来源：作者本人。参见Cook/Tomarelli，2008，第8页；ZVEI，2009，第27页。

除了表5.6中提到的数据以外，还可以将其他的检测数据和过程数据依照它们的重要性来生成相应的序列号，它们可由机器或者检测站自动生成，并供我们使用。但是利用人工方法生成附加信息的方法因为错误率较高，而且成本高昂，所以不适合被用来生成通用数据库。

我们希望通过RFID连接来为客户创造附加值。很多附加数据都非常重要，例如参数、地址、固件版本号等。对于序列号之外的数据，我们在每一个生产步骤都需要进行判断，是否应该分散地把它们收录在传输器中或者与企业相关的数据库中（标签上数据/结合网络数据）。

如果只将识别码收录在传输器中，软件就只需调用相关数据库中的生产数据。如果选择的RFID芯片有比较大的存储空间，也可以将部分数据分散地加以收录。这种情况下，我们会滞后地向数据库发出信号。烦琐的数据管理（包括在传输器上和在数据库里）可以保留数据融合性。不过因为易福门有限责任公司并不追求能够很快地从附加数据中获取信息，也不追求百分之百的正确率，所以我们在这里选择以集中方式来收录数据，只有序列号被存放在传输器中。

使用协同机制需要的其他有关信息可以借助目录标准被传输给通用数据库。为此我们可以使用PRICAT、PRODAT和BME，因为供货时间是标准的一部分。

我们将易福门有限责任公司使用的RFID系统与MES解决方案结合起来，对通用数据库和第4章描述的沟通连接进行介绍。应用—沟通中的算法是通过应用案例得到的，而通用数据库则是由生产数据库和以代理人为导向的结构体现的。代理人作为MES与公共数据库之间的连接来对信息进行交换，它的任务是在机器、RFID识读器、通用数据库和应用—沟通之间建立起标准化的软件连接。

工业4.0只有具备了这样的连接，才能实现生产网络中的灵活性和可变性。在代理人的帮助下，数据库会和应用沟通连接起来。代理人要求在软件和硬件方面实现最低程度的标准化，还会和 RFID 评估单位一样接收机器和设备的特征。生产中的机器为实现完整的可追溯性会与交换器建立双向的连接。为了能够实现过程封锁，也需要能够向工作系统传递数据。

在特殊情况下，代理人也会发挥过滤作用。如果要通过投入产出分析来为易福门有限责任公司选择一个 UHF 波段内的硬件，就必须利用这一过滤功能去除那些由于表面反射而变得不安全的数据，然后再利用应用沟通对这些数据进行处理。由于高频波段相对于超高频波段具有更高的识读可靠性，所以过滤作用的必要性减弱。也可以利用识读器的连接管理来对其中的数据进行转换处理。

代理人能够帮助对生成数据进行简单的过滤和融合，并能在语义和语用的层面上传递数据。识读器上的二元数据和相关的评估单位一起从语义上被转换为 XML 文档，同时还会从语用上获取表 5.6 中有关序列号的相关数据，信息也由此产生。最大限度地拥有信息，并在大范围内准确地传递信息，对于数据库和代理人而言有着重要的意义。

产品跟踪包含物料可追溯性、产品可追溯性、过程可追溯性和检测可追溯性。在 MES 框架内，我们要能够在企业或者网络内部实施产品跟踪。Kletti 提出，结合可追溯性来对所有信息进行存储，必须要求 MES 具有一个中心服务器。考虑到来自于机器的庞大数据量，我们很难单纯实现这一要求，而必须借助分散的缓冲和有选择性的传递来对这一要求进行补充和代替。

代理人应该履行的具体要求如下：

- 表现，即进行实时处理的同时性（如对于过程封锁）以及共同使用资源进行数据转换过程应该只传递序列号，或者将传输器的多重识别快速归结为一种可以达到的效率。在自动化的处理过程中我们并不希望客户采取直接干预。过滤器借助特定的位模型单个事件。尤其是在

RFID中，有很多待处理的附加信息，所以对效率有着很高的要求。我们不仅为了过程封锁实施提供数据，还必须为了协同连续存储数据，并根据订单向ERP提供数据。

- 融合能力主要体现于纵向的融合能力（见图2.2）。它包括用特殊的RFID识读器进行询问，并在ERP框架内进行进一步处理。这一过程的可靠性主要体现在错误透明化、透明性和安全性等方面。代理人可以随时处理出现的问题，并采取相应的过滤手段，保证整体的功能不受影响。协同机制要求呈现来自于各个企业层面的、具体化程度不一的信息，以避免不必要的复杂性（透明度）。只要我们能够保护单独的系统部件不发生盗版，并对被传递的数据实施保护，那么借助代理的传递工作实现的融合就是安全的。这一点尤其适用于我们对客户信息和传输器信息进行汇总之时。
- 可伸缩性，即相对于增长的效率具有的开放性。这一点是通过对多台计算机进行分配以及一个客户服务器来实现的，从而也可以实现上面要求的利用中心服务器来存储信息。可伸缩性还要求所有的分散单位和中心ERP之间进行交换。在易福门有限责任公司的实际应用中，这也意味着MES（生产需求计划和生产需求控制）的所有分散部件间的、交互的SAP连接。另外，还应该可以使用超媒体：具体实施方式为超文本转换协议，这一协议有时体现为安全套接层协议。在XML中描述的连接可被ZVEI使用。这其中也包括RESTful，也就是说每个序列号要能够通过统一资源标识符被查询出来，借助的方式则是利用超媒体进行的较晚连接和松散连接，也就是要在不做记录的情况下能追溯到其他资源。这与网络中的多重连接和可变性要求相吻合。

表现性、融合能力和可伸缩性这几个标准是“第四次工业革命的标杆”。当然同时还包括实时性、安全性和开放性。正如第4.1节中所述，为了实现沟通的数据库，代理人需要履行这些要求。通用数据库记载了目标值和控制值，它们在应用—沟通得以生成和利用。下面这个应用案例保证了这些数值的生成，从而使得应用—沟通可以正常运行，它也为协同机制提供了以代理人为导向的云计算平台。

为了对应用—沟通进行详细说明，我们可以使用实例描述图表中的介绍。这一图表作为UML语言的一部分，从动态的角度展示了MES系统的特征。这里涉及的是仓库中的产品跟踪和与客户相关的参数设定，而有关RFID系统的操作、诊断和维护的实际案例在此未被考虑。

自从有了覆盖电路板的方式来标记序列码，易福门有限责任公司就开始了以序列码为导向的生产，ZVEI在产品跟踪中为这种生产定义了一个实例描述图表。根据这一图表，数据交换依照以下步骤进行：

- 控制（询问）：工业上或者机器上的RFID设备会借助序列号对待加工的产品进行识别，从而也提出了过程封锁是否已经存在这一询问。
- 控制（回答）：被汇报的序列号让MES找到加工规定，例如对一个手工工位进行展示。
- 单元_ 数据：在完成加工后，文档数据得以传递（见表5.7）。
- 可选的参数_ 数据：被汇报的序列号还可以让MES以加工指令的方式回传与客户相关的参数设定。这些参数数据能够通过RFID被传递给设备。

在图5.5中，我们把ZVEI提出的实例描述图表用于易福门有限责任公司的生产，来对软件特征进行介绍。

下面的案例描述涉及了图表中单个的案例。它对不同的生产步骤进行了描述，这些步骤在产品跟踪的应用中又相互协同一致。所以所有被描述的案例具有相互关联性。

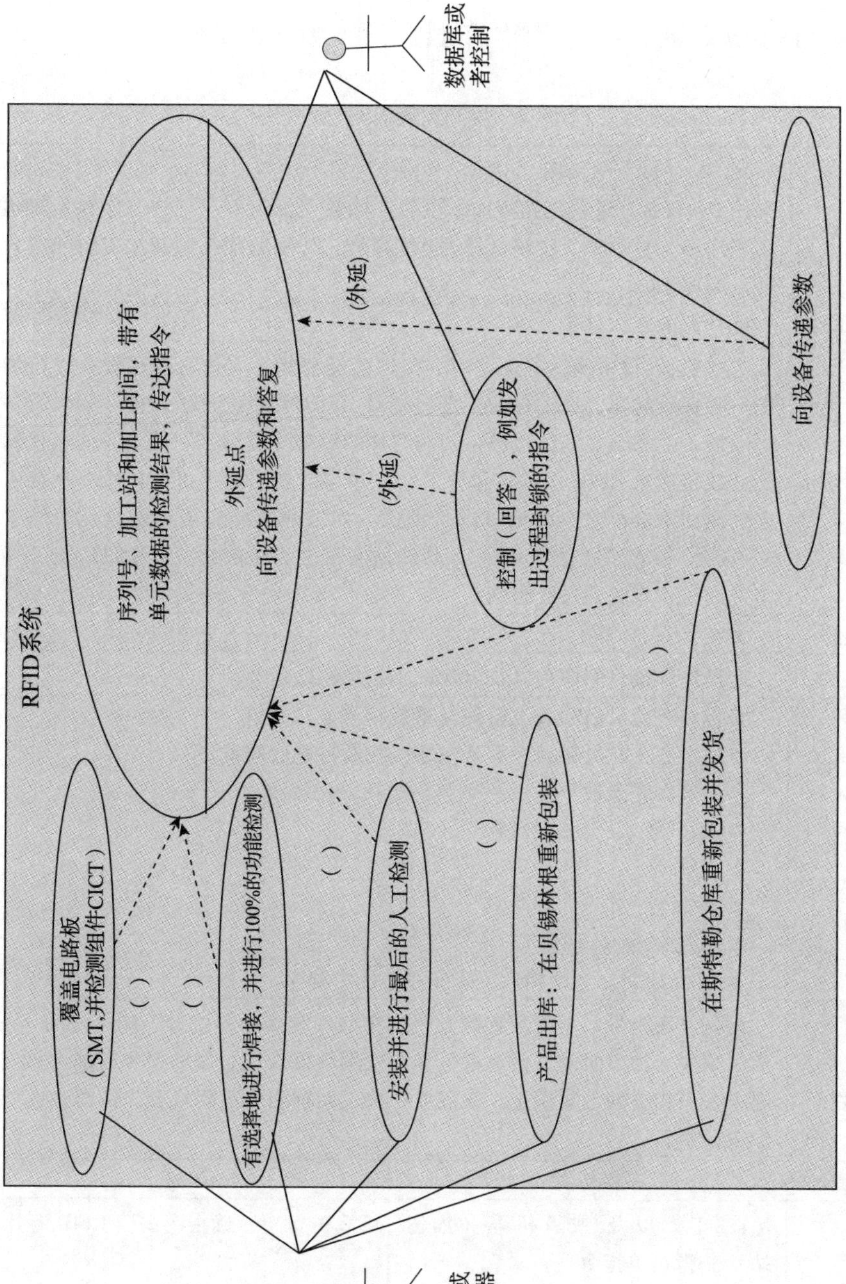
RFID系统
序列号、加工站和加工时间，带有单元数据的检测结果，传达指令
外延点
向设备传递参数和答复
(外延)
(外延)
控制（回答），例如发出过程封锁的指令
向设备传递参数
覆盖电路板（SMT,并检测组件CICT）
有选择地进行焊接，并进行100%的功能检测
安装并进行最后的人工检测
产品出库：在贝锡林根重新包装
在斯特勒仓库重新包装并发货
工人或者机器
数据库或者控制

图5.5　实例描述图

在案例中我们设定，生产开始之前的仓储，以及之后的仓储和运输都包含在案例之内，就像第 4.1.2 小节中的过程模型所规定的那样。

表 5.7 生产实例描述

案例场景	用 RFID 覆盖电路板（SMT）和用组件进行检测（ICT），在 SMT 中我们采用 RFID 芯片等对电路板加以覆盖。标签上标记有序列号，序列号表示了客户号、订单号、物料批号、包装箱号、计划的加工站和加工时间或者加工顺序	
发生的事件	被计划的客户订单	
简单介绍	当电路板/设备到达加工站时，我们已经清楚，应该对哪台设备进行加工。为保险起见，我们在加工之前便对 RFID 芯片进行了识读。如果设备得以加工，那么之前已经被告知的芯片的序列号就得到了确认，而且代码还会被传递给 RFID 识读站和加工站，并与计划的站点进行比较。在接下来的测试中会再次对序列号进行识读。如果测试结果或者数据比较结果（加工站/带有序列号的 HU）不佳，就会对之后所有相关订单采取与上述组件或过程相关的过程封锁	
参与者	工人	
相关案例	选择性焊接（THT）以及 100% 的功能测试	
前提条件	安装并进行最后的人工检测（最终检测） 产品出库：在贝锡林根重新包装，在斯特勒仓库发货 序列号事先已被分类： ❖ 客户号 ❖ 订单号 ❖ 物料批号 ❖ 包装箱编号（HU） ❖ 被计划的加工站和加工时间或者加工顺序	
进入之后的条件	设备与序列号以不可溶解的方式连接在一起。物料批号、HU、加工站、加工顺序、加工时间等信息都已知。检测结果为正。如果想要在加工站实现跟客户相关的参数设定，就需要在加工站利用书写器或者识读器来完成参数设定	
事件流	**参与者**	**系统**
	1. 工人以及/或者机器（加工站）获得订单指令 2. 加工站获得物料或者在 HU 中对物料汇总	2.1 针对正确指令识读 RFID 芯片 4.1 加工站/货架上的书写器/识读器识读芯片中的序列号，或在芯片上书写序列号或者/以及进行参数设定

（续）

事件流	参与者	系统
	3. 以 RFID 识读来结束加工过程 4. 对电路板/设备进行检测，并将加工站或 HU 与计划的加工站和 HU 进行对比 5. 设备被传递到下一站，等待下一步加工	4.2 数据将加工站或者以及/HU 和序列号与计划进行对比，得到测试结果 4.3 系统向控制器询问，是否存在过程封锁，或者是否应该采取过程封锁 4.4 允许进行下一步传递
例外条件	4.2 加工站、HU 和序列号与计划不相符，需要采取过程封锁 4.3 在检测结果为负的情况下引入过程封锁 4.4 开始过程封锁，终止进一步输送	
案例场景	有所选择地进行焊接（THT），并进行 100% 功能测试。在 THT 过程中，会使用人工和机器两种方式有选择地对部件进行焊接。在功能测试中也会将固件放置在微型芯片上进行检测	
案例场景	安装并进行最后的人工检测（最终检测） 在安装过程中，通常采用人工方式来进行加工，例如将电路板装入设备外壳中。在人工进行的最后检测中会决定性地对设备功能进行检测	
案例场景	产品出库：在贝锡林根重新进行包装 产品在贝锡林根出库时，设备会从较小的包装箱换入较大的包装箱，这样便于运输。目前所采用的计数控制都是利用相应的 RFID 站在产品出库的起点和终点来进行的。检测结果包括正确的包装单位（包装箱）和正确的设备，即正确的序列号	
案例场景	重新包装，并在斯特勒仓库发货 在斯特勒仓库首先要将设备从货箱中取出，放到货架上。当 HU 到达分拣站后，工作人员就会将设备取出来。在将设备从货架上取出的同时，还会对设备进行识读，从而得知应该将设备放入哪个 HU。有时在将设备打包装入 HU 之前，会让其先在分拣站经过天线	

来源：作者。

当然我们还可以为客户提供其他的实际案例，不过在其他的案例中关键设备很可能需要电源连接。在使用 NFC 解决方案时，客户可以利用智能手机来识读被测量的数据，还可以对与之相连的设备设置新的参数。此外，我们还可以对固件进行升级。

对于上述所有案例，我们都可以采用易福门有限责任公司自己的“线路记录仪”，因为它满足了 ZVEI 提出的要求。为了进行参数设定，我们会在线路记录仪环境中安装一个被称为“线路记录仪传感器”的参数软件。这样我们就可以在价值创造链全程中对生产和物流进行产品跟踪，同时还可以降低成本，实现自动识别（直接用途），防止产生错误，提高产品质量（间接用途）和销售额（创造价值）。

1．通过产品可追溯性和物料可追溯性来降低成本

直至产品寿命终结，我们可以一直对它进行跟踪。为此我们要在整个生产过程中直接在部件组中或者与序列号相关的数据库中记录下序列号、版本号以及生产参数等信息。通过在数据库中对标有序列号的物料进行归类，我们可以在生产过程中及时发现有错的物料批次。在进行召回时，也可以依据序列号仅召回那些含有相关物料的批次。同时，我们还必须指出，物料可追溯性也可以通过商品入库的自动化而得以大幅改进。第 5.3.2 小节中介绍的线路记录仪所采用的“商品入库”模式就可以在一个系统中利用清晰的文本或者代码为 15 件产品进行标记，当我们再对整体标签进行扫描时，就可以获得相关信息。但是这个解决方案并不是我们所探讨的生产网络的一部分，而是采购网络的一部分。

2．通过检测可追溯性和过程可追溯性来降低错误率

借助带有明确编号的传输器，我们可以对生产实施相应的检测流程，从而防止出现错误或者降低错误率。我们可以将检测得到的数据（合格品/不合格品、生产时间等）借助序列号划分给相应的订单。这样不需要额外耗费就能为产品质量提供不可更改的数据。在客户提出索赔的情况下，我们也可以借助传输器中记录的数据进行调查。只要传数器可以在各种环境中记录数据，就像在生产过程中利用序列号记录过程数据和物料数据一样，那么我们就不难找出故障原因，不论是由于客户的操作不当还是生产过程中引发的质量问题。基于此，我们可以实现非常专业的质保管理。通过为生产机器额外安装 RFID 传输器还可以自动地将生产机器的相关信息和产品信息一同记入数据库中。这样就可以实现每台机器的可追溯性，也可以对机器进行识别。借助安装了 RFID 识读器的机器，我们可以进行相应的流程选择。当然我们还可以将

伴随生产过程的、与产品或客户相关的文档打印出来。

3．通过改进流程来提高销售额

例如，通过为客户量身打造的参数设置，或者由客户利用智能手机来制订参数，再或者通过更好的生产计划和生产控制来提高效率。这些改进的效果主要体现在更少的交货时间偏离和在库存一定的情况下提升效率（参见第4.2节）。

为了利用经改进的PPS来实现更高的效率和更少的供货时间偏离，即为了验证是否能够利用应用—沟通中的算法（参见第3.4.2小节）来实现经济效率和技术效率，我们接下来会进一步对实际案例进行分析，看是否有可能通过它得到控制值。我们设定，生产网络中的战略目标值，即供货意愿、供货调节和供货成本都在ERP中得以记录或计算。生产流程计划作为企业调控元素（参见第3.2.1小节）则被视为ERP的一部分。

利用RFID产品跟踪中的案例分析，我们可以计算出被执行的控制值，即被加权的平均流程时间、流程时间被加权的标准偏离、平均库存和平均效率（参见第4.1.2小节）。这一加权来自于产品源中所规定的订单时间，这一订单时间也被记录在ERP中。但是我们还需要检验，这一订单时间是否会在实际案例中自动生成，并得以比较，因为它构成了所有待计算的控制值的基础。对流程时间的测量是被加权的平均流程时间及其标准偏离的第二个基础。平均效率是在每个计划阶段内的订单时间中所生产的数量。订单时间对应的平均库存来自于平均订单时间和平均效率之间的商数。

订单的处理时间是通过加工开始与加工结束时进行的识读得到的，就像实际案例中描述的那样。安装时间也被算作加工时间，但是只有当下一个订单在安装之前已经到达工位等待时，才能计算出安装时间。这是我们在实际案例中需要注意的。斯特勒仓库对加工时间的计算却是一种例外，因为在这里只进行一次识读。我们可以认为，向外部企业发货的时刻就是斯特勒仓库加工时间和流程时间的终止时刻。这一时刻是已知的，因为我们对包裹号和序列号进行了清楚的划分。

订单i的流程时间指的是订单到达工位前的仓储位置和到达下一个工位的仓储位置之间的时间。我们设定，在运输之后和到达工位前没有经过仓储，所以安装之前的时刻便是流程时间的开始。按照这样的原则，我们可以为实际案例计算出订单时间和流程时间。

效率可以从计划阶段内的订单时间得到，库存则是计划阶段内平均流程时间和效率之间的商数。这样我们可以采用应用—沟通中的算法，从而在生产计划和生产控制中实现经济最优化。

在下一章中，我们会对可计算的产品跟踪带来的收益和由此产生的成本进行量化处理，以便在整个集团使用这种方法之前，利用投入产出分析对易福门有限责任公司提供可靠的投入产出率。这种投入产出率并没有考虑利用生产计划和生产控制实现的最优化，且由于缺乏相应数据，我们无法将实际数值作为比较值加以描述。因为我们很难系统地对产品跟踪的效果进行估算，所以很有可能对产品跟踪做出不恰当的决定。

5.2.3 工业 4.0 应用的成本效益分析

RFID 的全球市场（2009 年为 39 亿欧元）每年增长 6% 左右。这一增速要低于最初的预期。其技术挑战主要是根据不同频段 RFID 技术的特性选择合适的频率。我们在 5.2.1 小节中已经通过对硬件选择的阐述讨论了该问题。

一直以来，应用由 RFID 支持的工业 4.0 最核心的障碍就是难以证明其经济效率。在进行成本效益分析时，要考虑的不但有 RFID 带来的益处，即产品跟踪和协同合作效率的优化，以及由此降低的成本，还有通过全新的商业模式生成的价值。如此一来，我们便能在战略型网络中为协同生产计划和生产控制（PPS）系统的实施找到一个技术上可行、效益上经济的解决方案，利用优化协作来使效率得到提高。RFID 不仅具备跟踪功能，它还能提供客户价值，从而为新型的商业模式做出贡献。

难以明确计算 RFID 经济效率的原因主要在于它在价值创造链上的成本收益分布不对称。RFID 的成本通常产生于价值创造链的初始阶段（如传输器的原料成本和研发新电路板布局的费用）。而在价值创造链尾端，得益于 RFID 而减少的费用远远大于初始阶段。因此，在进行成本收益分析时，我们会尽量从整个使用传输器的价值创造链的角度，分析额外费用、成本的缩减、错误的减少和收益（见表 5.8）。

表5.8　RFID产品跟踪的成本收益分布

	采购与开发	生产	物流	分公司	客户
额外费用	传输器 新电路板布局 新添固件				
缩减成本（直接收效）	通过标准化接口简化电路板布局和固件 不必自备电，不再需要机械接口 库存透明化（消除了牛鞭效应）	编号录入自动化，装配简单化 编号识读自动化 生产步骤记录和检测自动化 在无需能源供给的情况下实现设备检测和配置自动化 通过预设规范实现价值创造的自动化和个性化	无须再检查数量或手动汇编归档 库存登记自动化 错误识别，拣货自动化 有效减少库存量 降低滞销商品比例，防止偷窃	无须再手动汇编归档	

（续）

	采购与开发	生产	物流	分公司	客户
减少错误 （间接收效）	更好地明了错误批次	通过更高的自动化程度和进程锁定降低不良品率 自动可存储软件多样化	易于分析退货原因（得以确定外部缺陷成本产生的原因） 降低召回成本 减少缺货情况		
更高的客户价值 （价值生成）			在无须供电的情况下，客户可在智能手机上自定义默认选项（参数处理）	在无须供电的情况下，在智能手机上进行参数处理 生产力/产品可支配性得到提高 供货时间变动的情况减少 反应速度提高	在无须供电的情况下，在智能手机上进行参数处理 固件处理 防止剽窃 客户诊断 客户个性化自定义 省去机械接口

来源：作者。

对于易福门有限责任公司而言，使用RFID跟踪产品与目前的识别技术相比，在额外费用、成本缩减、错误避免以及提高客户价值方面具有表5.8所示的诸多优越性（详见5.2.1小节）。即使通过以上办法将整个价值创造链纳入考虑之中，RFID带来的可计成本缩减量大概也小于其难以计算的收益，比如通过智能产品和服务实现的销售额上升。约50%的RFID用户认为，他们无法计算这种收益，虽然这一收益不但可与一场革新相匹敌，而且让RFID成了一种对未来的投资。仅在纺织工业领域，就已有因引入RFID而提升4%～21%的销售额的实例，其原因在于货物支配效率提高、客户通过智能手机有了更好的购物体验、咨询质量提升等。

正如表5.8总结的成本收益潜能所示，易于计算的潜力主要在于进程自动化和错误率降低两方面。以下将借助应用实例中的数字来量化这一收益。

（1）相较于直接成本的直接收效（直接节省的成本）的量化　将易福门有限责任公司目前进行识别的成本与使用RFID实现产品跟踪的成本进行比较。直接成本产生于硬件、软件、网络和数据收集，而直接收效则源于交易成本的缩减（数据冗余、文档处理以及数据储量的减少）。

（2）间接收效评估（经过一段时间后节省的成本）　通过提高过程透明度可能节省的成本和通过PPS跨网协作降低的错误率十分被看好，而执行和操控数据管理以及判定目标数值产生的间接成本则并不被重视，因为人们认为，这些过程在独立系统中也会产生相近的成本。

（3）对于没有市场调查就难以定量的客户收益的定性分析（投资产生的价值）　以下只会从质量提升角度探讨通过RFID可能为客户带来的益处。在纺织业中实现的4%～21%的销售额增长潜力只能作为比较基准。

除了通过使用RFID接口而减少的识别成本（即直接收效）以外，在初始阶段能确定的只有通过减少错误得到的间接收效，而非客户个性化设备预设带来的收益。量化能为客户带来的利益，必须以一次示范性安装或者一次大规模的市场调研为前提。

在探讨 RFID 解决方案的直接收效时，将不会对以下内容进行比较：在识读或称重设备上的不同投入、计划和项目成本，以及维护、支持、培训和运转产生的费用。我们认为，目前的产品跟踪方法和利用 RFID 进行产品跟踪在以上这些方面没有太大区别。我们假设应用实例中已经引入了 SAP，如此一来，就无须额外计算与此相关的信息技术设备的成本了。MES 解决方案，即线路记录仪是一款由易福门有限责任公司自己开发的软件，所以其使用将被视为不会额外增加成本。

根据意法半导体公司的数据，用于制造 NFC 组件的传输器的成本为 0.1 欧元/片。但是，这一价格只适用于采购数量较大的情况，而在安全技术领域，高额的运输成本使得项目可能只适合小规模试点，所以相应的传输器成本预计为 0.2 欧元/片。不过，如果在成本计算时剔除已经存在的 EEPROM 以及与电路板相连的机械接口，因为传输器而增加的原料成本还可以更低，但计算实例中未能顾及这一点。如今，易福门有限责任公司每年生产的 1000 多万台设备中，60% 以上都由一个微控制器操控，且这一比例仍在不断上升。该微控制器需要安装长效保存了程序和数据的存储芯片（EEPROM）。

如果传输器能够部分取代设备中的微控制器，那么传输器的成本还可以得到进一步缩减。RFID 芯片目前已经能控制温度、压强和振动的测量。以上三种测量原理均属于 ifm electronic gmbh 的产品系列。

下载程序和数据需要一个接口，该接口通过诸如 IO-Link、USB、TCP/IP 或多种专有的协议驱动程序来实现信息交互。目前，这一接口以电路板特殊接口或者设备插头及夹具的形式呈现，如图 5.6 中展示的“寻址插口”（或“插孔”），其单个成本按照易福门有限责任公司的采购量约为 0.25 欧元，比本文所述的传输器贵一倍以上。下文会在成本计算时考虑因取消该接口而可能降低的原料成本。

图 5.6 中的寻址插口所占的面积约为 12mm × 12mm。在进行成本收益分析时，我们假定 RFID 解决方案总能替代一个相似的接口，所以电路板上有足

够的位置容纳它。因此，电路板上被占用的面积不会被计入成本。

此外，寻址插口这类部件由于其特殊的高度需要购置专门的自动设备，并会因其较长的装配时间使得生产过程变得困难。虽然对于寻址插口的投资巨大，但是由于投资已经发生，我们不会再考虑这种情况。相比之下，识别装备上的传输器则毫不困难，而且耗时不足 1s。目前识读二维码所需的时间至少为 4s。

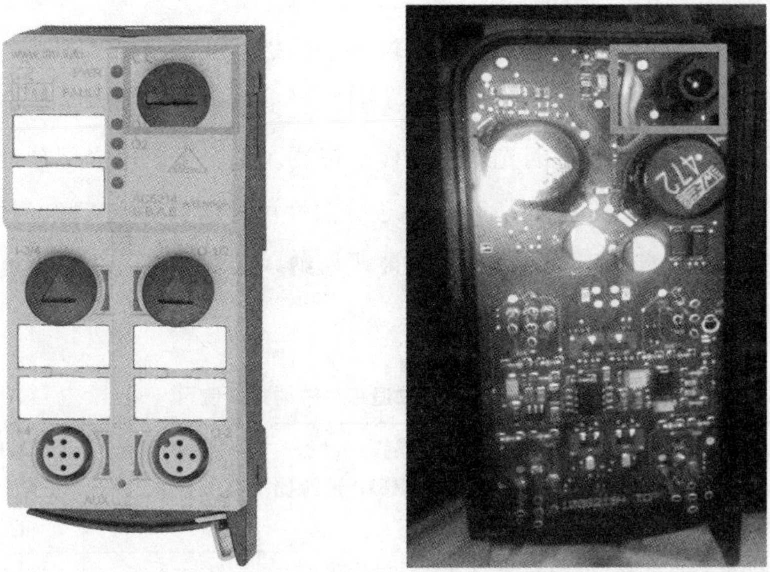

图 5.6　易福门公司 AS-i-设备 AC5225 中的寻址插口

来源：易福门有限责任公司，2006，公司图片。

识读过程本身对于 RFID 的直接收效具有决定性作用。在当今产品生产和物流过程中，借助手动扫描仪进行的五个手动识读过程（明码文本、产品标识、一维码等）平均耗时为 4s，它还包括了搜索时间，也就是原本的识读过程和文件汇编过程。又由于通过安全装置进行文件汇编的耗时明显增加，识读生产信息、运输信息和安置信息的过程预计持续 2min。这种安全技术被应用于所有 201164538 台（与前一年相比涨幅约为 30%）成品设备中，且这些设备不都是由易福门有限责任公司生产的。从一开始，RFID 系统就自动进行了产品跟踪。从这些产品跟踪的结果看来，识读过程在两个方面分别缩短了

0.5s 的耗时，它们分别是：安全技术上的耗时和对易福门有限责任公司产品识读的耗时。

RFID 在物流系统中的使用可能产生昂贵的计件控制成本（见表5.9）。如果能够通过扫描拣货清单上的条形码得知一些重要的产品特征信息，将可以节约50%的拣货时间。例如扫描一件货品上的条形码，并通过一台显示器，将一件货物准确对应到它所存放的货架，这样一套设备目前可能需要约70万欧元。因为 RFID 系统将信息的分散支配可行化，同时还不需要捆绑于一个中心信息系统，此举很可能大有益处。每一个拣货站都能扫描纸箱上的条形码并对所指定的产品发出闪光信号，以达到拣货员手中无需拣货清单就能进行工作的目的，也就是通过闪光信号来提示拣货。这套设备的应用预计每年能够节约大约25万欧元的费用。但是由于分散性可得信息的投资额度具有不确定性，此处预计能够节约的费用并未被严格纳入研究范围，最终盘货花销将至少下降约75%。

表5.9　RFID 货物追踪系统的直接使用

当今产品鉴定费用与 RFID 系统费用比较	当今的 ecomatic	易福门设备的 RFID 追踪器	目前的安全技术	RFID 追踪标签在安全技术上的应用
每年的设备数量	495406 台		64538 台	
每年标签和追踪器花销	—	49540.60 欧元	—	12908 欧元
其他数据交换设备花销（定址插口）	123851.50 欧元	—	16134.50 欧元	—
识读时间（28.125 欧元/h）	4s	0.5s	2min	0.5s
识读花销（在固定水平上）	15481.44 欧元	1935.18 欧元	60504.38 欧元	252.10 欧元
五个生产物流过程的识读花销	77407.19 欧元	9675.90 欧元	302521.88 欧元	1260.51 欧元
仓库计件控制花销	315000 欧元	—	—	—

（续）

当今产品鉴定费用与 RFID 系统费用比较	当今的 ecomatic	易福门设备的 RFID 追踪器	目前的安全技术	RFID 追踪标签在安全技术上的应用
国外信息汇编（25%的安全设备）	—	—	15126.09 欧元	—
盘点花销（最低节约 75%）	21487.50 欧元	5371.88 欧元	2799.24 欧元	699.81 欧元
每年 RFID 设备的直接使用	486704.07 欧元		381966.06 欧元	

来源：作者。

根据表5.9，对于易福门有限责任公司来说，投入使用整套 RFID 跟踪系统设备的预计年支出约为50万欧元。仅跨企业安全技术这一项目，就可能由于每个进程中昂贵的人工识别成本和数据汇编（同时也在非欧盟国家）达到将近40万欧元的耗费。然而这种高额投资在水平布局的更新中并不代表其正确性，尤其是在 NFC 解决方案中对所有易福门有限责任公司设备更具安全性的投用（见表5.10）。

表5.10　NFC 水平布局更新中的必要投资

对 RFID 系统的投资	易福门有限责任公司	安全技术
产品数量	4002	179
每件产品的设计耗费（100 欧元/h）	24h	80h
产品开发的必要投资	9604800 欧元	572800 欧元

来源：作者。

安全装置的研发时间预计为两周，研发支出预计为每个研发工时100欧元。这里所说的预计支出须以高价进行预估，尤其是安全装置的测试过程。相比之下，这个预测时长比易福门有限责任公司的研发预测时长要多出一周。例如像安全光栅这样的产品，通过一个 RFID 标签的制作就可以达到最佳成果。易福门有限责任公司预测，整套设备中每一个商品代码的研发时间少于一周，因为他们考虑到了研发过程中的连带影响和研发经验的影响。然而这首先会通过间接观察以及客户对RFID产品跟踪系统的使用情况得以证明。

产品跟踪的间接使用是指更高的进程运行透明度和错误率的降低。错误率降低和进程效率虽然要以货币来衡量，或者说至少在将来会以货币来进行衡量，但是由此带来的企业形象的提升，机械操作能力的提升，或是流程专业能力的保持则是通过其本身质量体现出来的。在此文中，这些方面将不被纳入研究范围，而是专注于研究降低错误率。

如果没有识别鉴定和RFID系统，许多商家会对成本昂贵的手动调研产生畏惧，因为这意味着更大的开支。通过RFID可引入一个自动的产品跟踪系统，这个系统使得对于降低产品出错率的调研随着进程的关闭而自动化。同时，这也依托于产品合作者的反馈职责。

通过更好的产品跟踪来降低错误率这个过程，是通过四个方面的间接使用进行的，并且这些方面可以计算（见表5.11）。

- 通过RFID端口取得由客户得到的预测，每年的召回成本最少能够降低3万欧元，并且这些设备不需要进行拆卸。此外，由于产品序列号受到保护，也能够降低由于盗版商品数量增加而造成的召回成本。每一个序列号所对应的客户信息只有易福门有限责任公司可知。这种方式对于特殊产品的版权保护已经足够。
- 直到商品到达客户手中的外部可追踪性保证了大量的错误运输不再出现。这种错误运输每年会造成2.5万欧元的损失。外部可追踪性也将召回设备错误运输的原因查明率由先前的62%提升到了100%。这样就能够节约超过10万欧元的替代成本。同时，这也使得错误运输的成因可以在今天被查明。此外，前文中述及的NFC近距离无线通信方案可以被看作“黑匣子”（Black Box），用来记录客户对设备的使用和处理过程。它能够当场记录实测数值，如记录异常情况下的温度。
- 通过内部追踪能力将会使错误产品部件的生产变得几乎不可能。内部追踪是指通过由序列号准确记录下来的生产过程数据，人们已经可以在很大程度上在早期就得知错误的产生。由此可以预测，正如组件管理的作用一样，相比只在五个进程当中进行产品鉴定，在每一个产品生产过程当中进行产品鉴定显著提高了产品的一次通过率（FPY）。产品一次通过率由此从88%提升到了98%。这里的产品鉴定数据包括了过程数据，也就是可能的FMEA（出错可能性分析及出错影响分析），以及进程关闭的应用。产品中所隐藏的次品的平均价值在所估计的普通错误产品中占有大约一半的成品价值。通过提高产品一次通过率所实现的成本降低是易福门有限责任公司在产品跟踪上的最强措施。

- 内部追踪能力也促成了实现对缺货状态快速做出反应的可能性，这样产品缺货所造成的损失就能被减少60%。

表5.11　通过优化产品跟踪进行的间接使用　（单位：欧元）

RFID鉴定的间接使用	易福门	安全技术
降低召回成本（尤其是软件）	30000	3908.19
减少错误递送	25000	3256.82
降低外部错误成本（错误成因100%可知，相同的分配）	159863.55	20825.90
降低内部错误成本（一次通过率由88%提高至98%）	4622206.84	602148.51
降低缺货情况损失（60%）	33588.50	4375.67
每年鉴定的使用	4870658.90	634515.90

来源：作者。

尽管软件和硬件的重要性和意义不断提升，硬件管理和与之相关的生产成本和出错成本在自动化产业中受到的关注还是太少。尤其是相对简单的易福门有限责任公司的设备被看作是对RFID产品跟踪系统的间接使用，且被看作是RFID系统简化的生产过程。对于简单设备来说，设备测试的能源消耗和大型硬件的测试使用并没有必要。通过一个标准的RFID接口，可以实现无需特殊下载器的硬件下载，这也可用于浇注设备上。

与此同时，在一些需要更高电压的易福门有限责任公司的设备上，正确的硬件可在鉴定过程中被自动查明，且不需要启用额外的编程接口。这所带来的结果就是：通过标准的 RFID 接口实现更简易的硬件操作，无论何时都可以进行系统更新和贴近用户的改变，同时也可以控制产品包装和产品直接交付前的过程。由于软件引导程序并非必须，也可以由此节约一定的研发经费。但是这种巨大的优点并不会在外形和实施过程中得到关注和证明，因此这些也不会被列入降低成本的研究中。只有与客户相关的使用情况以及可能由此产生的销售额上升会被列入研究范围。

由于部分实测值并不可得，所以通过提升进程透明度所带来的其他降低成本的可能性在这里也不应该被包括在内。另外，这里提到的部分实测值也包括了整体设备效率的提升，因为产品已经得到优化，并且由产品质量决定的停机时间也被缩短了。总体来说，这里能够出现 10% ~20% 的资金节省，这个数值在设备的维修保养方面甚至可以达到 20% ~30%，且在设备使用的持久性方面更是可以达到 30% ~40%。通过 RFID 系统来提升生产过程透明度的必要性可以从以下方面显示出来：上文所提及的这部分未知实测值在产品的使用场合中非常重要，且这些实测值只能通过非常费事的人工方式测得。当工作人员对自动获取的数据越来越信赖，且对于生产过程的个人化的想法越来越少的时候，通过 RFID 系统就几乎不会出现可计算的消极影响。通过一个错误造成的潜在消极影响会趋向过量。

通过 RFID 产品跟踪系统的简单统计所得到的实测值显著降低了复杂性成本（60% ~70%），这正属于工业 4.0 的范畴。人们期待在产品的缺陷探测（Trouble-Shooting）过程中以更少的开支进行探测线路的扩展。此外，以流程成本作为核算基础的计算方式也将从根本上得到简化。通过这种方式可以达到更好的销售控制和获得更低的保险费用。这两者在成本效益清单中也同样不被计入考虑范围。

由配套设备所执行的算法也具有关键意义。易福门有限责任公司期望这种算法在长达 4 天的物流交货期中达到 98% 的产品递送目标。一旦根据这种算法开始对当今透明的生产过程进行优化，就能在相同时长下达到缩减组成成分和提高负荷率的目的。如果不执行以上算法，就无法实现本文所述的优化。然而若在此处不执行这种算法，则会有助于对成本节约的保守描述。

诚然，最大的潜力还是在于达成生成价值和借此通过 RFID 接口预估的销售额的上升，以及形成一个全新的商业模式。本书之后将对此进行研究分析。一台设备需要有贴近客户的访问地址和给定参数。要达到这个目的，不仅需要客户使用智能手机，还要求设备能够通过调出产品序列号自动获得数据。为了提高客户使用的便利性，可以由两个方面入手：一方面通过易福门有限责任公司提供给客户与产品序列号所对应的给定参数，另一方面通过因特网调出所需的给定参数。设备的更新和配置可以通过物流当中的近距离无线通信来完成，也可以在经销处或在客户所在地由一台商用智能手机来完成。设备中的数据汇编和菜单导航都能以本国语言或客户所熟悉的语言进行显示。易福门有限责任公司和客户都可以在有需要的时候通过产品标签上相应的简易说明来进行设备鉴定。剩余的信息则可以通过 RFID 程序设计来保存。

通过已经提到的定址插口来实现这个目标的可能性有限。同时，这种定址插口也是设备上的一个长期薄弱环节。不仅如此，它还需要一个有电缆接头的特殊布线定址设备和相应的软件。像定址设备这样的特殊辅助工具售价超过200欧元。但是对于客户来说，不论在设备更换还是新购设备时，它都是必不可少的。定址设备的操作并不简单，如果没有充分的经验，几乎不可能在没有操作指南的情况下完成组装。

NFC 接口扩大了客户利益，它简化了数据使用和数据生产。如果没有进行市场调查，几乎无法得到这样的结论。然而在本文中这是通过一个完整的商业案例提出的设想。在这个案例中客户首先会得到设备辅助功能的详细解说。因为设备微控器与 RFID 接口相连，所以以下数据会随时被识读及发生变化：

- 序列号（仅识读，通过微控器的序列号来确定）
- 产品信息（产品数据和版本号）
- 校准数据
- 参数（开关点、位置）

- 硬件（合适的大小）

一旦标准化移动终端设备成功投入使用，近距离无线通信方案（NFC）产生的优点对于客户来说显而易见：

- 客户通过NFC智能手机应用的标准化接口进行参数处理、定址处理和硬件处理。
- 随时进行贴近客户的硬件变化。
- 通信参数和设备参数的变化，以标准接口定位，取消机械接口。
- 现场调校无需供电或供电分离。
- 在更高防护级别下的调校和测试。
- 在已经完成的设备终端上可以在无特殊接口的情况下进行校准。
- 可以当场识读硬件版本并进行硬件更新。
- 客户可以通过智能手机的NFC智能手机应用连接标准接口进行设备诊断。
- 即使在没有印刷信息或印刷信息不清楚的时候，仍然可以识读设备信息。
- 故障设备的数据汇编可以根据装配件分类和功能通过客户来自动完成。
- 只要内存芯片未被损坏，仍可以对具有更高防护级别的设备或损坏设备进行诊断。
- 设备情况可以通过远程诊断被生产者阅读和分析。
- 对远程诊断的失败及特定产品的召回进行研究。

所有以上措施可以使易福门有限责任公司从中获益。贴近客户的设备生产比例将会翻倍，这套设备和此前已经生产的设备的边际收益也将得到10%的提升。这就意味着，易福门有限责任公司的销售额将提高2个百分点。此外，与之相关的创造新价值的潜力预计到2025年会提升23%，也就是每年约提升2%。在工业4.0的范畴中，这属于电子技术设备的新价值创造潜力。以纺织工业来打个比方，情况相似：若在此行业中的生产者能够有效使用NFC近距离无线通信接口设备，销售额将最少提高4%。如果RFID系统在纺织工业体系中被全面引入和使用，销售额的涨幅预计最高将达到21%。若这套设备能全面投入使用，易福门有限责任公司所期待的销售额增长将接近每年2000万欧元。由于这些数据和潜力的波动幅度大，在接下来的论述中将使用其最小值。因此预计通过 NFC 进行微控连接技术所带来的销售额上升预计仅为将近 200 万欧元（见表 5.12）。即使是这样的保守估计，NFC 仍为设备配置之佳选。

如果不把 PPS 的完善所提高的效率纳入考虑范围，这套蕴含巨大潜力的设备开发意味着前文所提及的高额研发支出。如使用蓝牙技术作为接口已经开始被 ifm 集团列入考虑范围。

表 5.12　RFID 产品跟踪系统所带来的价值提升

RFID 产品跟踪系统所带来的价值提升	易福门	安全技术
最低销售额增长 2%	1848882.00 欧元	240859.31 欧元
最高销售额增长 21%	19413261.00 欧元	1264511.37 欧元

来源：作者。

表 5.13 综合显示了当今生产物流过程中用于设备识别的开支与 RFID 系统组件的使用开支的比较。每年使用 RFID 系统进行设备识别的开支相对要少得多。此外，使用跨网合作设备的影响由于缺少实践经验无法证明。若将设备的直接使用成本与必要的研发成本进行利弊权衡，安全设备的投资回收期将近一年。如果把预计的错误减少过程计算在内，这个过程甚至只需 7 个月。在我们对所有电子商务设备进行成本收益比较时，设备重置是一个需要纳入考虑范围的重要因素。为了达到预计的成本降低，不仅是电子商务设备，所有在 RFID 系统中使用的易福门有限责任公司的设备都需要重置，而将近 20 年的投资回收期并不适当。当然，RFID 系统所带来的错误减少以及预期外的客户可以对易福门有限责任公司的这种情况起到缓和作用。

表 5.13　完整的成本收益比较

目前 RFID 的成本收益鉴定比较	目前 ecomatic 情况	所有设备的 RFID 标签	目前的安全技术	为安全技术使用的 RFID 标签
每年的设备数量	495406 台		64538 台	
每年标签开支	—	49540.60 欧元	—	12908 欧元
通过其他接口的开支（定址插口）	123851.50 欧元	—	16134.50 欧元	—

（续）

目前 RFID 的成本收益鉴定比较	目前 ecomatic 情况	所有设备的 RFID 标签	目前的安全技术	为安全技术使用的 RFID 标签
识读时间（28.125 欧元/h）	4s	0.5s	2min	0.5s
开机时间/识读过程（28.125 欧元/h）	15481.44 欧元	1935.18 欧元	60504.38 欧元	252.10 欧元
五个生产物流过程的识读花销	77407.19 欧元	9675.90 欧元	302521.88 欧元	1260.51 欧元
仓库计件控制花销	315000 欧元	—	—	—
国外信息汇编（25%的安全设备）	—	—	15126.09 欧元	—
盘点花销（最低节约 75%）	21487.50 欧元	5371.88 欧元	2799.24 欧元	699.81 欧元
每年直接使用 RFID 设备	486704.07 欧元		381966.06 欧元	

RFID 的间接使用	易福门	安全技术
降低召回成本（尤其是软件）	30000 欧元	3908.19 欧元
减少错误递送	25000 欧元	3256.82 欧元
降低外部错误成本（错误成因 100%可知，相同的分配）	159863.55 欧元	20825.90 欧元
降低内部错误成本（一次通过率由 88%提高至 98%）	4622206.84 欧元	602148.51 欧元
降低缺货情况损失（60%）	33588.50 欧元	4375.67 欧元
每年鉴定的间接使用	4870658.90 欧元	634515.90 欧元

RFID 产品跟踪系统所带来的价值提升	易福门	安全技术
最低销售额增长 2%	1848882 欧元	240859.31 欧元
最高销售额增长 21%	19413261 欧元	1264511.37 欧元

对 RFID 系统的投资	易福门	安全技术
产品数量	4002	179
每件产品的设计耗费（100 欧元/h）	24h	80h
产品发展的必要投资	9604800 欧元	572800 欧元

（续）

RFID 系统作为组件的投资回收期	易福门	安全技术
直接使用的回收期	19.7 年	1 年
直接和间接使用的回收期	2 年	7 个月
具有获利价值的回收期	1 年	5 个月

来源：作者。

单一的预期外客户或者配套设备系统性的投入使用会大量增加研发经费，这种开支达到了近1000万欧元。一个RFID内存芯片拟订了一套近距离通信解决方案，而这个芯片对于易福门有限责任公司意味着最大的客户利益。这是因为产品跟踪带来了额外的产品革新的可能性。这种额外使用通过市场调查生效，它也使一年的投资回收缓和期得到保障。由于安全技术直接、高效的使用已经证明其投资回收期可以被普遍接受，因此其投入使用几乎不会造成任何风险。现有客户对拟订方案的大量使用意味着易福门有限责任公司现有商业模式的改变，即价值取向、增值链以及收益机制的改变：

“收益来自于市场，并存在于自身商业模式当中，因此其研究应着重于产品市场和使用潜力。”

5.3　样例调试及任务执行

接下来介绍一个在前一章引申的RFID系统科学结构的样例调试。对此我们会根据前一章的规则用ifm electronic gmbh的子公司ifm datalink gmbh来举例说明。

这个可追踪的样本识读器，RFID识读器和处理器是ifm electronic gmbh的产品。由该公司研发的推荐使用产品跟踪软件线路记录仪被视为产品跟踪服务的MES解决方案（见图5.7）。对此，不仅集团内部可以实现数据交流以节省成本，而且对客户而言也能作为一种参考。除此之外，出于兼容性的原因，在使用由唯一厂家生产的硬件软件方面要符合RFID识别系统的技术参考文件的要求。

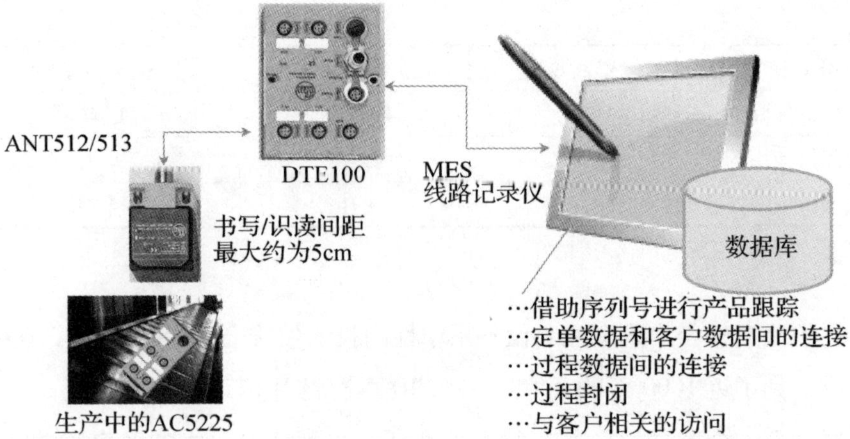

图 5.7 易福门有限责任公司的产品跟踪的样例调试

来源：作者。

5.3.1 硬件方案：范例设备，RFID 接口和识读设备

由易福门有限责任公司生产的具有 IO-Link 接口的串联设备中的其中一款 AC5225，是一台典型的配备有 RFID 接口的设备。RFID 接口也就是芯片和触角天线以卷轴的方式出现的接口，得以节省其他数据接口（寻址插口），这使 RFID 识读器成为了设备互相协同作用中的一种范例识读器。

为了使经由传感器测量的数据通过 RFID 接口在电路板上能够被追踪、被参数化以及可视化地作为范例展示，易福门有限责任公司这款 AC5225 设备较常用于端口装配。这台携带传感器的设备是能绑定 AS-i-现场总线的 AS-I IO-Link 网关。它的参数和数据交换是通过由 AS-I 总控传递到 AC5225 的指令完成的。这台设备拥有一个通信端口，借助于寻址插口和在待装配的样例中通过 RFID 端口得以实现。如今，通过寻址设备能够存储以下 AS-i 典型信息：

- 针对 E 型调试和 A 型调试的 ID 编码。
- 寻址（对于 AS-i 设备通过预给定一个 0 ~ 31 的数字参数，该参数是描述 AS-i 网络的参与传感器与执行器）。

当寻址设备和寻址插口被 NFC 方案替代时，在客户那里，该设备可以在无电源的情况下被识别、被定位，与之相连的传感器就被参数化，在接通电源的情况下，被测量的数值就能可视化。这种状况展示如图5.8所示。

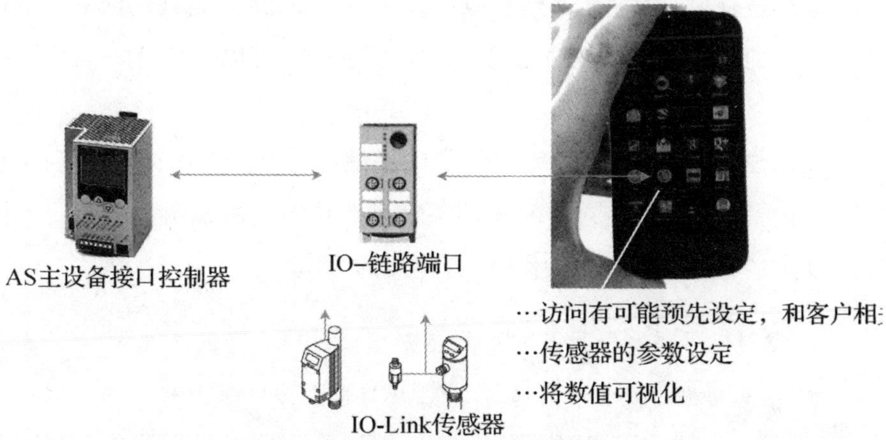

图5.8　RFID芯片在终端客户的应用

来源：作者。

AS-Interface（AS-i）是一个独立控制系统，也就是说，该系统会周期性独立访问所有项目中的子系统，并以4 bit使用数据包来和子系统进行一系列的输入和输出数据交换。31台设备之间的数据交换周期是5ms。AC5225设备是为AS-i系统服务的，拥有IO-Link传感器的两个输入端和输出端。

作为总控系统和子系统之间的输送介质的无屏蔽黄色双芯AS-i扁平电缆同时也为电源（24～30V的直流电）服务，例如之前介绍的像IO-Link传感器这样的低耗电量的交流设备。它们之间串联的交流频率是167kHz。在组装时传感器通过两个插脚把它和AS-i电缆绝缘体串联起来。

根据IEC 61131-9标准，IO-Link的电子连接数据以及数字化交流记录都要标准化，通过连接AC5225的传感器实现IO-Link总控的数据交换。一方面，IO-Link总控控制至多连接两台IO-Link设备的交流，另一方面AC5225设备作为AS-i系统服务的端口扮演了AS-i子系统的角色。

IO-Link设备有一个系列编码和参数数据（如敏感性能、连通延迟性或者特征曲线），这些数据通过IO-Link记录以280.4kHz的电压传导可以完成阅读和更改。传感器和执行器的参数信息是模块特定的，因此针对每台设备都有IODD（IO Device Description）形式的参数信息。已经存储在设备中的参数可以在运行过程中通过总控系统得以更改。当AC5225设备处在低电源模式中且在软件中的固件允许更改的情况下，NFC手机就可以扮演第二个总控系统的角色。

在该设备上使用RFID端口的基础是编号为P2011.0188的专利。它和举例中的设备AC5225的一个AS-i网关有关。在专利书说明中也介绍了技术规范中要求的RFID组件和单片机组合连接的可能性。

- 通过唯一系列号进行自动产品跟踪以及以此降低失误。
- 在低电源的设备中，通过NFC端口以及唯一系列号、基本数据、固件和/或总线地址的输入输出（作为有名的线性或者以IR为基础的AS-i和现场总线分配程序的替换方案）。

这样一来，对易福门有限责任公司而言，被描绘的客户使用的价值生成和由此而带来的竞争优势能够从专利层面上得以被保护。另外还有两个其他专利，一个是针对传感器的传感器和电路板应用的专利，另一个是涵盖ifm electronic gmbh几乎其他所有产品的专利。

AC5225设备的电路板有六层，有两块来自ATMEL公司（见图5.9）的芯片，一个通过AS-i来完成寻址的ATmega88V（J302），还有一个是用来完成已连接或待连接的IO-Link传感器参数化的ATmega64（J600）。两个单片机能够通过C和固件用130~135个 操作指令编程。

两个微处理器拥有一个Inter-Integrated Circuit（I^2C）端口，通过它实现与NFC芯片的连接。相应的NFC端口需要四个接口：串行时钟（SCL），串行数据（SDA），串行数据质量（Ground，GND）以及1.8~5.5V的正电压源（VDD）。当ATmega 64的IO-Link一边对应插脚未被使用时，它已经在ATmega88被用于模拟数字转换器而被占用。此时才能测试是否这个功能能够被应用到之前的插脚19和22（ADAC6和ADAC7）。在一台示例设备上可以使ATmega64和NFC芯片结合。

当我们想将寻址插口（见图5.9）的任务交付到NFC芯片上时，我们不仅可以利用被它占据的空间，而且也可以节省成本，客户也可以省去机械接口的寻址设备及其带来的问题。当我们通过NFC芯片连通ATmega88的固件时，当然，唯一的任务是为网关分配1～31的地址。这个任务也可以由ATmega64和ATmega88之间的连接绕行完成。待连接传感器的预参数化和通过ATmega64来实现在设备连接后为客户考量的数值可视化是一个非常庞大的任务。对此，NFC芯片会被和ATmega64的TWI插脚衔接。

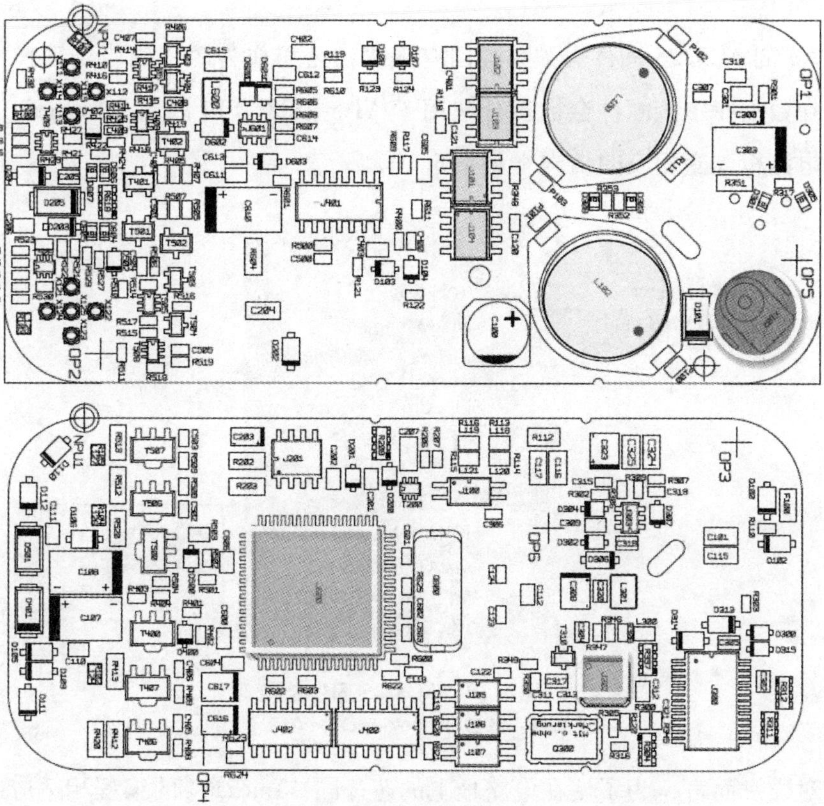

图5.9　AC5225装配图示

来源：根据易福门。

NFC芯片和触角天线被以此安装在电路板的IO-Link部分，即在光耦合器J101～J104（见图5.9）的左边，其发射的互不影响的电隔离电路信号由IO-

Link 和 AS-i 共同承担。由于考虑到电磁兼容性（EMV），也需要考虑调制 AS-i 信号。在研发过程中，电路板要被重新规划，这样才能够真正利用拿掉寻址插口获得的空间。

为了生产配有 RFID 芯片的 AC5225NFC 设备样机，要对设备中的电路板做如下改动：

- 线圈（见图 5.9，L100 和 L102）不要像原装设备那样与壳体相连接。
- NFC 芯片会和一个承载 5V 的电源以及 ATmega64 的 TWI 触角天线线圈相接。

7M 的 AC5225 固件会被易福门有限责任公司作为源代码应用到样机研发中。在数据库中该固件会被拆分应用于 ATmega88、SPI 以及 ATmega64，并且根据电路板改变相应的结构（见图 5.10）。

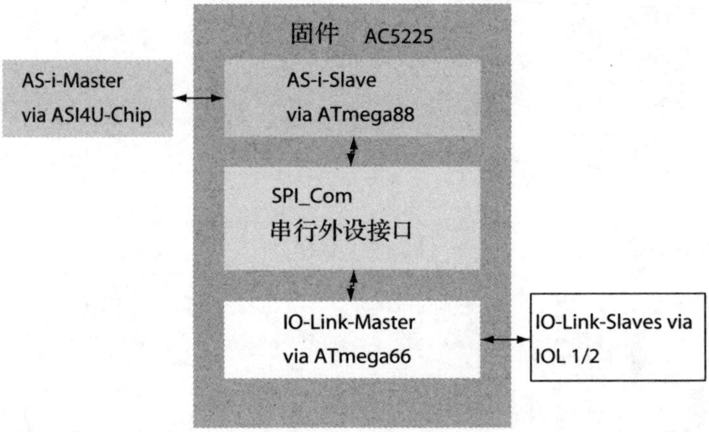

图 5.10　AC5225 固件结构

来源：根据 Schneider D.，2012 年。

对样机而言，为了使在电路板上的芯片同 ATmega64 的编程相适应，有一个补充环节相当有必要。以此对该固件而言，需要为通过 ATmega64 和 NFC 芯片来完成 IO-Link 数据传输的 TWI 另外编程。该补充程序由编译器和调试器为 C／C ++进行 8～32 位单片机“IAR 嵌入式工作台”（IAR 系统，1995—2012 年）共同执行。由 ifm economic gmbh 提供的适配器会被用于简化固件编程（见图 5.11）。

图 5.11　适用于 AC5225 的编程适配器
来源：ifm datalink 有限责任公司。

除此之外，在固件中还需要做一个改动：通过连接两台 ATmega 设备的串行外设接口（Serial Peripheral Interface，SPI）来实现关于 RFID 芯片、ATmega64 和 ATmega88 对 AS-I 标准 CMOSIC（ASI4U）寻址的转交。对此 NFC 智能手机扮演了第二个总控系统的角色，尤其当设备接通电源且通过智能手机的参数化被执行时，它发挥了重要作用。在这种情况下，现有的参数会匹配设备中已存储的参数。

在 IO-Link 主状态机中（已经存在于程序 ATmega64 的序列），被更改的固件会访问 NFC 芯片的 EEPROM 的旗标。如果这个旗标是立起的，那么就会执行 NFC 请求程序，请求方式已经存储在 EEPROM 之中。根据请求的方式来调动 EEPROM 中的数据并发送至每个 IO-Link 设备中或者保存在设备中的 EEPROM 中，以及发送至 NFC 智能手机上。此时信息会被拆分存储到 EEPROM 之中，NFC 智能手机也会接收信号并从中调取信息。

AS-i 和 NFC 主机的优先顺序是通过 AS-i 请求的绝对优先性执行的。如果没有 AS-i 请求，则 NFC 存储器扮演 AS-i 的角色。对于 AS-i 的请求是同时性还是先后性的问题，应该要在 NFC 请求被更换之前找到一个解决方案。

为了调试样机的 RFID 端口，RFID 芯片和触角天线的大小都要适配电路板。

在 5.2.3 小节中，配有单片机衔接的 NFC 芯片会被作为应答器和 RFID 端口而进行分列。基本上，这里会用到由意法半导体公司生产的三种拥有双界面 EEPROM 的 RFID 芯片（见表 5.14）：

- M24LR04E-R（4 Kbit 存储空间，参见 STMicroelectronics，2012B）
- M24LR16E-R（16 Kbit）
- M24LR64-R（64 Kbit）

以上三种由意法半导体公司生产的 RFID 芯片都执行 ISO/IEC 15693 标准。HF 不适用该标准，但是根据 ISO14443 以及 ISO15693 标准规定，意法半导体公司的方案允许在群中借助递归防碰撞算法识读群信息，从而在群中实现选择性和一般性的信息识读。ISO 15693 标准意味着最大识读间距为 1m，而意法半导体公司的电路板上最长触角天线和最大功率的识读器的间距最大距离为 42mm。

表 5.14　双界面 EEPROM 可用 ST-Tag 方案和以厘米为单位的附有识读器的有效范围

识读/书写/cm 天线 标签	开发套件 （DEVKLTM　LR-A）	示范天线 （DEMO-CR　HF-A）	NFC 智能手机 （三星 Nexus）
4.7 感应率，4.5mmϕ	0.5/0	1/0	0.5
4.7 感应率，5.8mmϕ	3.5/0	1.7/0	0.8
4.7 感应率，7.8mmϕ	8.2/4.5	2.4/0.1	1.2
4.7 感应率，9.8mmϕ	10.5/5.5	3.0/1.5	1.7
15mm×15mm，双面蚀刻	15/13	3.5/3.0	1.7
20mm×40mm，单面蚀刻	24/19	5.5/4.5	3.2
45mm×75mm，单面蚀刻	42/36	7.0/6.5	5.5

来源：意法半导体公司，2012A。

配备曼彻斯特编码的负载调制和幅移键控（ASK）或者辅助频率（423kHz 或 423kHz 和 485kHz）的二位频移键控（2-FSK）可以由识读器来完

成筛选：以6.62Kbit/s（长距离模式）或者26.48Kbit/s的数据传输率来完成。除了这两种通用速度之外，ST芯片还提供53Kbit/s的数据传输模式，一种“Fast Command”（快速指令）。这个传输速率低于由AS-Interface（167Kbit/s）和由IO-Link（230.4Kbit/s）最高速率所能达到的速度，原则上也能在一定程度上应用在本地申请上。根据意法半导体公司的报告，未来还会根据ISO14443标准生产出传输速率更高的一种芯片（最高能够达到848Kbit/s）。但是由于无限增益在有效距离和传输速率之间存在一种负相关关系，高的传输速率对有效距离会造成负担。所以该由产品的具体使用情况来决定使用何种芯片。

意法半导体公司的所有芯片都有3个32bit密码防护区，例如可以用来保护非法拷贝以及为ifm和客户提供不同的应用。这些防护区能够配备分离的识读和/或刻录权限。另一个32bit密码为I^2C总线服务。作为“产品秘钥”的密码以及其他密码可以被易福门有限公司及客户使用。

2013年，富士通用MB89R112介绍了一种和意法半导体公司相似的解决方案，虽然是用FRAM代替EEPROM，用SPI代替I^2C总线。目前，与EEPROM相比，这个更频繁更快的可写存储器的消耗比它低了100倍能耗，这个因素值得作为优势而得到关注。

在面对缺少密码支撑，未提及的ESD强度以及关于一个更低的使用寿命的数据防护而言，更快的速度、更高的刻录频率以及更少的能量消耗就显得尤为重要了（见表5.15）。

表5.15 存储器比较

存储器	速度	大小	可写性	数据保护
EEPROM	5ms	4~64Kbit	+1000000	ESD，+40年
FRAM	10ns	72Kbit	1012	射线防护，+10年

来源：参见Schwarz，2012；富士通，2012；意法半导体公司，2012A。

因为AS-i的5ms快速识读周期并能长久保存的特性使易福门有限责任公司的设备使用寿命达到十年以上，这使得意法半导体公司的解决方案还有待考量。在意法半导体公司的方案中，I^2C 总线中会出现更少的电磁兼容性（EMV）问题。尤为关键的是样机解决方案中富士通的 SPI 连接中需要三个插脚，而 AC5225 的 ATmega64，如上文所提及，只要两个插脚即可。在串口技术发展方面，应由客户方使用的设备决定具体芯片方案的选择，只要芯片达到 NFC15693 标准即可。

在样机方案中用到意法半导体公司的 M24LR64 芯片，不仅因为它以 64Kbit 的速度比其他 ST 芯片拥有更多的存储空间（M24LR16E 是 16Kbit，M24LR4E 是 4Kbit），而且因为当它和触角天线连接时能更好地完成刻录。对此必须要有意识放弃 M24LR16E 和 M24LR4E 的集能功能，因为 ecomatic 的电路板需要 3.3～5V 的输出电压，而意法半导体公司的解决方案却最多产生 2.5V 电压（见表 5.16）。

这种集能功能仅对小传感器有意义，而且也只有 ifm 其他的子公司在生产该传感器。对此可以省略很多在提供电源情况下的电路板测试，并能在很大程度上节省生产资料和生产成本。

表 5.16　M24LR16E-R 芯片的节能情况

存储器	最小功率 *P*	出口电压 （$I=0$）	电流最大时、功率最小时	电压的最大电流
00	100mW	2.7～4.5V	最大 1.7V	6mA
01	60mW	2.7～4.5V	最大 2.1V	3mA
10	30mW	2.7～4.5V	最大 2.3V	1mA
11	16mW	2.7～4.5V	最大 2.5V	300μA

来源：意法半导体公司，2012A，第 11 页。

对一个理想的触角天线—芯片结合体的研发而言，要从触角天线、附属过滤器以及阻抗调整开关的设计着手。用于触角天线的阻抗调整开关必须要有一定的灵敏度。RFID 芯片必须要非常精准地适配触角天线并焊接。为了克服样机研发中的困难，会选择一块已经完成测试的芯片—触角天线结合体来安装。对此我们会选用意法半导体公司提供的触角天线解决方案。

根据表 5.14，在电路板上，意法半导体公司的卷轴方案比寻址插口需要更少的空间。为了能够通过端口和智能手机连接以实现刻写，电路板和设备壳体之间的间距在1cm左右是尤为关键的。根据表5.14，卷轴的直径要在7.8～9.8mm，智能手机阅读间距的最大距离是10.5cm。

由于选择RFID芯片M24LR64-R已经被预先选定，所以ANT3-M24LR-A要被分列，它的读写范围被视为刚达到要求。在电路板上，它作为卷轴不需要占很多空间。当上文所给的卷轴天线和已选定的RFID芯片的结合体通过意法半导体公司作为参考设计预先设定好时，在超出样机使用范围的情况下，当然必须要给出理想的卷轴种类和大小。

作为识读器，在样机中使用一个商用标准、可以实现NFC的智能手机（这里用的是三星Galaxy Nexus）和意法半导体公司为RFID识别组件预定的智能终端核心软件样例的DEMO-CR95-HF-A。客户使用的NFC智能手机要确保有一个连接ifm系统的无线发射点。

意法半导体公司DEMO-CR95-HF-A的替换方案可以是在产品的机器和手动工位安装ifm（DTE100）作为连接器的非接触式射频识别（RFID）处理器及其附属读磁头或者天线。基本上优先选用这套方案，因为这套方案对产品而言成本最低而且便于实施操作。但与意法半导体公司应答机的兼容性必须要通过测试检验（参见第5.4节）。正如处理器参数单数据所示，设备必须要同连接DPV1（推荐使用）以及DPVO第一等级的现场总线总控相连接。所需识读间距由检验确定（参见第5.4节）。同时，在较大识读间距时要考虑线路和车间的生产情况（很有可能造成相邻或等候区电路板识读错误）。

在物流方面，可以用为NXP高频芯片服务的，由生产商给定的99.95%以上识读速率为7m/min的高频隧道识读器来替代弯铁装置。这里也能通过检验测定，是否纸板箱内这些标记均在隧道识读器中被识读。还有一种解决方案是把阅读器放入每个货架底部，这样能够在每次取出设备时直接检测其是否被放入正确的纸板箱内（货架识读器，参见同样使用高频技术的Würth地铁未来商店“Smart shelves”或者“CPS@ iShelf”）。在每个火车站作为读磁头来打开包裹的框架天线是被写入案例教材以及和防呆管理兼容的最优方案。

因为物流方案的检验并不是易福门有限责任公司自己的方案，因此不予纳入考量范围。

5.3.2 线路记录仪软件的解决方案

正如规范中已提及的那样，数据处理在RFID系统框架内扮演至关重要的角色。由识读器接收的信息会被传送到软件并在软件内经历过滤，然后被PPS继续处理。为了尽可能地降低在软件领域产品跟踪执行的成本，会优先考虑使用易福门子公司ifm datalink公司的“线路记录仪”这一软件的MES模块。如5.2.2小节所要求，所有线路记录仪软件内的连接都是以太网连接。

线路记录仪软件符合CPPS的多项要求。此外，针对之前代表“智慧产品和适应性强的智慧产品单元”的规范硬件：

- 在“线路记录仪代理”的应用中存在一个多代理系统（Multi-Agenten-System），该系统能够无需单独网络铺设的端口标准化而实现信息自由水平地互相交流。
- 通过线路记录仪代理能在垂直一体化中确保数据交流和数据通用性，也就是说，硬件数据连接从硬件一直到ERP（LR代理是在嵌入处理器中，线路记录仪代理CP对SAP）。
- 线路记录仪软件应用承接信息集合以及处理，在任务处理方面为人工提供决策辅助。

线路记录仪软件能应用到产品及材料追踪、检验及进程追踪、传感器参数化应用以及在应用交流层面的数值可视化。此外，协同器的计算也要被记录下来。任务分配程序和结果分配程序会作为“集市”在一个网络平台进行运行。公共基础数据也能在这个平台找到一席之地。

在线路记录仪软件中，公共基础数据和LR代理保持非常紧密的联系，LR代理承担软件和产品衔接的任务并以此直接扮演一个被要求代理的功能。对此，LR代理为句法上和语义上的机器和公共基础数据之间的翻译提供服务。

这里的代理就是一个数据网关，一个“数据吸尘器”。它的任务是实现不同数据处理系统之间的数据交换。通过通信端口，来自任意数据源的任意数据格式都会被收集并且转换成一种固定格式并传送到一个相关的数据库中。这些数据会被压缩打包，以至于尽管由于格式不同但仍然能够以一种统一的方式被调阅。这样，数据处理就完全和数据库以及通信端口相分离。LR代理并不生产及存储任何数据，它只能够接收、处理以及传输数据。

LR代理内部的数据处理是根据FIFO（先进先出）原则来完成事件管理的。在事件激活之前，信息处理任务等待由触发器指示的事件的到达。触发器通过识读器识读来自应答器新识读的系列号，当然也可能存在应答器在识读范围之外的情况。在这里，触发器通过用紧密排列的数值比较对数据的配置和周期性测量而产生触发。

所有特定端口的数据形式在被接收时均转换成．NET格式，在被发送时又还原至原来的特定格式。为了端口适配而编程是没有必要的，有必要的只是一个输入和输出通信端口的调试、数据格式化、数据选择以及转换。数据处理四个步骤（接收、选择、转换、传输）中的每一步都是独立可调试的：

- 数据接收：通过LR代理的一个调试过的端口使原始数据从数据源进入LR代理。
- 数据选择：LR代理筛选来自原始数据的数据，此数据格式和被筛选的数据区会被调试以及分析（数据结构分析和数据筛选）。
- 数据转换：LR代理格式化待输送数据。为了将数据转换成表格和产品数据库区域，LR代理会生成例如SQL指令，此数据格式以及即将执行的格式化会被作为规则调试。
- 数据传输：数据会通过LR代理的一个已调试的端口被输送至目的地。

LR代理并不是为服务器设计的，因为在主机系统内它并不为其他部件提供服务，而是负责执行被调试过的任务。该代理要求 Windows 2000 以下的（Linux 系统以下嵌入式版本）或更高的执行系统。作为运行环境，要求用微软的. NET Framework 2.0 作为为 RFID 服务的程序 C#语言，并被 LR 代理所满足。

该代理允许网络系统中新安装机器的预先调试，尤其是作为 Linux 的变体，这样就能在网络系统中生成一种标准。在 LR 代理中很少会出现成本阻碍问题。当远程遥控数据不被允许时，该代理的主机能够经由 SPS 或工业 PC（IPC）装入 Windows 嵌入式操作系统。在数据量庞大的情况下，为了更快更好地传输数据，该代理有必要被安装到由机器配置好的计算机中。在这种条件下，应答器刻录的传输速率可以达到 758Mbit/s。这样一来，LR 代理的传输速率不仅远高于 NFC 芯片（最高 53Kbit/s），而且也能达到工业 4.0（大数据）意义上的大量数据传输能力要求。

慢速远程控制（573Mbit/s Remote Procedure Call）允许低价共用易福门有限责任公司的中央计算机。这样的主机系统可以同时允许多个 LR 代理共同运行。在一台机器计算机或者多台已配置好的计算机上安装 LR 代理意味着比将其安装在一台中央计算机上有更多的成本和更少的由机器控制适配带来的风险，并可以忽略慢速的劣势。

根据 ZVEI 规定，线路记录仪软件是为追踪系统而生产建立的，它也会收集由 ZVEI 为产品跟踪系统并且由规范所要求服务的数据。这些数据有例如系列号，数据处理开始时刻和结束时刻那样的产品单元数据，如检测结果那样的测试特定数据，为工位和机器（设计的针对工具和辅助设备）参数和额定值的生产工艺特定数据以及为产品名称而设计的理想客户特定参数。有了这些数据才能量化产品和材料追踪、检测和生产过程追踪以及客户使用产品的情况。此外，对于过程定位的功能，LR 代理不仅能识读数据，而且也能刻录数据。

特定要求的实现主要是通过 LR 代理的生产数据采集来保证的（见图 5.12）。

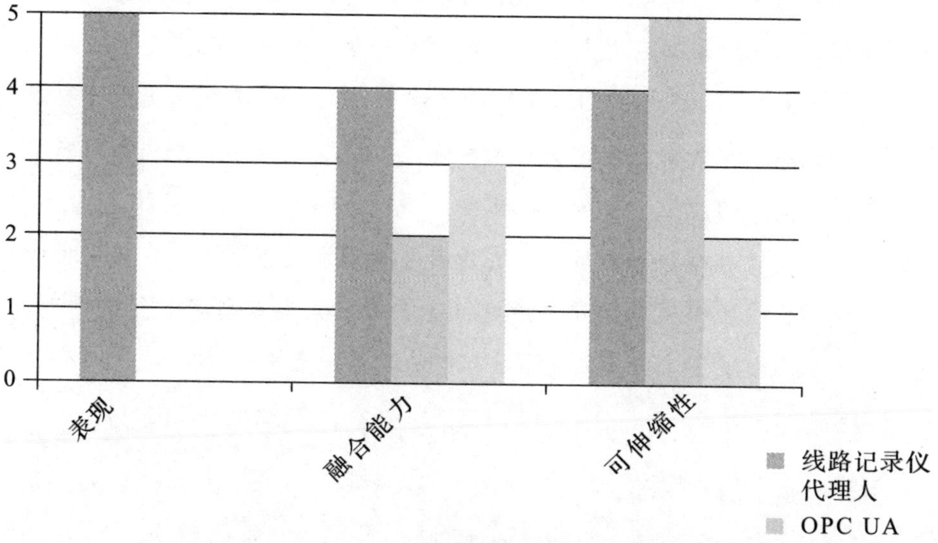

图5.12　相对于其他MES数据交流的LR代理的参考数值
来源：作者依据德勤会计师事务所，2013。

- 在数据筛选和转换方面，产品性能是通过数据同步来确保的。该数据同步是通过不同的、独立分离的通信端口，事件控制的数据处理，以及数据选择和变换的逻辑分支和多线程来实现的。在数据同步传输情况下，多线程会在通信端口中停留到数据传输成功为止或者由于一个错误而中止（数据同步性）。非同步数据传输也是可行的。多线程技术有利于充分装载数据，降低失误率并促进进程。
- 代理的特殊融合能力或稳固性体现在关于处理器（DTE104）的来自上述规范识读器的数据传输可能性。LR代理被嵌入式安装到处理器上，而该代理又可确保和线路记录仪MES与SAP的连接。因为代理是和SAP的软件产品PCo（Plant Connectivity），LR代理CP绑定的，所以这个与SAP的通用交互交流是可行的（见图5.13）。同样，LR代理可作为嵌入式系统安装在Linux环境下的RFID处理器的硬件抽象层（<50KB）之上。该过程得以在ifm处理器DTE104那里执行。并且，由此产生的“RFID广泛应用的最大障碍”与和MES和ERP世界中成

本高昂且烦琐的硬件兼容问题也会得以解决。UHF 所要求的进一步数据过滤在所示的应用中并非必要，因为可以通过与较小范围绑定的非接触式射频识别技术（NFC）来识读系列号。在详细说明中所要求的系统组件与数据传输的安全性是通过客户权限和问题处理在客户界面得以实现的，但也存在可扩展性。

- 可伸缩性（模块可扩展性）在没有重新编译的情况下，在借助模板连接和数据库模板以及硬件建设（主机系统）等多种可能性的帮助下，可以通过使用上级模块、通信接口的灵活配置来得以实现。

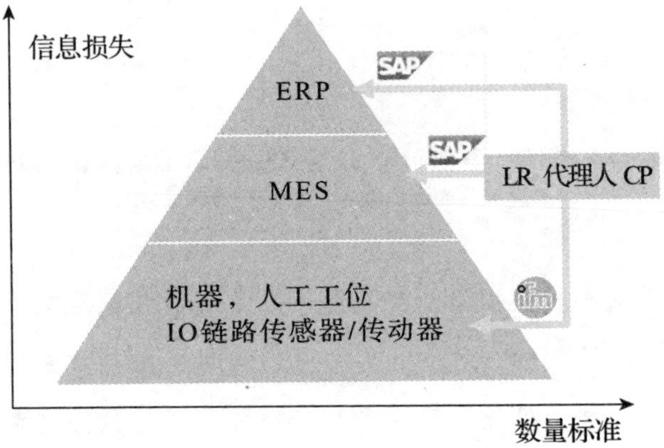

图 5.13　通过 SAP 中的 LR 代理 CP 进行的传输

来源：Jahn，工业 4.0 中新的透明度创造了信任和附加价值，2015，第 106 页。

该代理拥有一个 GUI 配置。LR 代理可以通过用户界面（甚至通过远程访问）来设置、调控和管理，有了该配置也可以在一个样例应用中放弃使用作为接口的编程。相反会运行数据筛选和转换规则，该运行会预先给予运行时间（至少 2.6ms），并且为如给提取产品而设计的以系列号形式出现的产品标识提供绝对参考。在上述情况下，LR 代理已被嵌入 DTE 104。因此该配置几乎被限制在共享数据库和应用程序交流的界面上。

“该 LR 代理是一个 Windows 应用程序，作为一个应用程序它具备框架窗口”（见图 5.14）。如果有窗口被授权客户关闭，那么所有的任务都会结束，所有正在进行的连接都会断开，并且所有的通信接口都将被禁用。

在线路记录仪软件中或在LR代理中进行数据处理时，如果出现状态改变，那么在客户界面将会给出提示。这些措施包括视听信息（如报警），发送电子邮件以及功能和程序的执行。状态改变的触发和可视化是相互关联的，这样一来客户界面也可以通过远程访问对状态改变进行响应。

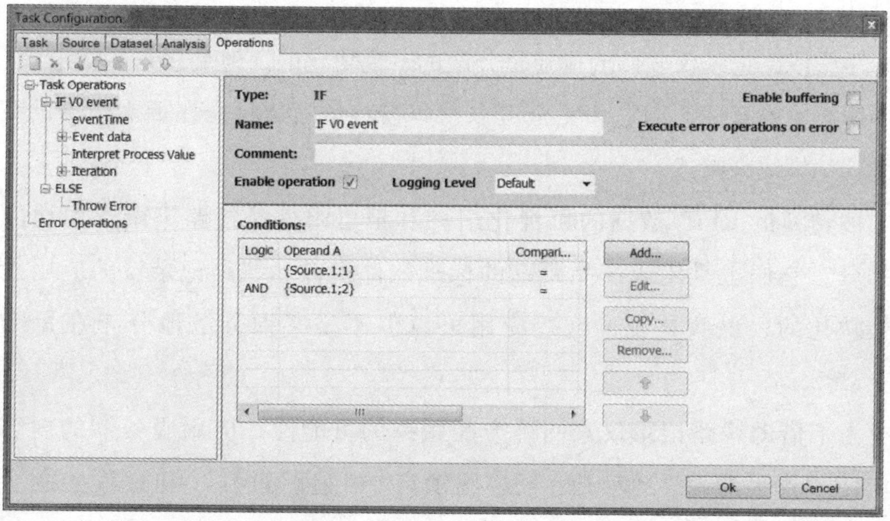

图5.14　带有连接点和数据缓冲器的LR代理屏幕截图

来源：ifm datalink有限责任公司，2012。

简单的算术运算可以在代理中就被执行。这使得通过代理检测回馈的大小数据成为可能（参见4.2.3小节）。在第4章中所描述的符合相应要求的应用通信在示例中仅被部分展现出来。因此，在ifm网络中，一个相应的更高的物流效率并不会被算在被实施的解决方案可带来的好处之内（参见5.2.3小节）。下面将介绍ifm的应用程序通信是如何达到这些要求的。

如今，分等级、跨网络的转向组件通过ERP（主要是SAP Advanced Planner&Optimizer，APO）成为易福门集团中的主导系统。在APO中，有关规划的数据会作为供应链管理的组成部分而得以处理。APO软件包含逐次规划的经典功能，即销售规划、粗略销售库存规划和资源规划、二次需求评估以及购置种类的分配。而与此同时，被需要的价格功能和目标规模在易福门有限责任公司中并没有被明确地确定，而是通过APO中现有的启发来实现的。

不过，APO 技术上为通过“SAP liveCache”只需几秒加速度的库存检查与生产规划的结合以及对这样的客户需求在考虑到生产边界条件的情况下，比 SAP ERP 更快地进行确认提供了可能性。这尤其与客户单件生产息息相关。在 APO 中生成的规划会借助合同编号传输到 MES 线路记录仪软件中。

尽管线路记录仪软件的构建是分散的、模块化的，但是它并不能记录第4章中所要求的算法，但它却完全可以搜集校核值。这将会在下文中借助线路记录仪的模块来阐述。

被转换的 RFID 数据的可视化组件和报告组件是线路记录仪模块的组成部分，它们也是用于产品跟踪的标准软件组件。线路记录仪的应用是完全模块化的，也就是说，这些应用可以但不是必须分散地分布在每个工位上。

为了借助线路记录仪来明确产品跟踪的可能性，应用服务器的内容就是应用“产品跟踪”。为了解释过程锁定，“追踪过程”和过程控制会被展示出来。最后结果会呈现在“传感器 App”上，这款 App 是作为“线路记录仪传感器”，由 ifm datalink gmbh 于 2012 年为实现 IO-Link 参数化而研制的。

在产品跟踪应用中，所有所需的、预先要被配置并与系列编号相关的数据都会被录入生产数据库。这些数据也能以表格的形式作为一份报告呈现出来或者是根据不同条件被调阅（见图 5.15）。通过这个产品跟踪模块，所有与产品相关的数据都能可视化和数值量化。

除了序列号和其附属的输出数据，追踪过程也记录了在生产期间的机器数据（过程参数及其额定值偏差、机器状态、超过界限值、最小值和最大值时的警报），在生产期间内，相应的序列号会在对应的机器中完成。从机器数据和检查结果可以检测和确定其质量衡量标准，例如来自生产控制的时控表（见图 4.16 和图 5.16）。

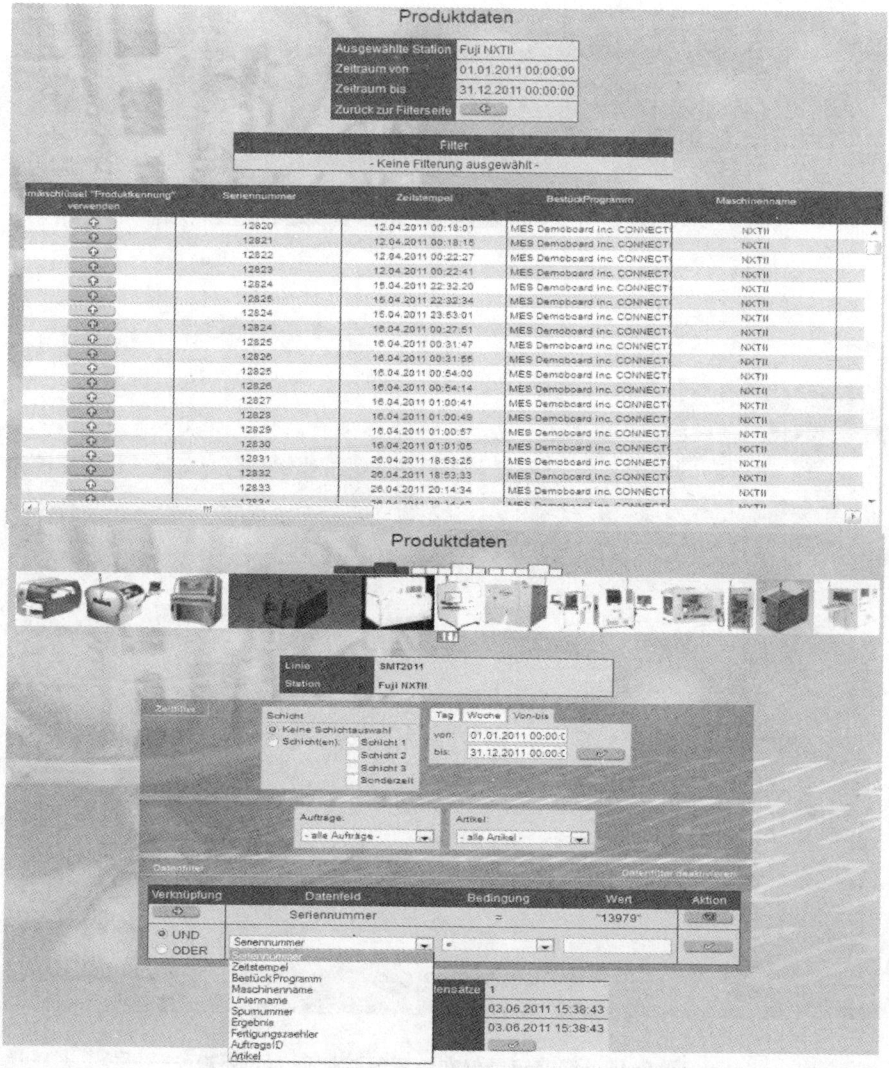

图5.15　线路记录仪在产品跟踪中使用的外观

来源：ifm datalink有限责任公司，2012。

生产过程控制使表3.8中所需的相互连接的结构成为可能。它不仅可以像在产品跟踪应用中一样识读信息，还可以使信息自动回刻在某个工位。由此，在生产控制中得以实现尽可能的自动化生产过程（参见4.2.2小节）。此外，通过尽早确定失误点来自动切断生产过程的方式，生产控制可以保证随着10%增长点的一次通过率（FYP）而实现所追求的失误率的降低（参见5.2.2小节）。

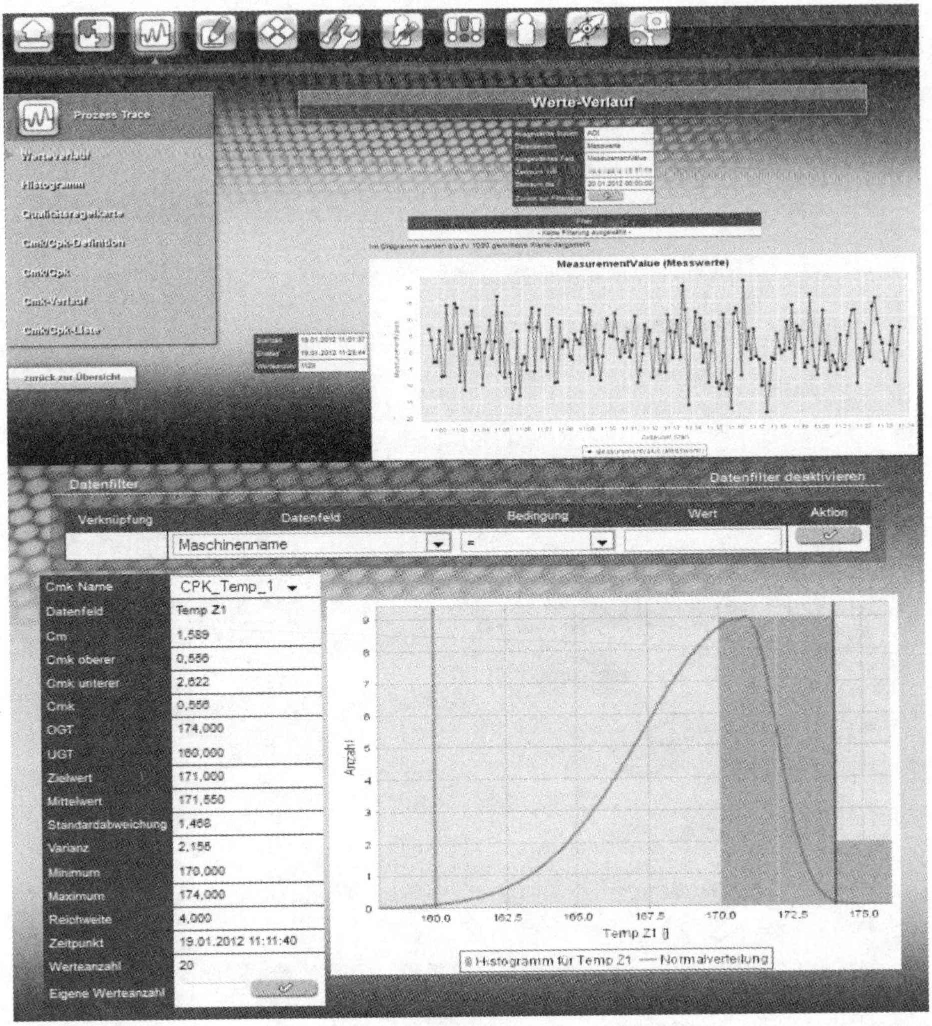

图 5.16　线路记录仪在流程跟踪使用中的外观

来源：ifm datalink 有限责任公司，2012。

在过程控制中会通过所谓的“路线图”为每个产品确认各自的工位并按需求锁定该工位，这样就能把产品固定在一个位置上。为了避免在缺失部分继续执行价值生产或者更好地在更高效率的工位上达到期限规定的目标，可以通过由质量原因而忽略为不同产品服务的机器或工位或者封闭生产过程来降低失误。有了所述的应用通信程序，可以随时考虑在不同工位的产品生产。此外，零件清单、设置信息和生产指令可以自动转移到机器和工作场所中来，因为产品（如案例分析中定义的那样）会在升级之前被确认。这种体系的中央管理和维护在易福门有限责任公司中由 SAP 执行。我们借助这个程序所追求的一次通过率（FPY）会达到什么程度是不会被检测的，因为要生产的设备中还没有广泛安装 RFID 解决方案。

为了查询工作系统的状态（Condition Monitoring，见图 5.17），数据可以借助 LR 智能观察仪为订单规则直接被应用于工作系统。当关闭时，会相应地警报提示并对即将到来的维护任务提供线索。意外停机和意外时间更改将由计划过的替换，这也会在网络中通过成功分布被嘉奖。

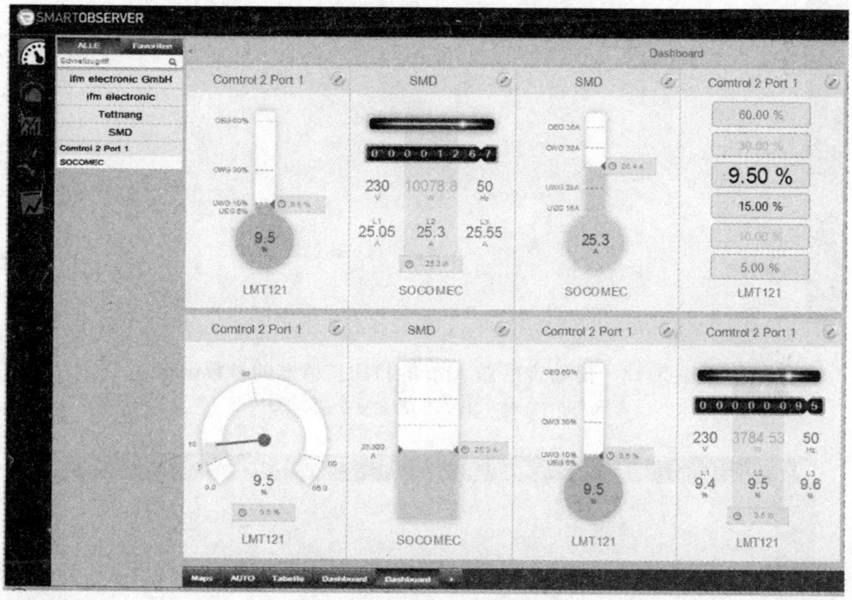

图 5.17 线路记录仪在智能观察应用中的外观

来源：Jahn，2015，第 107 页。

为了生成一个在 AC5225 中待储存的，为一个已连接或待连接的 IO-Link 传感器服务的参数，我们会使用线路记录仪传感器。这个传感器是由线路记录仪中常规运行环境转换成作为“传感器 App”的安卓智能手机的运行环境而来的，目的是使用在样机中已安装的三星 Galaxy Nexus 移动手机中的 NFC 功能。传感器 App 会作为 Java 小程序储存在手机的内存中并运行。手机的应用控制器为 Java 编程提供相应的 APIs 支持。有了这个控制器，可以访问从

Java 小程序到所有手机部件，当然也包括 NFC 接口。

传感器 App 的界面，即该参数化在手机页面中会如图 5.18 所示，相应地缩减呈现内容。该 App 可以确保仓库方或者客户方未连接设备的参数化。当传感器已连接时，测量值就能呈现在智能手机上（见图 5.19）。

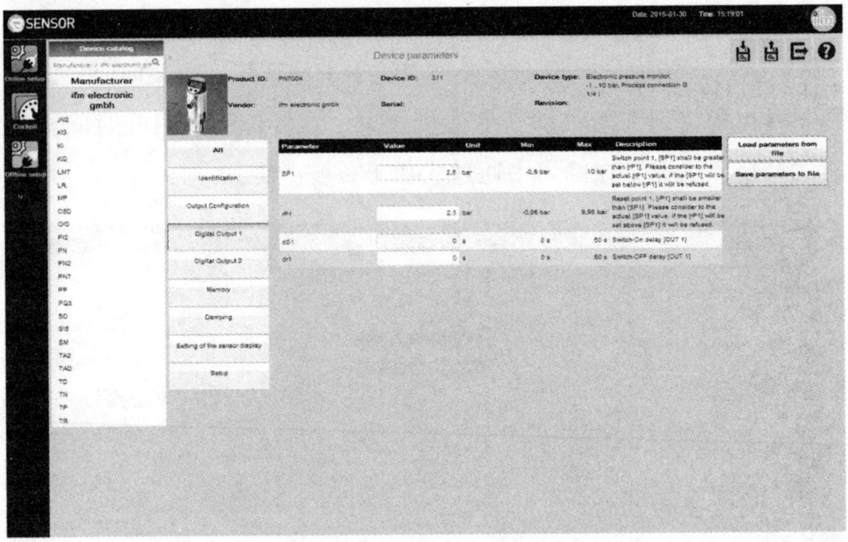

图 5.18　借助传感器 App 的打印传感器的参数设定

来源：ifm electronic 有限责任公司，2012A。

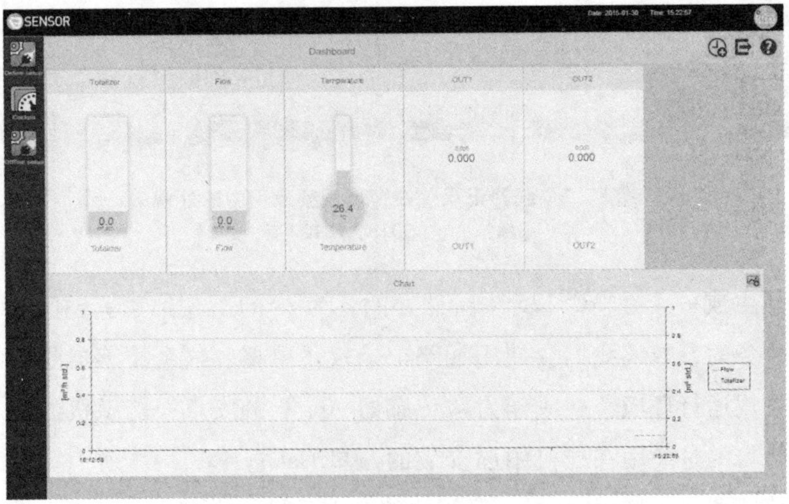

图 5.19　打印传感器中测量数据的可视化

来源：ifm electronic 有限责任公司，2012A。

5.4　测试与融合

为了实现上述理念，我们需要建立一个 AC5225NFC 原型以及在实验仪器上通过内部 IC 总线（I^2C）实现芯片与微控制器的通信。我们将尽可能地摒弃对既有软件功能的测试，转而测试硬件。

5.4.1　软件与硬件测试

由于线路记录仪已研发出相应的测试方法，其特性也被测量，这里将不采用传统的测试方法。总体来说，德勤的软件都达到了 3.0 成熟水平。但根据 CMMI 标准只有 10% 的软件研发能超越这里采用的 LINERCORDER。出发点在于，ISO/IEC9126 标准及其名次顺序满足测试要求。由意法半导体（ST）研发的用于安卓应用读写功能的基石可与三星 Galaxy Nexus 上的原型传感器应用进行功能性融合。其特性与规格相符合。

对于硬件的检测以近耦合智能卡标准 14443 的特性为基准，一来该标准已具备相应的测试方法，二来其使用的 ISM 波段与用于原型的 ST 口令的疏耦合的波段相同。检测用的识读器已符合 ISO/IEC15639 标准。考虑到供电中的天线谐振电路的影响，识读器在所有测试中应保持恒定。推荐使用任意波信号发生器、稳压电源增压器和电子信号示波器作为额外的测量仪器。根据这里建立的原型的标准，以下特性将被检测：

- 转发器的物理特性（参照 ISO/IEC 10373-7）
- 电路板的几何信息以及电磁兼容性（EMV，参照 ISO/IEC14443-1）
- 空中界面、读写距离（参照 ISO/IEC 14443-1）
- 数据架构及安全（参照 SO/IEC 14443-3/-4）

由于 ISO/IEC 15693 标准只规定了转发器在空中界面的特性，而没有涉及其物理特性，因此要借助对两个天线接口的阻抗测试对芯片生产商给出的连接参数、芯片与附加天线所达到的功率和共振频率进行核查。检查对象为生产商给出的兼容的天线。

由于测试用的原型未投入过标准生产过程，所以不会在生产过程中进行物理特性的评估性测试。Finkenzeller 提出了一个针对过程参数的生产测试。例如对于 RFID 零件来说，可以进行对 RFID 芯片黏附强度的抗剪实验。对于一个生产测试来说，其关键性的问题是，电路板上的 RFID 零件是否能无损地经受住各工艺步骤，如等离子激活（通过电晕放电进行的表面处理）。Ecomatic 将等离子激活工艺加入到服务于 NewClassicLine 产品（如 AS-i 网关）的基于仪器内可用空间的系统中，由此来提高人造材料和金属的表面张力，从而将防水材料与壳体材料相结合。这样一来，配备的电路板会受到磁场影响。根据生产商的信息，符合 J-STD-020C 标准的意法半导体（STMicroelectronics）芯片适用于回焊炉中自动化的装配与加工。

针对转发器物理特性的测试与针对仪器 AC5225 的可靠性测试，如仪器在 -25 ~ 70°C 环境温度下是否运转良好，是同步的。意法半导体给出的其 RFID 芯片的工作温度为 -45 ~ 85°C，因此物理特性不需要再单独测试。

电磁兼容性是指，仪器在无受损情况下可耐受的一定的电磁干扰值以及被允许发射的符合标准的电磁干扰的最大值。不同的电磁发射设备应尽可能小地互相影响。和所有无线电设备一样，首先适用于 RFID 的是 EMV EN 301489 产品标准。

无电池的 RFID 芯片与无线技术最重要的区别在于，电力供应和通信通过同一根天线实现。AS-i 网关电路板的每一个耗电变化能够无需电气隔离就对天线谐振电路产生影响，反之亦然。根据 ISM 仪器标准 EN300330，识读器发射的电磁场的相对干扰值在 10m 距离、13. 56MHz 下不能超过 42dBμA/m。所有推荐的识读器皆符合该标准。但是还有一个问题亟待解决，即当识读器位于近场相对距离时，AC5225NFC 是否还能正常运转。

在欧洲标准中，AS-i 设备的电磁兼容性规定是针对低压开关设备的。例如适用于 IO-Link 通信接口的通用标准收录在 IEC61000-6-2 中。AS-i 的电磁兼容性将从抗干扰性出发，参照EN50295标准进行测试：

- 标准1：“规格限制内的正常功能为每30份电报中最多能出现一个受干扰的主设备呼叫或从设备应答。”
- 标准2：“测试过程中允许出现一个短暂的数据通信中断，但中断之后设备必须能够重新正常运转，不允许改变运行状态或储存数据。”

  ifm将该标准作为最低标准。智能手机识读和发送时作为AS-i网关的功能性将结合原型被测试。试验中未出现故障。

与此相反的是，感应转发器在高频时特别容易受到电磁场干扰。要检测的是，AS-i（载波频率167kHz）的电流调制信号的谐波或IO-Link（载波频率280.4kHz）的电压调制信号在高频13.56 MHz时是否会产生频移，进而导致AS-i、IO-Link或NFC的通信受到干扰。转发器谐振回路的性能改变会引起识读器天线回路的负荷变化，这一变化在半双工通信中会作为转发器的信息被错误显示。半双工通信中，转发器与识读器之间的数据传递是延时的，同时还必须考虑采用曼彻斯特编码的意法半导体芯片在载波频率423kHz和484kHz时所使用的负荷调制（负荷调制在下文中又被称为边带）。

作为电压调制信号的IO-Link，由于其低功率，既不会作为负荷调制的干扰，也不会作为高频电波被考虑。但是要注意的是，与AS-i信号的正弦波相比，IO-Link信号的方波会产生干扰。还有待检验的是，AS-i信号是否由于其更高的功率而对NFC信号产生干扰。例如在意法半导体使用的比特编码（Bitcodierung）（曼彻斯特编码）中会出现由AS-i或IO-Link引发的在负荷调制中的过零（现象），过零会成为转发器传递过程中的故障。意法半导体芯片采用校验方法（循环冗余校验，CRC），由此来保证数据完整性和确定故障。但这个方法无法修正故障。

此外，只要边带的振幅足够大，这个识读器便可以在与一台转发器通信初期保持负荷变换。但是由于识读器还在识别故障，真正的答案可能无法被识读。除此以外，三倍AS-i频率几乎接近NFC负荷调制的载波频率。有利的一点是，原型采用了一种布局，在这种布局下，RFID解决方案的天线被放置在电路板上被AS-i电气隔离的部分。为了确定足够的电磁兼容性保护，边带振幅会根据标准中的规定在特定时间段和特定限制条件下被测量。由高频和负荷调制组成的转发器的二级磁场可以通过赫姆霍兹方程被单独测量。

根据意法半导体芯片解决方案M24LR64的参数页，静电放电强度是在IEC 61000-6-2的框架下给出的。RFID接口在AS-i网关处于供电状态时被作为Quasi-Master使用时，该接口会根据AS-i标准被检测。

- 根据标准1，检测电压最小为8kV、空气放电条件下对静电放电的抗干扰性。
- 根据标准1，检测电场强度为10V/m，振幅调制射频电波为80~1000 MHz条件下对高频电磁场的抗干扰性。
- 根据标准2最小为2kV，根据标准1最小为1kV的通过电容耦合钳传输的电压对快速瞬时干扰的抗干扰性。

对原型电磁兼容性的测试是在易福门有限责任公司的电磁兼容实验室进行的。一旦出现故障，可以在电路板上直接使用已经能与NFC频率一起使用的吸收材料。

检测空中界面的最简单的形式是测试转发器的基础功能。测试中只会评估转发器是否许可对ID的识读。要注意的是：

> "……通过功能测试，高频转发器在磁场中能够展现一个相对恒定的识读范围，并且波动比较小，因此对功能性的测试是可信的。"

因此对读写距离的测量是第二位的。

结合既有的原型，无源的转发器既可以与ANT513，也可以与智能手机一起被识读。但是固定安装的ifm设备只能识读序列号。参照ISO156需要对识读器进行升级。为了能完全支持芯片运行，读写头ANT513和处理器DTE100的相应固件需要进行改变调整。为了避免这些消耗，最好对由于储存空间不足而与原型不兼容的芯片M23LR04E或富士通芯片MB89R112进行调整，因为在这两个芯片上能够识读信息。

在生产和物流领域，只有在试验项目中，如对安全设备的试验中对识读器进行测试才能获得与统计相关的识别率。影响读写距离的因素很多，这些因素的测试只有在一个尽可能真实的受试环境中以及足够多的受试数量下才能实现。此外，还有对响应场强的测试，即转发器能运转的最低场强。响应场强与环境因素如温度、磁场兼容性无关，与转发器本身也无关。

如果通过易福门读头的分辨率不够，可能识读器需要配备一个输出功率更大的天线或者多个天线，以此来扩大识读距离。基础是转发器天线的方向、敏感度和大小应该不被进一步影响，但是事先选择的出发点是保证对 RFID 系统足够的读写距离。如果 NFC 智能手机的读写范围不够，转发器必须配备一个更大的天线。但是为了进行阻抗匹配，需要更大的电路板和设计费用。

5.4.2　硬件与软件的整合

此处所给出的解决方案只是在易福门有限责任公司内部进行了一定程度的检测。通过成本—收益分析（参见 5.2.3 小节）得出，接下来的研究方案应是在安全工程学领域制造 RFID 零件。这项举措能够让人们更好地检测之前所做的各种预测。所以说，RFID 及介绍工业 4.0 的书籍都推荐各公司先对其欲引进的项目做可行性研究。

安全设备安装会带来的新问题是，这里展示的 RFID 解决方案只能在少部分设备上实施。要想解决这一问题，就需要为这一产品找到符合工业需求的电路板设计及合适的硬件设施。例如，仪器供电时就需要特别注意 NFC 接口和其他系统间（如 Master）可能存在的参数不匹配问题。如果想要通过 Faltfelx 技术来节省电路板空间，就要相应地去调整天线。与此同时，也要检测 RFID 芯片是否可以适应易福门有限责任公司生产过程中所产生的等离子激活。此外，因为 EEPROM 需要消耗比 FRAM 更多的存取时间，却赶不上 FRAM 的内存空间，所以对于内存的解决方案还有待完善。

巨大的投入让人们不得不面对这样一个问题，到底有多少经费真正地进入了电路板与硬件的开发领域。第一个要去解决的问题就是，去检测一项新的研发所需要的平均时间及相关投入到底是多少。目前还没有标准化研发所需要的相关投入数据。一直以来，安全设备的升级都是成本消耗的大户，然而，现在可以考虑通过关闭 RFID 来减少对其的成本投入。各种重复的解决方案甚至可以通过很少的研发投入来实现。

如果说通过芯片可以再减少一个交流接口、一个 EEPROM 或一个微型控制器的话，原材料的开支也会相应地缩减。而实际上，要将文中例子里提到的机械及访问接口完全去掉的话，必须保证微型控制器可以实现交流，例如与 AS-i 的交流。

在一项操作中，案例数量和识别率是相互影响的。尤其在识读设备的选择问题上，需要对不同的识别率做区别对待，特别是要对足够的识读率进行检测，因为这样才可以找到起始设备的替代物。同样地，通过投递包裹时对带有调频装置的货架或装有天线的包裹收集站的研究，可以对管道阅读器进行测试。在实施时，还要对备选方案的预算进行评估。总体来说，识别率在很大程度上影响了文中介绍的这种解决方案所需的经费，同时，识别率也受 MES 过滤作用的影响。同样，这一过滤作用也要在不同数量的案例中进行检验。

在 RFID 系统的应用案例中并没有对其进行诊测、启动与维护研究，运行与维护过程中所必须用到的系统管理也并未被提及。此应用实例仅认为，维护所需的开销与易福门有限责任公司现行的识别系统所需的开销差距不大。在实例中同样未被提及的还有整合过程所必需的引入方法，如结果档案、检验清单和成员描述。

同样地，可以在易福门有限责任公司生产试运行的过程中检测是否要废除 RFID 接口。废除 RFID 接口之后，要注意重要的一次通过率能否真正达到 98%。与识别率一样，一次通过率也是一个统计值，且只能在相关总体的可行性研究中得出。

通过对安全设备的可行性研究并不能知晓，未来运行易福门有限责任公司其他设备时在软件硬件和服务方面应该满足哪些要求。因为有些设备可能并没有足够的电路板空间，没有导线板或是没有自己的微型控制器，这些设备可能会带来新的挑战。圆柱传感器或其他更小的零件其实并不适用于RFID芯片。在这种情况下，也许可以把一根电缆做成RFID标签或包装上的一个标签（可循环使用的）。这样可以使操作程序在物流过程中也保持一致。除了可以在外包装上加上标签外，也可以给价格低廉的设备加上标签。与UHF（参照5.2.1小节）的吸收过程不同，位置传感设备应该不会带来更严重的问题。

易福门有限责任公司的一些产品带有金属外壳，如R360控制中的金属铝、液态传感过程中的金属钢、位置传感技术中的全金属等。这些设备所要解决的是HF过程中振荡回路失调的问题（参照5.2.1小节）。要解决这一问题也许可以借助生产电感全金属感应器的公司。移动控制器R360甚至有极大的可能性与激活的变频器兼容。通过这些变频器可以带来更高的硬件规模，以及实现未通电情况下的功能测试和设备启动。

最终还甚至必须对这一涉及易福门有限责任公司所有领域的NFC解决方案做一个大规模的市场调查，去检测这一解决方案所需的巨大研发开销能否带来客户所要求的收益。例如，今天客户委托购买一个USB IO-Link连接器（E30390或E30396）。但是这一指示器只能用于参数设定，且价格只能为250欧元或122欧元。NFC已经废弃了这一连接器。如果客户今天能够为参数设定指示器拿出这么多的钱，就意味着NFC实现了这一客户需求。在这种情况下，不仅实现了软件如传感App那样的移动应用，更确定了进入易福门有限责任公司内部系统的切入口。以上展示的这种收益研究只能事后评价性地、完整地进行（参见5.2.3小节）。想要了解企业内RFID产品跟踪的整体潜力，就应该在安全设备运行之后进行一个收益的分析。

在对安全设备的可行性研究开始之前就可以去申请一个自己的生产批号。这一生产批号用来在GS1中全球认可的领域进行编码（参见5.2.2小节）。这一编号就像互联网中的域名一样，让全世界的客户都能找到该公司。就算NFC没有投入使用，仅靠数据编码就可以使客户免受剽窃的侵害，也使得出口时不需要向海关提供特殊的额外文件。GS1 下的全球领域不仅对 RFID 有效，也对外观识别有效。

最后，软件整合方面也要填补一些空缺。线路记录仪中的协同工具会用到的算法还并未拟订。在协同工具方面也有一些没有解决的问题，例如向可变化性转变所带来的影响、对于操作载体的描述、一个基础性的成熟网络理论以及其在其他领域里应用的可能性。目前，协同工具只在本书所提到的电子工业领域得到了不完全的应用。

书中所描述的协同工具给网络的进入和退出都带来了阻碍，然而为了保持可变化性，必须有意识地降低这一屏障。为了不损害其可变化性，就要对其他所有网络伙伴的网络效益率（总数据库涉及越广，标准化程度越高，其接受率也就相应地越高）和成本收益效益率进行评估。

如果工具的实施与使用成本非常高，就可以通过重点企业的负荷分布知道，这些支出对于其他的网络公司并不会形成阻碍。借助 EDI 所进行的详尽的实施与运用支出的分析已经指出，因为协同工具的安装会带来组织与财政上的开销，所以只有那些像战略生产网络那样对于信息交流有高需求的公司才能从中受益（参见 2.2.2 小节）。如今的大形势使信息技术成本成倍下降，且网络有其特定的条件。在这样的大背景下，只能凭经验或通过个案来对必要的成果交流频率发表实时准确的见解。而且这一成果交流频率也要真实存在于特定的战略型生产网络中。

如果最终支出大于收益的话，就要对协同工具做出相应的限制。这时候，本书所推荐的这种实际情况下的收益分析就十分地重要。因为高效的物流协作所带来的经济收益只能在具体的应用和成功的实施中才能逐渐优化。在实际应用过程中还要对收益进行分析，看协同能力是否如预期的那样得到了优化。

一直以来还没有提到协同工作中各个参与者的问题，例如中心企业，一个拥有同等权利的委员会和各外部人员是否执行了同一个数据库。为保证数据库的一致，就要公开各项正式与非正式的协同性。信息技术与私人交流之间一直是相辅相成的关系。只有让信息技术系统和私人系统之间得到充分的整合才能使 PPS 协作的潜力得到充分的发展。

从人员角度来看，供应商之间可能会形成卡特尔联盟，这种联盟从网络的角度来看是十分不理智的。因为各参与者的理智的局限性以及其机会主义的心理，使得卡特尔的形成成为可能。除此之外，各交易成员间的信任缺失和企业文化不同也会引起协同阻碍。因为非正式的协同交流还未被大家所熟识，所以说其对工业 4.0 的影响还存在争议。

5.4.3　数据框架和安全

尽管 NFC 连接具有安全方面的优势，但是在我们上面描述的解决方案中也存在安全隐患，从保密角度来看那就是有可能造成数据滥用。而机器硬件方面的故障也可能造成安全问题。当我们在工业 4.0 中将软件和硬件结合起来之后，之前被严格隔离的两个世界在横向和纵向都紧密联系在一起了。通用数据使得数据保护变得尤为重要。数据库的产生和应用沟通带来的连接，让我们不得不在数据保护和技术安全方面进行新的思考，这是我们在开发阶段就必须关注的问题。我们除了要能对产品进行明确的认证外，同时还要提供方便客户的安全理念、安全结构和安全标准。

以硬件为基础的数据保护是在 RFID 领域中一再被提及的话题，尽管这在自动化工业中并不常见。RFID 能够提供的防盗版保护要优于光学解决方案(参见 5.2.1 小节)。尽管如此，在进行无线电传播和使用 RFID 系统时仍然有可能对数据安全造成攻击。我们下面的描述主要局限在硬件方面，尤其是传输器，因为软件方面的传输并不是 RFID 特有的。

在使用时，两个 RFID 界面的使用者和客户分别被定义为系统经营者和使用者。这种区别只存在于 NFC 接口被客户使用，而不只是为了内部的可追踪性而使用。当手机作为只读器时，客户安全性会受到威胁。竞争者或其他的攻击者，如带有恐怖袭击背景的攻击者可以通过 NFC 界面在感应器内：

- 窃听，如通过窃听感应器的参数设定和由此测量出的数据来侦查创新性的生产流程。

- 施行破坏行为，如设定一个破坏生产的感应器参数值。

窃听　在通过应答器和只读器产生的通信的基础上，窃听与任何运用无线电技术的方法一样，通过电感耦合是可能实现的。首先NFC上的受限的只读距离可视为对自动化工业应用足够的被动的数据保护。原因在于较短的距离不能无缘无故地为了支付系统而使用。在使用蓝牙时，仅高一点的值就可以导致较少的数据保护。

在HF上对读写距离的扩展是不可能的，因为能量调制和负载调制范围会相应变大。为了增大能量值，直径和只读器的电流会增大，相应的应答器电感耦合信号的电平会下降，由只读器的电流产生的噪声在电感耦合值的频率范围内也会变大。因此NFC应答器的值最大可以扩展大约1m。因为指定的应答器被动并且不能无损坏地进入。通过应答器增大只读器的电流或是拉长天线是不能增大识读值的。

然而作为保护NFC的较短的读写距离会因为定向的窃听距离的扩大而失效。窃听的人必须能够无错误地解码收到的信号，才能远距离成功窃听RFID系统，并且收到寄来的信息。Finkenzeller算出，借助同步的振幅的调制和解调以及适应信号可使过滤器对应答器的窃听范围达到7m。从理论上讲，对只读器的窃听只能在80m以内完全没有打扰的环境下进行。实际上最多可达到8.3m。因为只有窃听的人可以在电感耦合的情况下窃听，所以间谍在极少出现的客户的识读过程中无法数周或数月地完成这种费时的步骤。

一次破坏可以通过对应答器的破坏来完成。对应答器的硬件保护一直多于对界面的硬件保护，如应答器可以通过硬件的防护在任何时候都奏效。只有UHF应答器能被屏蔽。对应答器读写信号的干扰和阻碍会对易福门有限责任公司的客户造成很大伤害。但这种伤害会被忽略。

最大的危险在于应答器的仿真和克隆，参数会被改变或者应答器被复制。带有可移植的只读器的破坏设备可以放在客户距离易福门有限责任公司的设备1m的地方，并在合适的位置摆放。这种被称为Leech或者Mole的设备可以把已读数据传送到Ghost或者Proxy。这两种设备可以作为应答器在破坏器的只读设备上奏效。破坏器可以用继电器假装只读器，应答器继续在只读器的范围内。继电器可随意扩展破坏只读器的数值。一次破坏行动是无法辨认的。

对中继站的袭击可以通过对NFC数据转换的核实和解码来阻止。例如进入系统、票务系统和支付系统以及办公室证明，想阻止窃听行为和破坏行为只能通过：

- 密码对应答器和只读器的验证。
- 密码控制检验数据的可信性、融入性和一次性。

RFID界面中3个32位的密码中的每一个密码和32位IC密码对ST微电子芯片的64个部分访问可以允许亿万的组合。一台普通的计算机在1s之内可以解锁这些组合。假如客户对密码保护有较高的要求，客户可以运用元ID来匿名，也可以控制密码保护自己。

在解决ST方面，一个根据ISO/IEC9798-2互相的对称的验证是可行的。验证时的IC密码有一个相同的密钥。客户的软件也能识别这个密钥。借助密钥只读器和应答器可以通过对加密的随机数字完成一个相互的验证。密钥自己不能被传输。但是在卖给大部分客户的某些软件上会出现很大可能性，密钥很常见并且易复制，以至于作为中继攻击的安全保护的验证会失效。

在非对称认证中每个转发器都有自己的加密密钥。这个加密密钥可以避免由得知密钥而进行的蓄意破坏活动。在转发器的生产过程中会用到非对称认证过程的序列号。这个序列号可借助其元ID（Meta-ID）计算出密钥。而这个元ID则用于激活转发器。客户可以通过型号铭牌上的信息借助元ID成功激活转发器。为了预防中继攻击（Relay-Attacke），设备必须能够通视。尽管必要的光连接必须考虑到其弱点，但是对于在智能手机上安装的普通近距离无线通信来说，5cm的有效范围要求并不高。

在ST芯片和分散存储器上共有四种密码方式，这些方式可以通过非对称认证和开放式主密钥来实现。这两种方式与电子邮件所使用的良好隐私密码法（Pretty Good Privacy，PGP）作用相似。举例来说，转发器的共同主密钥可以作为I^2C密码来储存。此外，ifc公司的客户还可以分配到一个专属密钥。共同的主密钥可以把信息译成密码，而单独密钥则破译密码。在EEPROM中，一个有密码保护的存储区被用作共同主密钥的信息加密，也被用作客户转发器的信息加密。它还被用作易福门有限责任公司转发器的信息加密。客户密钥可以被储存在客户所用手机的安全元件上，如SIM卡。像分组密码这样的方式在转换器的加密算法中非常有用。如果需要一个更安全的密码保护，那么上述加密协议的转换器硬件和软件（传感应用App）就包含在内。然而本文范例并未将这种可能性考虑在内。

产品数据等所有不可更改的生产商数据会被备份存储在为易福门有限责任公司服务的加密存储区。在客户方看来，所有数据都要备份。作为总控密钥的I^2C密码拥有唯一更改所有存储区防护的可能性。上述的加密程序符合一种分级的密钥理念。该密钥理念的劣势在于应答器芯片的固定切分存储器也许会导致宝贵的存储区空间的浪费。在工业4.0领域内要促进涉及加密文件的标准化。

在EEPROM存储区域的利用方面必须要注意除了安全问题之外和单片机ATmega64的连接问题。这样才能执行在单片机内存储数据和由客户提供的通过RFID提供的新数据之间的优先性选择。其中一个最大的困难在于定时问题，即RFID识别芯片何时应该将在运行过程中给定设备电源的情况下I^2C总线在EEPROM双界面存储的数据交付给单片机进行下一步处理。当这个NFC端口在一个给定电源网关的情况下扮演第二总控角色时，这个定时问题会更加凸显。

这里解决方案会被原型化地简化。在5.3.1小节中所建议的易福门有限责任公司数据链接的解决方案不能够得到充分的检测。因此可以认定，这台设备在生产中以及生产供应中不依赖于电力供应。如此一来，访问信息和参数信息在没有电力供应的时候不会被传递给单片机，而是被存储在EEPROM中。一旦AC5225在客户方被通电，在EEPROM中储存的数据会被使用。在有电力供应时，储存在RFID芯片的EEPROM中的数据被认为是不相关的。

当数据在网络上被共享时，软件也会出现不同的数据安全问题：

- 收集到的数据本身可以得出关于人事与现有订货情况的结论，因此这与联邦数据保护法相关并且在网外与竞争相关。
- 数据的可用性会成为一个容量系数，如工作系统。

这些安全问题的解决方案在生产中是重要的，因为病毒扫描程序、安全软件更新和防火墙，如生产所要求的那样，可使数据的可用性“实时”成为泡影。为了防止进一步的损失而关闭IT系统，出于相同的原因在生产中不在考虑之列。

“通过设计来实现安全”被看作是解决的方法：

- 数据的间隔尺度应该还是在工作系统的数据库上被粗糙化并在含义上有所缩短，这样一来，在危险的网络运输途中会被暴露的数据将明显减少。
- 使用权利应可以被尽可能广泛地详细化。
- 一个普通的使用动作的记录与一个快速的异常识别应对内置的安全性做出补充。

虽然上文列出了一些应对办法，但信息安全对于工业4.0仍然是一个无法解决的问题，还需要大量的研究。

甚至对于所收集的数据的合法保护，法律上也没有明确规范。只有在一个数据库需要巨大投资或者包含个人信息的情况下，该数据库才会按照著作权法或联邦数据保护法受到保护。在价值创造网络中，对于数据保护应在保密协议或在网络条约中以单独协定的形式加以补充规定，而其遵守与否可通过控制权和举证责任要求来检查，对违规者可要求其赔偿或对其进行违约处罚。

第6章

工业4.0-协同
——今天与明天

“传统的观察方法只是告诉我们，由于认识上的不足，消费者还愿意为哪些毫无意义的商品买单，但却并没有告诉我们，我们可以实现怎样的成就。”

工业 4.0 功效的实现，一方面可以从生产性服务提供者的角度为客户提供更好的服务，另一方面可以从生产者的角度优化自身的生产。在本书中，我们关注的则是后者。传感器 App 和协同机制的 RFID 解决方案一样都可以被用于协同网络生产。

我们采用实际案例说明了实施这样的“工业 4.0 机制”能够获得的经济性。不过这一协同机制及其应用具有的潜力和实施可能性则远远超出本书中介绍的范围。

6.1 工业 4.0 应用机制的应用

我们目前还不能对协同机制带来的益处进行全面的描述，因为我们缺少实际使用案例中的真实数据。但是通过利用产品跟踪间接或直接实现的成本降低，我们足以测算出这一应用的主要功效。这些功效在其他应用框架中也很可能同样得以实现。我们目前还不能证明协同机制能够带来一次通过率提高这一间接效用，所以在其他应用领域我们还需要对这一点进行检验。如果验证成功，那么协同机制使用可能性的进一步开发就完全不必局限于工业 4.0 的典型生产环境中。

6.1.1 生产之外的应用

在网络生产之前以及之后的存储过程中也可以使用基于通用数据库的协

同机制。在之前的研究和开发中，我们已经得到了一个生产设计意义上的跨网规划。在销售和售后服务环节，我们可以借助有效消费者反应系统（ECR）将PPS系统和销售点管理系统结合起来。它们还可以与数据库以及生产网络中的生产流程计划和生产需求计划关联起来。

在采购网络中，我们可以借助较大的采购量来获得更高的折扣，从而降低采购成本，当然这需要以生产网络中的通用数据为基础。此外，我们还可以在运输网络内对物流供应者的配置进行优化。

协同机制会对重要数据进行设定，包括负荷、交货守时性、流程时间等级和库存等级，我们在对网络企业的生产效率进行评估时也会用到这些数据。以此为基础的激励机制也会辅助地发挥作用，因为激励机制可以促进企业内部的生产行为。借助工业4.0协同我们可以在网络企业之间实现更有效的成果分配，因此这一协同机制也会对网络企业产生越来越大的影响，例如在企业内部的计划或者定价方面。在企业内部，协同机制可以激励工人以设定的目标值为导向，尽可能准确地开展工作，降低能源成本，并测算出二氧化碳印记。

协同机制不仅适用于网络的运行，也适用于网络的建设和评估。例如，通过数据库已经获得的或者将要获取的数据，我们可以拟订有关网络伙伴选择的最低要求（如有关订单时间或者流程时间等级）。这样的做法有利于我们对企业或者网络创造的成果进行评估。我们还可以在合作洽谈中应用这些信息，而不会泄露企业的核心能力。

我们可以借助通用数据库中的相关数值建立一个“合作记分板”或者合作信息库，在对内部以及外部的生产网络进行规划时可以利用这一记分板或者信息库来对共同资源的投资进行计算。

6.1.2 在不同网络形式中的应用

网络理论会随着我们对网络现象的观察以及对组织理论的实践应用而不断得以发展。所以我们需要将代理人原则应用到网络当中，才能将这里做出的有关网络伙伴行为的描述放到一个成熟的网络理论的框架中。在新的网络理论的开发过程中，在理论以及实践方面都有可能出现新的网络形式，也会有旧的网络形式消亡。所以，一方面我们有可能看到出现组织形式日益简化的趋势，另一方面也可能发现范围日益广泛和复杂。

实际案例展示了协同机制在内部网络中的应用。如果这一应用不可变或者不具备多重连接，上述协同机制的应用也仍然有意义，因为它解决了结算价格方面的问题。中心企业可以在市场上确定结算价格，因为市场效率因素的存在，作为协同机制的结算价格将变得多余。当然前提条件是，单个的商业单位都是自己的盈利中心，就像实际案例中描述的那样。

6.2 带有工业4.0协同的新的商业模式

从商业模式的角度来看，本书介绍的工业4.0解决方案包括两个基本要素。首先，我们通过协同机制对现有的商业模式进行了改进，因为我们通过缩短供货时间和提高供货质量使物流效率得以提高（参见6.2.1小节）。当然这需要引入RFID产品跟踪作为前提。

除了改进商业模式这一作用外，上述RFID解决方案也是易福门有限责任公司的一项创新，它可以降低产品设计、产品生产和产品存放方面的成本。结合使用移动的书写设备和识读设备，这一解决方案能为客户带来附加价值。不管是在新业务领域，还是在零部件业务领域，它都能实现智能产品和智能售后服务。这些可能性是工业4.0框架中新业务模式的典型特征（参见6.2.2小节）。

6.2.1 已有商业模式中有所改进的协同

对于所有参与者而言，遍及全网的协同意味着更大的挑战。过去十年中使用的组织内部的协同机制已经不再是网络管理的基本方法。

> “传统的观察方法只是告诉我们，由于认识上的不足，消费者还

愿意为哪些毫无意义的商品买单，但却并没有告诉我们，我们可以实现怎样的成就。”

利用物流协同来实现的跨企业规划是一项面向未来的投资，它使“将计划和控制作为一种服务”成为可能。在这一背景下，我们可以将高效的生产计划和生产控制作为一种服务进行销售。已经发生变化的市场需求要求我们在组织内部的物流协同中采用“超前的”方法，就像我们之前在案例中介绍的那样。对于网络伙伴而言，建立一种全新的、符合高要求的共同协同有着至关重要的意义，因为未来的网络管理要求以客户为导向来对物流成果的分配进行评估，采用的方式则是供货意愿和供货调节，以及网络企业交接处顺利高效的运营。

上文介绍的线路记录仪这一类软件产品使得遍及全网的应用具有重要意义，因为它们可以独立于数据库发挥作用，并为其他系统提供了水平方向上的开放性。用于实现有效协同的算法在LR代理人的数据库中几乎可以自由编程。为了实现纵向开放性，LR代理人已经以“嵌入式LR代理人”的方式配备有一个带有原始SAP连接点的、作为“LR代理人CP”的硬件，并以这一方式和上一层的ERP相连。这种横向及纵向上的开放性已经包含在软件产品中。

6.2.2 战略上的可能性——新的工业4.0商业模式

上文描述的安装在传感器中的RFID连接创造了一种智能的、拟人化的产品，也使客户更加紧密地与企业提供的智能化服务以及相关软件连接在一起。这种解决方案避免了传统的自动化金字塔结构。只要我们利用便于客户操作的、不受平台约束的客户连接将传感器与易福门有限责任公司提供的服务联系起来，这些带有NFC连接的传感器便可以充分发挥自身潜能，例如在生产网络中实现自动化数据采集和产品跟踪。利用AY1000和AY1020这两个产品，易福门有限责任公司开发出了一个途径，借助这一途径我们可以在不使用NFC连接的情况下，在设备中安装传感器时将数据传输到IT平台（基于网络的云应用）上，从而形成一个“传感器网络”，一个工业4.0商业模式。在这一模式中我们实现了从产品供应商到方案供应商的转换。

与RFID解决方案相连的创新以及与之相关的竞争优势，都通过上述专利得到了持久的保护。与微型控制器相连的、功能有所扩展的NFC连接与易福门有限责任公司的战略目标相吻合。为此，我们需要有针对性地对为客户提供的功能进行扩展。

- 拟人化的产品：通过安装RFID部件，我们可以在生产或者存储过程中将与客户有关的特征借助RFID连接输入微型控制器中。如果固件涉及范围合适，我们也可以在生产升级或者生产变动中采用这一做法，而且对于生产出的成品，甚至是在包装箱中（依据一定的有效距离）也可以进行这一操作，不管有没有电源连接。这样，我们可以利用软件轻松进行改变或者升级，只要客户有条件使用因特网（也可以利用智能手机）。设备所使用软件版本号会被记录在这台设备上。在传感器发货之前，我们还可以为它加载产品对象所使用的语言，当我们利用软件生产产品变体时也同样如此。基于此，我们可以借助基础设备来保持较小规模的分散式仓储，并且要在发货前才对它们加以程序化。另外，带有RFID芯片的RFID连接还能有效地防止盗版。机械工程师或者易福门有限责任公司可以借助RFID以及对序列号和客户编号的无漏洞记载来对盗版加以识别。
- 智能化的产品：就算无法利用RFID连接来对测量值进行连续输送，我们对安装位置的记载也是迈向“智能化”过程的重要一步。它使得客户不再需要特殊的选址机。同时，我们还可以利用“电子标签牌”来减少在设备上进行的书写记录。如果机械制造商可以对传感器进行记录，代替开关盒上的描述或者创造出带有客户个性化的功能，那么他们就可以通过购买易福门有限责任公司生产的传感器赢得竞争优势。在使用操作方面，我们不但能用智能手机来进行编程、升级或者应用操作，而且还能用它来进行诊断。

- 智能化的服务：如果我们可以利用RFID连接来进行升级，那么也同样有可能在付费的情况下为客户提供其他扩展功能。这样可以大大简化售后服务以及安全检测。尽管在安全领域存在较高的保护级别，但是我们仍然可以在这一领域进行调节和检测。如果能够以低廉的价格为ifm electronic gmbh的每一台设备都配备RFID连接，那么就可以为这一连接采用统一的服务软件，直至最终实现“软件即服务”。由于占主要市场份额的智能手机，如三星、苹果或者诺基亚，都具有NFC功能，所以我们可以实现可移动的参数设定。我们在这里描述的用于参数设定的传感器App现在已经可被装载在智能手机上，并可以借助RFID连接来对序列号、安装地点、参数和数值进行描述。有了RFID连接之后，借助因特网来实施的售后服务大大得以简化，通过NFC我们可以自动调出用于售后服务的相关网页，因为借助序列号我们可以知晓ifm设备的所有特征。借助电话或者因特网加工得到的参数设定甚至可以通过智能手机免费发送给客户。如果能够借助客户连接自动收集到客户对参数使用的量化信息，就能大大简化为新产品开发进行的市场需求调查。当然我们可以将参数的数量限制在某一范围内。

在客户一方生成的数值能够确保战略优势，并最终引起一种新的商业模式，这种模式可能改变传感器市场。从经济成本的角度来看，我们完全有可能利用具有工业4.0或者物联网特征的传感器来填补真实世界与虚拟世界之间的缝隙，这也是一种全新的、具有战略意义的选择。

制造商易福门有限责任公司的改进速度会因为机器和设备漫长的寿命周期而放慢。但是我们仍然希望能够找到一种成本低廉的方式来为已安装的基础进行“升级”。易福门有限责任公司自身已经研发出将传感器中的信息直接传递给IT层面的途径，这是前进途中至关重要的一步。传感器市场所面临的变革的深度和速度很可能与因特网给消费领域带来的变革一样不容低估。